Heike Boomgaarden | Werner Ollig

Der klimafreundliche Garten: So geht's!

Ein Praxishandbuch

Quelle & Meyer Verlag Wiebelsheim

Die Angaben in diesem Buch sind von den Autoren und dem Verlag sorgfältig erwogen und geprüft, dennoch kann keine Garantie übernommen werden. Eine Haftung der Autoren bzw. des Verlags und seiner Beauftragten für Personen-, Sach- und Vermögensschäden ist ausgeschlossen.

Bibliografische Information der Deutschen Nationalbibliothek
Die Deutsche Nationalbibliothek verzeichnet diese Publikation in der Deutschen Nationalbibliografie; detaillierte bibliografische Daten sind im Internet über http://dnb.d-nb.de abrufbar.

Umschlagabbildungen: vorne: Autoren (o. li., o. re., u. re. Bild), Fotostudio Kerstin Schissler (u. li.), iStock/schulzie (u. re. Schild), iStock/Firn (Zeichnung Bienenstock);
hinten: Birgitta Goldschmidt (o. li.), Autoren (o. re.), Adobe Stock/ZoomTeam (u.)
Druck und Verarbeitung: Belvédère Print & Packaging b.v.
Printed in Europe/Imprimé en Europe
ISBN 978-3-494-01944-4

Inhalt

Vorwort

Wir freuen uns und fühlen uns sehr geehrt, dass Sir Tim Smit für uns das Vorwort geschrieben hat. Mit ihm verbindet uns eine lange Freundschaft, nachdem wir ihn im Rahmen einer Festveranstaltung am 16. Oktober 2014 auf Schloss Mainau kennengelernt haben. Damals bekam Sir Tim Smit den Sonja-Bernadotte-Preis für „Wege zur Naturerziehung" verliehen. Dieser wird seit 1992 jährlich von der Deutschen Gartenbau-Gesellschaft (DGG) vergeben.
Da seine Worte im Originaltext den Inhalt unseres Buches so trefflich beschreiben, haben wir nachfolgend den englischen Originaltext eingestellt. Im Anschluss daran finden Sie die Übersetzung.

Sir Timothy Bartel „Tim" Smit KBE ist ein britischer Geschäftsmann, Musikproduzent, Gartenbauer und Archäologe. Die britische Tageszeitung „The Independent" nennt ihn ein grünes Genie: Tim Smit, von Königin Elisabeth II. zum Ritter ernannt, ist der Kopf hinter zwei der bekanntesten Garten-Attraktionen Englands, den „Lost Gardens of Heligan" und dem „Eden Project" in Cornwall. Die Arbeit des Eden Projects hat sich mittlerweile auch auf andere Länder ausgeweitet, darunter den tropischen Regenwald Costa Ricas. Sir Tim ist auch Executive Co-Chairman für das Eden Project International, das bis 2025 ein Eden-Projekt auf jedem bewohnten Kontinent haben will!

Mud Maid Skulptur, Lost Gardens of Heligan

"The 21st century is witnessing the emergence of a new understanding about how we can both heal and restore the damage of centuries of human exploitation of the land in general and soil in particular. It is the healing of the soil through allowing its structure to reform itself so as to provide the medium on which and in which most living things make their home. It is the biodiversity loss of the soil that probably accounts for the majority of our current existential crisis. Horticulturists and modern agronomists are mounting a fantastic comeback by giving nature a helping hand. At Eden and Heligan and in our 3000ha restoration project in Costa Rica we have seen the land heal itself through giving up the artificial largely fossil fuel based pesticides and fertilisers and, in most cases, stopping the fracturing of soil structure by digging.
By changing the horticultural regime and augmenting the plantings to widen
both the seasonal provision of nectar to pollinators but also to widen the plant base to encourage a self policing ecological system which has less need of human intervention sees vastly better water retention and slower water diffusion and an amazing and rapid improvement in soil habitat.
We are proud that our horticulturists all see themselves as ecologists and guardians off the soil and the life it nurtures. This is a recent intellectual journey and this book brilliantly asserts the birth of this new green enlightenment, a movement and, an applied science. This book brilliantly shows what can be done in gardens everywhere. Read it and start!"

„Das 21. Jahrhundert ist Zeuge der Entstehung eines neuen Verständnisses darüber, wie wir die Schäden, die durch Jahrhunderte der menschlichen Ausbeutung des Landes im Allgemeinen und des Bodens im Besonderen entstanden sind, wieder heilen und in Stand setzen können. Die Heilung des Bodens geschieht, indem seiner Struktur ermöglicht wird, sich selbst zu reformieren, um den Träger bereitzustellen, auf dem und in dem die meisten Lebewesen ihr Zuhause finden. Es ist der Biodiversitätsverlust des Bodens, der wahrscheinlich den Großteil unserer gegenwärtigen existenziellen Krise ausmacht. Gärtner und moderne Agronomen feiern ein fantastisches Comeback, indem sie der Natur helfen. Bei Eden und Heligan und in unserem 3000 ha großen Renaturierungsprojekt in Costa Rica haben wir gesehen, wie das Land sich selbst heilt, indem wir auf künstliche, weitgehend auf fossilen Brennstoffen basierende Pestizide und Düngemittel verzichtet und in den meisten Fällen das Aufbrechen der Bodenstruktur durch Graben gestoppt haben. Durch die Änderung des Gartenbauregimes und die Aufstockung der Pflanzungen, um sowohl die saisonale Versorgung der Bestäuber mit Nektar als auch die Pflanzenbasis zu erweitern, um so ein selbstregulierendes Ökosystem zu fördern, das weniger menschliche Eingriffe benötigt, was zu einer wesentlich besseren Wasserspeicherung und langsamerer Wasserdiffusion sowie einer erstaunlichen und schnellen Verbesserung des Bodenlebensraums führt. Wir sind stolz darauf, dass sich unsere Gärtner alle als Ökologen und Hüter des Bodens und des Lebens, das er nährt, sehen. Dies ist eine neue intellektuelle Reise und dieses

Buch macht auf brillante Weise die Geburt dieser neuen grünen Erleuchtung geltend, einer Bewegung und einer angewandten Wissenschaft. Dieses Buch zeigt auf brillante Weise, was in Gärten überall gemacht werden kann. Lesen Sie es und fangen Sie an!"

Lost Gardens of Heligan in Cornwall

Zum Abschluss dieses großartigen Vorwortes noch ein inspirierendes Zitat von Sir Tim Smit:

Sir Timothy Bartel „Tim" Smit KBE

„Wir alle sind auf der Suche nach dem Glück. Dieses ist aber in Wahrheit ein Moment und diesen Moment erlebt der Mensch zum Beispiel dann, wenn er das Erlebnis hat, etwas geschaffen bzw. gesät zu haben. Dies wird immer deutlich, wenn sich der Gärtner zum Beispiel nach getaner Arbeit auf den Spaten stützt und sein Werk betrachtet. Natur macht uns wirklich glücklich und hätten wir alle Erde unter unseren Fingernägeln, so gäbe es keine Kriege".

Eden Project

Einleitung: Der klimafreundliche Garten: So geht's!

Nach einem Vortrag über Klimawandelstrategien – ganz coronakonform in einem Onlineseminar für Landfrauen – wurden wir gefragt, ob wir diese wichtigen Informationen und Strategien nicht in einem Buchprojekt über Klimawandelstrategien im Garten veröffentlichen wollen. Die Basis war in Form der verschiedenen Vorträge vorhanden, das Thema gehört zu den wichtigsten Aufgaben unserer Zeit. Also fingen wir an zu planen und unsere Seminarthemen in Buchform zu fassen. Sehr schnell wurde uns klar, dass man diese Fülle an Informationen mit all ihren Facetten und Innovationen alleine nicht fassen und zu Papier bringen kann.

Also haben wir einige unserer ausgewählten Gärtnerkollegen und -kolleginnen angefragt, ihr gärtnerisches Fachwissen in ihrer jeweiligen Kernkompetenz zum Thema Klimagärtnern beizusteuern. Das Ergebnis können Sie hier lesen, denn herausgekommen ist ein ganz besonderes Werk mit dem vielfältigen Wissen und den Sichtweisen verschiedener gartenaffiner Menschen. Und genau diese Diversität brauchen wir, um unter den sich wandelnden Bedingungen im Garten erfolgreich zu gärtnern.

Wissen ist das einzige Gut, das sich vermehrt, wenn man es teilt.
Marie Freifrau Ebner von Eschenbach

Wie wichtig es ist, Wissen zu teilen, zu vermehren und dann zu handeln, zeigt ein zur Beunruhigung neigendes Gespräch mit Hans-Otto Pörtner, Klimaforscher, mit Einschätzungen aus der Wissenschaft zum Abschluss der Weltklimakonferenz in Ägypten. Vielleicht haben Sie davon gehört oder gelesen:

Der Klimaexperte forscht seit mehr als 25 Jahren als Meeresbiologe am Alfred-Wegener-Institut zu den Auswirkungen des Klimawandels auf das Leben im Meer. Er ist zudem Co-Vorsitzender der IPCC-Arbeitsgruppe II und ist somit ein wichtiger Autor des Sachstandsberichts des Weltklimarats.

Wir spielen mit der Zukunft nächster Generationen

tagesschau.de: Was passiert konkret, wenn wir 1,5 Grad nicht einhalten können? Womöglich ist das vielen Menschen immer noch nicht deutlich…

Pörtner: Auch bei vielen Politikern scheint das tiefere Verständnis noch unzureichend zu sein, dass es hier um unsere natürlichen Lebensgrundlagen geht. Bis zu 1,5-Grad-Erwärmung können wir viele Risiken noch auf moderatem Niveau halten. Darüber hinaus kommen wir in Hochrisikophasen. Das betrifft den Verlust von Menschenleben durch Extremereignisse. Wir sehen jetzt schon, dass Hunderte bis Tausende Menschen betroffen sind, vor allem dann, wenn unzureichend Anpassungsmaßnahmen installiert wurden.

Und wir werden den Verlust von Natur haben. Bereits jetzt gibt es einen Verlust von Lebensraum in den Tropen. Wir verlieren die Warmwasser-Korallenriffe großflächig und dieser Trend wird sich fortsetzen. Wir sind als Mensch ein Teil der Natur. So wie wir letztendlich aufgestellt sind, gehören wir zum Tierreich. Und auch für uns wird der Lebensraum zunächst einmal in den Tropen verloren gehen durch Hitze, Extremereignisse, Dürren, Verlust von Nahrungsmitteln. Hinzu kommen Überschwemmungen. Der Meeresspiegelanstieg wird über einen Meter hinausgehen. Alles Dinge, die nicht erstrebenswert erscheinen. Und das sollte eigentlich jedem klar sein. Und da kann man nicht Kompromisse schließen, denn man spielt so mit der Zukunft der nächsten Generationen.

Das Interview führte Anja Martini, tagesschau.de (Stand: 20.11.2022)

Jetzt handeln – Der Garten hat viel Klimapotenzial!

In Deutschland bewirtschaften etwa 22 Millionen Freizeitgärtner eine Fläche von knapp 1 Million Hektar, das entspricht etwa 2,6 % der Gesamtfläche der Bundesrepublik Deutschland. Und das tun sie meist mit großer Leidenschaft und viel Freude. Die Fläche ist übrigens nur unwesentlich kleiner als die Gesamtfläche der Naturschutzgebiete.

Gärten bieten ein unglaubliches Potenzial in Bezug auf Klima- und Umweltschutz und Förderung der Biodiversität und darüber hinaus sind sie belebende Orte für Körper, Geist und Seele. Denn Gärten bieten Lebensraum für Tiere und Pflanzen, absorbieren Luftschadstoffe, Feinstaub und Lärm. Pflanzen produzieren den lebenswichtigen Sauerstoff und arbeiten als kostenlose und natürliche Klimaanlagen, denn sie verdunsten Wasser, was zu einer spürbaren Abkühlung des Mikroklimas führt. Zunehmend wichtiger wird die Tatsache, dass Bäume und Böden gigantische Speicherquellen für CO_2 darstellen.

Vor allem aber sind Gärten ein wichtiger Erholungsort für uns Menschen, Spielort für Kinder und Lieferant für gesundes Obst und Gemüse sowie herrliche Blumensträuße. Aber nur, wenn Gärten nicht zu Schotterwüsten werden und sich an die neuen Klimabedingungen anpassen, können sie ihre wichtigen Aufgaben übernehmen.

Dafür ist ein Paradigmenwechsel mit einem Umlenken von Investitionen in nachhaltige und vorsorgende Systeme notwendig. Denn wir vergessen oft, dass wir immer auch in größere Kontexte eingebettet sind, die wir im Alltag nicht unmittelbar sehen oder spüren können – wir sind Teil einer Gesellschaft, Teil der Umwelt, Teil der Natur.

Deshalb werden Sie in diesem Buch viele Beiträge über den Erhalt der Biodiversität, neue Ansätze über Naturgärtnern und Tipps zur Bodenpflege finden.

Ganz selbstverständlich nutzen wir täglich die kostenlosen „Wohlfahrtswirkungen" der Natur: frische und saubere Luft, sauberes Wasser, Obst und Honig (erzeugt durch bestäubende Insekten wie z. B. Bienen), CO_2-Speicherung (z. B. in

Bäumen und Sträuchern, Mooren, Böden, Weltmeeren) und vieles mehr. Diese Dienstleistungen kann die Natur nur aufgrund ihrer intakten Biodiversität liefern. Es sind für uns lebenswichtige und darüber hinaus unentgeltliche Ökosystemleistungen. Wir können es uns nicht leisten, auf sie zu verzichten!

Bewusstsein ändern

Wann ist Ihnen das zuletzt bewusst geworden? Vielleicht an dem Tag, an dem ein Bewässerungsverbot im Garten angesagt wurde, als am Morgen kaum ein Vogel sang und die Welt still war oder als die Brombeeren am Strauch so starken Sonnenbrand hatten, dass eine Ernte nicht möglich war?

Klimaschonend gärtnern bedeutet, den Garten wieder in seiner Gesamtheit mit all seinen Lebensformen zu sehen und Trends zu widerstehen, die auf den (scheinbar) „pflegeleichten Garten" setzen.
Alle Gärten Deutschlands sind letzten Endes ein Biotopverbund und somit sind vielfältig-bunte Gärten ein fulminanter Bestandteil nachhaltiger Klimaziele und aktiver Natur- und Umweltschutz. Denn klimaschonendes Gärtnern verbindet jahrtausendealtes Wissen mit neuen und kreativen Ansätzen zur Erhaltung der Vielfalt in unserem Lebensumfeld!

So wird Klimaschutz für jeden umsetzbar und sogar günstig. Denn aus dem Garten und der Region ist im Prozess des nachhaltigen Stoffstrommanagements vieles zu erwirtschaften, was es für ein erfolgreiches Gärtnern braucht.

Aus der grünen Branche erfahren Sie in diesem Buch spannende Beiträge und praktikable Lösungsansätze sowie kompetente Ansprechpartner für Ihre konkreten Fragen.

Heike Boomgaarden und Werner Ollig

Hier eine Übersicht unserer Expertinnen und Experten aus dem Buch. Wir beginnen im Laufe des ersten Kapitels direkt mit einem Beitrag des Gartenbotschafters John Langley. Von diesem „Gärtner mit dem grünem Herz“ werden Sie noch mehr lesen.

Geschichten aus unserem Naturgarten

Unser Naturgarten

Unser Garten hat eine lebendige Geschichte, er ist mit der Familie gewachsen und hat sich mit den Jahren immer wieder verändert

Als wir vor 25 Jahren das ehemalige Schulhaus im Hunsrück kauften, gab es noch keinen eigentlichen Garten. Vor dem Haus war der Schulhof und hinter dem Haus viel Platz zum Wäsche aufhängen.
Die ersten Jahre, in denen wir das Schulhaus von innen renovierten, nutzten unsere Kinder den Schulhof noch als wunderbaren Spielplatz. Als sie dann nicht mehr direkt am Haus spielten, haben wir den Schulhof abgetragen, das Grundstück aufgefüllt, eine wunderschöne Natursteintrockenmauer gebaut und einen großen Teich angelegt.
Dieser bildet den Mittelpunkt des Gartens. Zum Haus kommt man über einen gepflasterten Weg an Beeten und alten Sandsteintrögen vorbei. Das Haus ist Teil der Gartengestaltung. Um die blauen Fensterläden wachsen – jedes Jahr üppiger – Kletterhortensien.

Der hintere Garten wurde schon direkt neu angelegt mit einer Vogelschutzhecke, in der Färber-Ginster, Nacktstängelige Kugelblume, Wintergrüner Liguster, Niedrige Heckenkirsche, Pfeifenstrauch, Trauben-Kirsche, rosa, rotlaubiger Holunder, rosa Schneeball und vieles mehr wächst.

Dazu kamen ein großes Naturstaudenbeet und ein kleiner Teich.
Wir haben den Garten hinter dem Haus bewusst mit dem Schwerpunkt auf heimischen Gehölzen und besonders auch heimischen Wildstauden angelegt, denn diese stehen bei Vögeln hoch im Kurs.

Links oben nach rechts unten: Unser Teich im Vorgarten, Kletterhortensie am Haus, rotlaubiger Holunder, Spatzen im Vogelhaus

Nur unsere heimische Flora stellt Samen, Früchte und Insekten in ausreichend großer Zahl zur Verfügung, damit das ganze Jahr genug Nahrung da ist. Und das Ergebnis lässt sich im wahrsten Sinne des Wortes sehen und ganz besonders hören, denn im Garten piept, pfeift und tiriliert es über die ganze Saison hinweg, begleitet von vielfältigen und teils akrobatischen Flugaktivitäten. Denn die Brut ist immer hungrig und die Eltern sind pausenlos im Einsatz, um Nahrung, sprich Blattläuse und Raupen, heranzuschaffen. Und das geht im 90-Sekunden-Takt, da geht ganz schön was weg. Das ist unser „Blühender Pflanzenschutz“, aufgrund der Vielfalt an Pflanzen kostenlos und ohne Arbeit! Selbstredend haben wir in unserem Garten noch nie ein Pflanzenschutzmittel eingesetzt, denn wir wissen, dass alles mit allem zusammenhängt.

Denn alle Lebewesen und Pflanzen im Garten stehen miteinander in Beziehung, Pflanzen bieten Nahrung und einer frisst den anderen (Marienkäfer frisst Blattlaus), der wieder bei mehreren anderen auf dem Speiseplan steht, auch die Nahrungsbasis von anderen darstellt (Vögel fressen Raupen und Blattläuse etc.). Wie in einem Filmtitel vor vielen Jahren geht es um „Das große Fressen“ nach dem Motto: Wer frisst wen? Das Ganze nennt man Nahrungskette – landläufig auch „Fresskette“ genannt.
Und deshalb sollen wir weniger eingreifen, am besten gar nicht. Denn durch das Totspritzen von Blattläusen berauben wir eine Menge Tiere ihres Essens. Und das hat Folgen.

Eine Kräuterspirale direkt neben der Terrasse liefert mir alle Kräuter zum Kochen

Kräuterspirale

und bietet ein wunderschönes Plätzchen, um das Leben im Garten zu beobachten. Hier findet vom Frühjahr bis zum Winter ein lustiges Treffen aller im Garten lebenden Insekten statt.

Damit der Garten sich in Gartenräume teilt, haben wir ein Hainbuchentor gepflanzt. Dieses ist heute so groß, dass es das schönste schattige Plätzchen bildet und wunderbar zum Lesen in der Hängematte einlädt. In diesem Tor sind Vogelkästen aufgehängt, angenommen werden sie aber lieber von anderen Bewohnern des Gartens, neulich hatte ich sogar ein Hornissennest drin.

Die Bäume im Garten haben alle eine eigene kleine Geschichte. Die Kastanien haben wir gepflanzt, da früher auf diesem Schulhof auch Kastanien standen.

Die anderen Bäume haben unsere Kinder zur Geburt geschenkt bekommen. Ein uralter Pflaumenbaum, mit einer Ramblerrose und Clematis aufgewertet, trägt das ehemalige Baumhaus der Kinder, das jetzt von den Enkeln erobert wird.

Unter dem Baumhaus wohnt unsere Igelfamilie. Hier schön versteckt zwischen Rose, Kompost und Clematis ist unser wildes Eck. Die Igel danken unsere Gastfreundlichkeit für das schöne Zuhause mit dem Vertilgen aller Schnecken, die sie mit Genuss verputzen.

Der Garten hat sich über die Jahre entwickelt, durch das Größenwachstum der Bäume hat sich die Licht- und Schattensituation im Garten verändert und gab uns so immer wieder die neue Aufgabe, gestalterisch tätig zu sein. Unter den nun

Links: Rosskastanie in Blüte, rechts: Ramblerrose mit Clematis am Baumhaus

Libelle am Teich

Ramblerrose in unserem Garten

schon großen Kastanien wachsen heute Farne und Gräser, doch im Frühling überraschen diese Beete immer durch ein Meer von Akeleien die sich selber aussähen dürfen und eine wahre Freude für das Auge sind.

In die Mauer sind viele Pflanzen eingezogen, die niemand gepflanzt hat. Ameisen haben die Samen dorthin getragen und somit ein wunderhübsches Biotop selbst gepflanzt. Die Mauer ist sehr lebendig. Eidechsen schauen aus den Ritzen und sogar eine Kröte hat am schattigen Ende unter einer Wildrose heute ihr Zuhause gefunden. Wildbienen nehmen die Lücken in der Mauer genauso gerne an wie eine Vielzahl von Kleinlebewesen. Die Nähe zum Teich scheint das Leben zu befruchten. Wenn ich auf dem Holzdeck über dem Teich sitze, ist das wie eine Entdeckungsreise in das wilde Leben mit all seinen Faszinationen. Im warmen Wasserbereich leben meine Molche ungestört, da ich keine Fische im Teich habe. Libellenlarven, aussehend wie Außerirdische, verpuppen sich am Schachtelhalm und werden zu Königinnen der Lüfte, die federleicht über den Seerosen schweben.

Am besten gefällt uns an unserem Garten, dass er sich jedes Jahr wandelt, denn wenn man der Natur einen Platz gibt, um sich zu entfalten, bekommt man immer mehr Mitbewohner und immer andere Blumenbeetkombinationen. So geht Vielfalt, das ist Garten: leben und leben lassen, möglichst wenig eingreifen, der Natur Raum geben, wieder etwas zurückgeben und Wildheit wagen – ein Gartenparadies! Und selbstverständlich ist unser Garten wild!

Unser kleiner Selbstversorger-Garten

Seit dem Beginn der Corona-Pandemie haben wir einen Selbstversorgergarten aufgebaut. Die Hälfte des Gartens hinter dem Haus haben wir mit einem selbstgemachten Holzzaun aus Kastanien-Staketen abgegrenzt und alte, gebrauchte Apfelgroßkisten als Hochbeete umfunktioniert. Nun stellt sich gleich die Frage: Warum Selbstmachen und Gebrauchtes verwenden? Das ist ein Aspekt der Klimawandelstrategien, die im Garten eine große Rolle spielen. Die Hochbeete sind mit dem Schnittgut aus dem Garten befüllt und mit Erde und Kompost aufgefüllt. Vor den Beeten wurden kleine Pflanzflächen angelegt für die Pflanzen, die von den Nährstoffen aus dem Hochbeet zusätzlich profitieren und ganz klar angebunden werden sollten.

So entsteht eine dreidimensionale Pflanzfläche für Tomaten, Paprika, Zucchini, Auberginen, Kräuter und Salate. Ein Beet (3x5 Meter) ist als Permakultur angelegt. Die Struktur geben Johannisbeeren, Brombeeren und Stachelbeeren in Reihen gepflanzt. Zwischen die Johannisbeeren, welche den Boden beschatten und feucht halten, werden unterschiedliche Kohl- und Gemüsesorten gepflanzt, wie z. B. der ewige Kohl.

Damit der Boden komplett abgedeckt ist, kommt als Zwischenfrucht Spinat in das Beet. Ist der Spinat geerntet, werden Kürbisse und Kohl gepflanzt. An den Rändern der Beete sind 30 verschiedene Kräuter und Teepflanzen gepflanzt. Jede Pflanze hat in dem System mehrere Aufgaben zu erfüllen. So bietet die Johannis-

Links: Hochbeet mit Jungpflanzen, rechts: Permakultur-Beet mit ewigem Kohl

beere neben den leckeren und gesunden Früchten auch einen wohlschmeckenden, an grünen Tee erinnernden Tee. So kann man mit wenig Fläche eine großartige Ernte erzielen. Um alle Flächen optimal zu nutzen, sind in dem kleinen Paradies zudem Himbeeren mit Stauden kombiniert und Stangenbohnen mit Dahlien. Alle Pflanzen werden verwertet und zwar komplett, zur Herstellung von Tee, Mahlzeiten, Essig, Öl oder sauer eingelegt, getrocknet und so weiter.

Kapuzinerkresse mit Bohnen

Der Garten ist im ständigen Wandel – wie das Leben

Das Schönste im Garten ist die Umsetzung der Idee, Hühner in einem selbstgebauten Hühnerhaus mit in den Garten zu integrieren. Jeden Tag 5 tolle Eier von

Links: Hühner in unserem Garten, rechts: das neue Hühnerhaus

Unser Garten im Sommer

gesunden Hühnern, die sich mit aus dem Garten ernähren. Handzahm und zutraulich bereichern sie das Gartenleben.
Der Hühnermist wird mit dem Kompost als Dünger verwendet und hilft so, im Stoffstrommanagement CO_2 zu reduzieren.
Das Schöne an dem Konzept ist, man bekommt einen ganz anderen Blick auf die Tiere – und die Welt.
Darüber hinaus gibt es natürlich auch Terrasse und Freisitz, die jährlich komplett neu gestaltet werden, mit Blick auf die Nachhaltigkeit und Blütenpracht bei Obst/Gemüse und Kräutern.
Als großer Fan von Hanging Bakets bepflanzen wir diese jedes Jahr mit pfiffigen Konzepten und vergrößern unsere bepflanzte Fläche in der Vertikalen.

Unser wilder Garten ist unser Paradies, das sich in einem ständigen Wandel befindet und sich weiterentwickelt. Deshalb gibt es auch immer was zu tun, aber das ist keine Arbeit. Vielmehr ermöglicht uns das Gärtnern unendlich viele sinnstiftende Tätigkeiten, wie den Boden vorbereiten, säen, pflanzen, hegen und pflegen, ernten und genießen im Jahresablauf. Und das Ganze jedes Jahr wieder von Neuem!
Gärtnern ist letzten Endes ein Therapeutikum, ein Vitalikum für Körper, Geist und Seele, es erdet und entschleunigt uns.
Wir lieben unseren wilden Garten!

Experte

Kennengelernt haben wir John Langley auf der Bundesgartenschau in Hamburg. Ohne lange Worte hat er uns sofort das ganze Gelände gezeigt und uns wurde gleich klar, der Mann hat ein grünes Herz! Seitdem haben wir bei all unseren Treffen immer schöne Gespräche und vor allem viel Spaß miteinander.

„Wer gärtnert, grübelt nicht. Zu säen, zu pflanzen und mit den Händen in der Erde zu wühlen hat in der Tat „meditativen" Charakter. Wenn wir kleine grüne Setzlinge quasi in neu angelegte Beete versenken, den frischen Duft von geschnittenem Gras und Kräutern schnuppern oder selbstgepflückte Erdbeeren naschen, lösen sich nachweisbar Hektik und Sorgen schnell auf."

Wachsende Lebensqualität im natürlichen Erlebnisraum

Mehr und mehr werden nicht nur grüne, blühende und fruchtende Gärten in all ihren Variationen und „Spielarten", schwebende Balkone, begrünte Dächer oder oft erdverbundene Terrassen mit unterschiedlichster mobiler Botanik aus aller Welt oder zunehmend mit heimischen dekorativen Gewächsen als wichtiger erweiterter Lebensraum im Sinnzusammenhang mit Lebensqualität wahrgenommen. Es ist unbestritten, gärtnern steigert durchaus unser persönliches Wohlbefinden. Wie groß ist die Freude, wenn etwas wächst, blüht oder fruchtet. Und wer in seinem natürlichen Refugium hin und wieder seine Vorstellungen verwirklichen kann, lernt beim Gärtnern auch mit Enttäuschungen umzugehen.

John Langley, der Gartenbotschafter

Es wurde in diesem Zusammenhang abgeleitet, das Resiliente (lateinisch „resilire" oder vereinfacht „abprallen") bedeutet. Menschen gelten als fröhlich, ausgeglichen, kreativ und anpassungsfähig. „Nichts ist so beständig wie der Wandel" (Heraklit von Ephesus, 535–475 v. Chr.). Diese uralte Weisheit mag hinreichend bekannt sein und gerade deshalb müssen klimatische Veränderungen, insbesondere beim Gärtnern, eine stetige nachhaltige Herausforderung sein. Das „gute und alte" Gartenjahr erlebt in der Tat zurzeit ein unerwartetes, gärtnerisches, handlungsorientiertes Update.

Das Gartenjahr könnte nach heutiger fachlicher Einschätzung – was zunächst positiv sein könnte – ein Drittel „länger" werden. Was vielerorts sogar bedeuten würde, dass bis zum Jahresende geerntet werden könnte. Ob diese Tatsache ausreicht, um weiterhin mit dem Wandel glücklich zu werden, bleibt abzuwarten.

Eigentlich könnte die Natur in einem Garten auch von allein wachsen, doch steckt man viel, viel Arbeit, Zeit und Kraft hinein, damit Blühendes prächtiger wird, Gemüse problemlos reifen kann und Obst pflückreif auf den Teller fällt. Und wenn ein „Lebenswerk" in wenigen Momenten durch unerwarteten Stress, wie Sturm, Hagel, Wasserfluten oder anhaltende Dürre, zerstört wird, ist handeln angesagt und die Prioritätenliste dafür wird vermutlich lang sein. Und wenn der Garten dran ist, wird er auch mit viel Geduld und einem entsprechenden Zeitfenster wieder neue „Früchte" tragen.

Die emotionale Bindung zur Natur, zum Gärtnern, steht für eine persönliche Symbiose zwischen Lebensqualität im natürlichen Erlebnisraum und unserer menschlichen Natur. Sie ist in den Köpfen und Herzen nachhaltig zu verankern. Das ist im Grunde genommen auch nachvollziehbar. Wo sonst lässt es sich so im grünen, blühenden Refugium relaxen, vom ermüdenden Alltag abgrenzen (wie bereits erwähnt), selbst versorgen, gesünder ernähren und problemlos zur Artenvielfalt beitragen. Wer (s)einen Garten, einen Platz hat, dürfte ihn in den zurückliegenden Monaten und vermutlich auch danach mit absoluter Sicherheit so intensiv genutzt haben wie vielleicht noch nie zuvor. Bei uns war es ebenso, inzwischen kenne ich fast jeden einzelnen Vornamen unserer Grashalme.

„Des einen Freud ist des anderen Leid".

Die Gefühlslage bei der derzeitigen Wetterlage 2022 konnte kaum unterschiedlicher sein. Es ist deshalb nicht immer einfach, adäquat mit der richtigen Entscheidung gärtnerisch darauf zu reagieren. Vermutlich müssen wir grundsätzlich unsere Einstellung im Umgang zum Gärtnern jetzt und zukünftig überdenken. Oft benötigen wir einfach mehr Zeit, um unsere gesetzten Ziele zu realisieren. Wie war das mit der Geduld?
Unnatürlicher Perfektionismus und übertriebener Aktionismus im Umgang mit der Natur sind grundsätzlich nicht immer miteinander vereinbar. Das macht uns – wie oft gehofft – den Umgang mit der vom Menschen geschaffenen individuellen Gartenkultur nicht gerade leichter. Wer immer noch alles akkurat, pflegeleicht, akribisch im Griff haben möchte, versteht oder genauer spürt, erlebt und begreift in wahrsten Sinn des Wortes ver- mutlich nicht die positive Ausdruckskraft und die Fähigkeit, wachsen zu lassen und diesen natürlichen Prozess für sich zu nutzen.

John Langley – Der klassische Strohhut und der hell gewordene Rauschebart sind die Markenzeichen des leidenschaftlichen Gärtners, einer echten „Konifere" (sorry, Koryphäe!) aus dem hohen Norden! Mehr über John erfahren Sie auf seiner Homepage:
https://www.gartenbotschafter.info/

Gärtnern ist keine Arbeit

Wenn im Frühling die Temperaturen steigen und die Sonne scheint, dann spüren gartenaffine Menschen ein Kribbeln. Wenn die Natur ringsum förmlich aus allen Nähten platzt und die Knospen in einer wahren Explosion ihre ganze Farbenpracht entfalten!

Herbst im Garten

Dieses alljährliche Naturphänomen berührt uns ganz tief in unserem Inneren, denn die alljährliche Erneuerung beginnt wieder aufs Neue. Und wie das duftet, so riecht der Frühling und später der Sommer, der Herbst.

Wohl den Menschen, die einen Garten oder Balkon haben, und dann nur noch eins wollen: jetzt nichts wie raus in die Natur und dort etwas tun! Schon von weitem erkennt man sie an den strahlenden Augen und der gesunden Gesichtsfarbe!

Frühling in unserem Garten

Gärtnern = sinnstiftende Tätigkeit

Wenn es in Deutschland um das Thema Garten geht, dann taucht relativ schnell die Begrifflichkeit „Gartenarbeit" auf. Und die ist meist negativ belegt, denn es heißt dann „Ich muss noch den Rasen mähen", oder „Ich muss die Hecke schneiden und ich muss noch das Unkraut zwischen den Fugen rauskratzen" und so weiter. Dabei soll der Garten doch unser Paradies sein für Körper, Geist und Seele...

Wenn wir ganz ehrlich sind ist das, was wir im Garten tun, keine Arbeit. Denn alles, was wir dort tun, macht Freude und Spaß und ist vor allem sinnvoll. Umgraben, das Beet bereiten, säen und pflanzen, hegen und pflegen, Eigenes ernten und ge-

Gärtnern macht glücklich.

nießen und das in freier Natur und an der frischen Luft. Das sind alles sinnstiftende Tätigkeiten als willkommene und notwendige Abwechslung zum Arbeits- oder Büroalltag, die stressig genug sind. Und wer sein Obst und Gemüse selbst anbaut, hat neben der Bewegung immer frische, wohlschmeckende und mit allen wertgebenden Inhaltsstoffen versehene Produkte auf dem Teller!

Also sollten wir das Wort „Gartenarbeit" unbedingt und ganz dringend aus unserem Vokabular streichen und durch „gärtnern" ersetzen. Das hört sich doch gleich viel angenehmer und stressfreier an. Diese Anleihe habe ich schon immer bei unseren englischen Nachbarn geschätzt, die sagen nämlich „gardening", das verheißt Freude, Passion, Sinnhaftigkeit, Aktivität, Lebendigkeit, Naturgenuss…

Zu gärtnern heißt, die immer hektischer werdende und oft belastende Arbeitswelt zu verlassen und einzutauchen in die Natur. Hier kann man gestalten und Form geben, aber auch einfach mal wachsen lassen. Gärten sind ja eigentlich kleine Paradiese, Oasen der Ruhe und Entspannung, und gleichzeitig Lebenselixier sowie Orte der Zufriedenheit und des Glücks. Diese vielfältigen Wohlfahrtswirkungen tragen mit dazu bei, die Menschen über viele Jahre vital und gesund zu halten. Und das schöne ist: Dafür braucht man kein Rezept und keine Praxisgebühr und es gibt keine Risiken und Nebenwirkungen. Abgesehen davon, dass man immer mehr davon haben will!

Rosenpflege ist wunderbar.

Kleine Geschichte dazu von Heike und Werner

Heike und ich waren über viele Jahre als Vizepräsidenten der Deutschen Gartenbaugesellschaft 1822 tätig. Hierbei haben wir viele Projekte mit auf den Weg gebracht. Unter anderem auch den Kongress „Garten und Medizin" 2017 in Berlin mit rund 150 Teilnehmern!
Die Quintessenz dieser 2-tägigen Veranstaltung lautete:
Die Geschichte der Medizin nimmt ihren Anfang in der Natur. Schon die Jäger und Sammler der Jungsteinzeit setzten Pflanzen zur Heilung ein: So wurden bei der etwa 5.300 Jahre alten Gletschermumie Ötzi Birkenporlinge gefunden. Der Pilz hilft unter anderem gegen Magen-Darm-Beschwerden. In den Klostergärten des Mittelalters fand dann eine systematische Katalogisierung der Heilpflanzen statt. Die wohl berühmteste Vertreterin der Klostermedizin, Hildegard von Bingen, verband im 11. Jahrhundert Medizin, Glaube und Garten zu einem großen Ganzen und lehrte: „Es gibt eine Kraft aus der Ewigkeit und diese Kraft ist grün." Diese Kraft, die dem Naturgrün innewohnt, gilt es zu bewahren, zu schützen und nutzbar zu machen, gerade für unsere urbanen Lebensräume. Der Kongress „Garten und Medizin" diente dazu, das gesellschaftliche Bewusstsein für den medizinischen Nutzen von Gärten oder Parks zu schärfen und so auch die öffentliche Wertschätzung von Naturgrün zu fördern. Darüber hinaus gab es Gelegenheit zu diskutieren, wie Gartengrün zukünftig noch besser in der Realität medizinischer Therapie verankert werden kann. Tatsächlich ist bereits seit langem wissenschaftlich bewiesen, dass Gärten und ganz allgemein ein naturnahes Wohnumfeld eine gesundheitsfördernde Wirkung haben – präventiv wie kurativ. Deswegen ist es wichtig, sich mit der Frage zu beschäftigen, welche Anforderungen unsere Gärten erfüllen müssen, damit sie heilsam auf den menschlichen Körper und Geist wirken können, welche Pflanzenarten und Gartenformen in der Vorsorge, Therapie und Nachsorge am besten eingesetzt werden und schließlich, welche Bedeutung Parks und Gärten in der Planung von Krankenhäusern und anderen Therapieeinrichtungen heute schon haben.
Naturgrün hat nicht nur einen positiven Einfluss auf die Psyche und die Gesundheit der Menschen, sondern auch auf das Stadtklima. Es wirkt temperatursenkend, dämpft den Lärm und bindet Feinstaub. Darüber hinaus hat es einen wichtigen Sozialeffekt, denn Menschen treffen sich in Parks, sie bewegen sich und das fördert die Gesundheit. Gartenarbeit zählt zu den beliebtesten Hobbys der Deutschen und das nicht ohne Grund. Jäten, säen und ernten beruhigt unsere Nerven, aktiviert unseren Körper und beglückt unsere Seele.
Quelle: Kongress Garten und Medizin, Hrsg. Bundesministerium für Ernährung und Landwirtschaft (BMEL), Bonn, 2018.
Im Ohr geblieben ist uns aber bis heute die Aussage eines Chefarztes, der sagte, was er gerne seinen Patienten via Rezept verordnen würde: „Geht jeden Tag raus, spazieren, an die frische Luft, in den Wald, gärtnert im eigenen Garten..."

Gärtnern hält jung

Wer regelmäßig im Garten arbeitet, bleibt einfach länger jung. Die messbaren Vorteile sind in wissenschaftlichen Studien eindrucksvoll belegt worden. Das Schöne ist: Die Vorteile wirken ganzheitlich auf die Menschen, das heißt Körper, Geist und Seele werden berührt. So ist bekannt, dass regelmäßige Gartenarbeit das Koordinationsvermögen und die Geschicklichkeit sowie das Herz-Kreislauf-System fördert und die Muskulatur kräftigt und trainiert. Manch einer wird sagen, dass kann man doch im Fitnesscenter auch. Nicht ganz, denn da fehlt etwas: Der Geruch des Gartens, der Jahreszeiten, der Blüten! Und die Sonne! Deren Strahlen wärmen uns im Frühjahr und sind Balsam für unsere Seele: Ein sonniger Tag im Garten mit sinnstiftender Tätigkeit, das schmeichelt unserer Seele und sorgt für ein Stimmungshoch und stimuliert die Psyche. Licht, Luft und Düfte führen zu einer Anhäufung von Glückshormonen und lassen uns den Alltagstrott rasch vergessen.

Gärtnern hält jung und macht glücklich.

Expertin

Fürstin Gabriela ist unsere Freundin und eine engagierte Naturschützerin. Mit ihrem Schmetterlingspark hilft sie Kindern zu verstehen, dass die gefährdete Natur ihren Schutz und ihre Liebe braucht.

Die Schönheit der Natur sehen, lieben und schützen!

Gestern waren wir mit der ganzen Familie auf einer Berg-Alm. Die Wanderung erinnerte mich sehr an meine Kindheit in den Allgäuer Bergen. Eine gewaltige Bergwelt, blühende Wiesen und artenreiche Moore. So kannte ich es von früher, doch nur noch wenige Flecken in unserer Heimat zeigen diesen Artenreichtum.

Seit vielen Jahren beschäftige ich mich mit Schmetterlingen. Vor nunmehr 32 Jahren haben mein Mann und ich bei uns im Sayner Schlosspark den Garten der Schmetterlinge aufgebaut. Millionen Besuchern aus aller Welt konnten wir seitdem die in zwei Glaspavillons frei herumfliegenden Falter aus allen tropischen Regionen zeigen. Wenn man dann das Jauchzen von Kindern beim Anblick der Falter hört und das Staunen von Groß und Klein beim Schlüpfen eines Schmetterlings aus der Puppe erlebt, dann weiß man, wie wichtig es ist, den Menschen diese wundervollen Tiere näherzubringen, denn draußen sieht man sie immer weniger.

Schmetterlinge sind, das ist bekannt, äußerst sensible Wesen, und das in allen Stadien ihres Lebens. Bedingt durch ihre zum Teil hochspezialisierten Lebensbedürfnisse reagieren sie schneller als die meisten Tierarten auf nachteilige Veränderungen in der Umwelt und dienen der Wissenschaft deshalb als Bioindikatoren. Auch im Weinbau gelten Falter als wichtige Indikatoren, auch für den Verbraucher. Es gilt der Spruch: Wo der Schmetterling fliegt, ist der Wein in Ordnung, das heißt, er ist nicht übermäßig mit Insektiziden und Pestiziden behandelt. An der Mosel sieht man das sehr schön am Beispiel des Apollofalters. Ehemals vom Aussterben bedroht, konnte man den Falter in den letzten Jahren wieder beobachten.

Schloss Sayn im Frühling

Bereits 2005 riefen der BUND und das Umweltforschungszentrum Leipzig-Halle gemeinsam mit dem ZDF ein Jahr des Schmetterlings aus. Der BUND versuchte, möglichst viele Menschen für diese wundervollen Tiere zu interessieren und zur Mitarbeit bei ihrem Schutz zu motivieren, das Umweltforschungszentrum Leipzig-Halle wertete die Daten, die sie von vielen freiwilligen Helfern erhielten, wissenschaftlich aus und das ZDF begleitete die gesamte Aktion und widmet den Faltern Programmschwerpunkte. „Abenteuer Schmetterling" hieß das Projekt und ich hatte die Ehre, die Schirmherrin zu sein.

Morpho auf weißen Orchideen

Dieses große allgemeine Interesse für Schmetterlinge kam damals nicht von ungefähr, sondern es hatte einen deprimierenden Grund. Schmetterlinge waren bei uns akut in Gefahr. Doch wie sieht es heute aus?

42 % der Tagfalter gelten heute als ausgestorben oder sind in ihrem Bestand stark gefährdet. Zudem ist die Zahl der einheimischen Arten über 60 % zurückgegangen, kann man in Veröffentlichungen des „Rote Liste Zentrums" nachlesen. Unter stark gefährdet stehen da das Moorwiesenvögelchen, der Große Eisvogel oder der Blauschillernde Feuerfalter. Diese Tagfalter sind hochspezialisiert und ihre Raupen benötigen artspezifische Futterpflanzen. Das bedeutet, gibt es das Futter für die Raupe nicht, wird es auch keine Schmetterlinge geben.

Schmetterlingshaus Sayn

Spitzenflügel

Wie viele Kinder gibt es heute, die heranwachsen, ohne je die Zartheit und Farbenpracht eines Falters aus der Nähe bestaunt zu haben, Kinder, die nie auf einer großen Wiese mit vielen Blumen fröhlich herumtollen durften oder den Geruch des Waldes nach dem Regen genießen konnten? Niemand lehrte sie die Schönheit der Natur zu sehen, sie zu lieben und dann auch zu schützen. Doch man kann nur das schützen, was man kennt, was man liebt oder benötigt.
Unser Garten der Schmetterlinge, der als „Schulnahe Erziehungseinrichtung in Rheinland-Pfalz" anerkannt ist, war das zweite Schmetterlingshaus in Deutschland und unter den Wegbereitern für über 300 Schmetterlingshäuser weltweit. In den Vereinigten Staaten von Amerika befinden sich heute die meisten Schmetterlingsgärten, aber auch in Südafrika, in Japan, Italien und England findet man ähnliche Einrichtungen wie unsere. Alle diese Häuser werden wöchentlich von Züchtern in Costa Rica, auf den Philippinen, in Malaysia, Kenia und anderen Ursprungsländern der Schmetterlinge beliefert.

Eine große Bewegung ist entstanden, um uns, den Bewohnern der gemäßigten Zonen, eine Vielfalt von beeindruckenden und farbenprächtigen Faltern der Tropen zu zeigen und damit Interesse für alle Schmetterlinge der Welt und für ihre Lebensbedingungen zu wecken. Es entstand zudem für viele Familien in den Ursprungsländern der Falter die Möglichkeit, durch das Züchten von Schmetterlingen und dem damit verbundenen Anpflanzen von Nektar- und Raupenfutterpflanzen, ihren Lebensunterhalt zu verdienen und damit zum Schutz unserer Natur beizutragen.

Gabriela zu Sayn-Wittgenstein-Sayn ist Geschäftsführerin des 1987 von ihr gegründeten „Garten der Schmetterlinge Schloss Sayn".
https://www.sayn.de/garten-der-schmetterlinge

Expertin

Mit Eva Morgenstern verbindet mich/uns eine langjährige, vertrauensvolle und bereichernde Zusammenarbeit bei der Gartenakademie RLP.

Der Weg zum Schmetterlingsgarten

Gärten können unter verschiedenen Gesichtspunkten angelegt werden: So kann z. B. eine Farbe dominieren (der blaue Garten), eine Art der Gestaltung (Bauerngarten) oder stark duftende Pflanzen (Duftgarten) stehen im Mittelpunkt. All diese Gestaltungsideen werden bei der Gartenanlage direkt umgesetzt. Anders beim Schmetterlingsgarten. Hier wird das Ziel, möglichst viele Schmetterlinge in den Garten zu locken, indirekt erreicht, indem man Futterpflanzen für Schmetterlinge und Raupen anpflanzt.
Bunte Schmetterlinge im Garten sind nicht nur ein schöner Anblick, sondern sie sind zum Teil auch nützliche Tiere, da sie Blüten bestäuben. Allerdings geht jedem Schmetterling eine Raupe voraus und dies bedeutet unter Umständen Kahlfraß an der Futterpflanze! Dies sollte man sich vor der Anlage bewusst machen! Für den Schmetterlingsgarten eignen sich einheimische Pflanzen am besten. Sie sind anspruchslos und gut an die natürlichen Bedingungen der Region angepasst.

Blumenwiesen bieten Raupen Nahrung.

Vielfalt im Garten fördert Schmetterlinge.

Raupenfutterpflanzen:

Raupen sind, je nach Schmetterlingsart, auf mehrere oder nur eine ganz bestimmte Pflanze als Nahrungsquelle spezialisiert. Nur wenn sich diese Pflanzen im Lebensraum finden, kann sich die Art vermehren. Zu diesen Futterpflanzen zählen zahlreiche „Unkräuter". Daher sind Naturgärten als Schmetterlingsgarten geeigneter als „besenreine" Gärten mit sattgrünen Rasenflächen und Thujahecke! Eine Blumenwiese, die zweimal im Jahr gemäht wird, bietet Schmetterlingen, die ihre Eier bevorzugt auf Jungaustriebe legen (z. B. das Tagpfauenauge auf jungen Brennnessel-Spitzen), Nahrung.
Die Raupen vieler Schmetterlingsarten akzeptieren mehr als eine Pflanzenart als Futterpflanze!

Nektarpflanzen:

Schmetterlinge können Nektarpflanzen aus großer Entfernung erkennen und fliegen lange Strecken, um zu ihnen zu gelangen. So können auch Arten wie Tagpfauenauge, Kleiner Fuchs oder Taubenschwänzchen in Gärten zu finden sein, in denen es Nektar- aber keine Raupenfutterpflanzen gibt. Als Locksignal dienen dabei vor allem die Blütenfarbe und der -duft:

- *Farben: Orange, Rot, Gelb, Violett- und Pinktöne wirken besonders anziehend auf Schmetterlinge. Die Farben, zusammen mit den ultravioletten Mustern, zeigen den Tieren den Weg zum Nektar und dienen gleichzeitig der Tarnung. Nachtfalter werden von weißen Blüten angelockt, da sie das Licht in der Dämmerung reflektieren und dann besonders gut zu erkennen sind.*
- *Duft: Schwere, süße Düfte locken Tag- und Nachtfalter an. Viele der neueren Pflanzenzüchtungen und Hybriden haben jedoch meist gefüllte, nektarlose Blüten mit wenig Duft. Daher sind ungefüllte Sorten oder Wildkräuter zu bevorzugen.*

Taubenschwänzchen am Salbei

Kleiner Fuchs auf orangener Blüte

Der Sommerflieder (Buddleja) ist auch als Schmetterlingsstrauch bekannt, da sein Nektar zahlreiche saugende Schmetterlinge anlockt. Im Hochsommer können hier Tagpfauenauge, Kleiner Fuchs, Admiral, Distelfalter, Segelfalter, Kaisermantel und Kleiner Kohlweißling beobachtet werden. Weitere begehrte Nektarpflanzen sind:
Blühende Gewürzkräuter (Dill, Dost, Liebstöckel, Salbei, Melisse, Thymian, Lavendel, Lauch) Sal-Weide, Storchschnabel, Blut-Weiderich, Wald-Weidenröschen, Vogel-Wicke, Großer Wiesenknopf, Wald-Witwenblume, Wiesen-Witwenblume, Heil-Ziest, Teufelsabbiss, Natternkopf, Heide-Nelke, Wiesen-Platterbse, Kreuzblume, Echtes Labkraut, Rote Lichtnelke, Löwenzahn, Wiesen-Margerite, Weißer Mauerpfeffer, Hornklee und Wiesenklee, Distel (u. a. Kugeldistel), Sonnenhut (Echinacea), Herbstaster, Fuchsie, Heliotrop, Verbene, Zinnie, Kapuzinerkresse.
Große Nachtfalter besuchen gerne Geißblatt (Lonicera), Gelbe Nachtkerze, Seifenkraut, Phlox, Ziertabak etc. Pflanzen sie diese möglichst im Bereich der Terrasse, so können sie hier an lauen Sommerabenden die Schmetterlinge gut beobachten!

Rote Lichtnelke in Schmetterlingswiese

Welche Blüten die Schmetterlinge bevorzugen, hängt von der Blütenfarbe und der Nektarverfügbarkeit ab. Achten Sie daher beim Neukauf auf die Blütenfarbe: Rosa bzw. lila Blüten sind für tagaktive Schmetterlinge attraktiver als die purpurroten und weißen Blüten!
Beliebte Plätze der Schmetterlinge:
Tagfalter brauchen sonnige Plätze, um ihre Muskeln aufzuwärmen, damit sie fliegen können. Nachtfalter hingegen „zittern" sich warm. Außerdem brauchen Schmetterlinge Gebüsch, Holz- und Reisighaufen, die vor Wind und Wetter geschützt einen sicheren Ort für die Verpuppung bieten.
Einige Arten schätzen auch faulende Früchte oder den Saft aus Baumstämmen. Vor allem die Schmetterlingsmännchen findet man oft an Pfützen und Wasserlöchern, um zu trinken und gelöste Mineralien aufzunehmen.
Für Schmetterlinge sind Stellen, an denen verschiedene Lebensräume aufeinandertreffen, ideal, wie z. B. ein Baum am Rande einer Wiesenfläche. Sie haben dort gute Versteckmöglichkeiten und gleichzeitig einen guten Ausblick für die Partnersuche.

Eva Morgenstern war bis Mitte 2022 kompetente Ansprechpartnerin bei der Gartenakademie RLP in allen Fragen des Freizeitgartenbaues.

Das Fitnessprogramm im eigenen Garten

Der menschliche Körper braucht – besonders mit zunehmendem Alter – ständig Bewegung. Und jede Tätigkeit im Garten kann auch gleichzeitig eine echte Gesundheitsübung sein. Ohne großen Aufwand kann man sich ein individuelles Fitnessprogramm für die Gartensaison selbst zusammenstellen. Schon eine halbe Stunde täglich kann Zivilisationskrankheiten wie Bluthochdruck, Diabetes oder Cholesterin dauerhaft und nachhaltig reduzieren. Und spätestens im Frühjahr geht es los:

- Die erste „Gesundheitsübung" kann das Herausholen der Gartenmöbel sein. Diese werden vorher meist gründlich gereinigt. Dazu kann man ruhig mal öfter in die Knie gehen als sonst, dehnt die einzelnen Körperteile, wechselt rechte und linke Hand ab.
- Auch das Hochtragen aus Keller oder Schuppen bietet sich an: Man kann abwechselnd langsam und schnell gehen, einen Stuhl kann man rechts, links, vor dem Körper oder auch mal über dem Kopf tragen. Man kann den kurzen, aber auch einen längeren Weg gehen...
- Rasen mähen mit Muskelkraft: Wie wäre es mit einem handgeschobenen Spindelmäher statt des selbstfahrenden Benzintraktors? Denn da kommt man – je nach Geschwindigkeit – richtig schön ins Schwitzen.
- Umspaten statt fräsen: Das Umgraben ist wirklich eine universelle Übung, bei der fast alle Muskelgruppen an-

Rasen mähen mit Handrasenmäher.

Arbeiten mit dem Spaten trainiert viele Muskeln.

gesprochen werden. Ungeübte beginnen langsam mit einem kleinen Stück, Geübte können nach dem Vorbild des Intervalltrainings verschiedene Geschwindigkeiten ausprobieren! Das Umgraben ist und bleibt ein wunderbares Workout, bei dem man sich richtig gut abreagieren kann. Ich empfehle diese Übung nach einem stressigen Arbeitstag und mache es manchmal so lange, bis ich die Arme nicht mehr hochbekomme. Danach durchströmt mich eine wunderbare Ruhe und ich bin k. o., aber völlig entspannt und fühle mich bestens. Ich denke oft, manch einer müsste wohl mehrmals auf die vielzitierte Couch, um den gleichen Zustand der körperlichen und geistigen Entspannung zu erreichen!

Und wo wir gerade dabei sind: Das Gleiche gilt natürlich auch für die Bodenlockerung mit Sauzahn oder Bodenlockerer. Ob umspaten oder lockern, jeder nach seiner Fasson.

- Das „Unkraut" muss weg. Wirklich? Eigentlich reden wir ja über Wildkräuter oder Beikräuter, die man oft auch einfach mal stehen lassen kann. Stehen dann Pflanzen am falschen Platz, dann entfernt man die am sinnvollsten mit der Hand – niemals mit der Herbizidspritze! Und jetzt ist genau der richtige

Bäume und Sträucher mit der Hand schneiden, gibt gute Armmuskeln.

Zeitpunkt dafür, denn der Boden ist nach dem Winter ganz locker und die störenden Pflanzen können leicht mit der Wurzel entfernt werden. Das gelingt am besten, wenn man dies auf allen Vieren tut. Das fördert die Gelenkigkeit und erdet im wahrsten Sinne des Wortes. Und zwischendurch immer wieder aufstehen und zum Kompost gehen.

- Bäume schneiden, Äste schneiden. Anstelle eines Häckslers kann man die Äste auch mit der Schere oder Säge zerkleinern, die größeren Äste für den Ofen, die kleineren auf den Kompost.
- Eine tolle Aufgabe für Fortgeschrittene: das Entfernen eines Baumes samt Wurzelstock. Mit dieser Übung hat man viel Freude und Bewegung an der frischen Luft und den Muskelkater spürt man noch Tage später. Wenn kein Baum zu roden ist – das ist ja immer das Beste – dann einfach mal die Nachbarschaft fragen oder alternativ 2–3 Festmeter Holz kommen lassen und den mit der Hand sägen und mit der Axt spalten. Das ist es dann aber so richtig.

Mit den eigenen Händen arbeiten

Wer es nicht so mit Spaten, Axt und Säge hat, der kann mit beiden Händen gärtnern, denn damit geht ganz viel. Und damit man das ganz viel auch wirklich haptisch spürt, gärtnern wir in den meisten Fällen ohne Handschuhe – von den wenigen Ausnahmen wie Rosen oder Brombeeren schneiden einmal abgesehen.

So hat man den direkten Kontakt zu den jeweiligen Pflanzen oder Werkstoffen. Und wenn man da so vor sich hin gärtnert, bleibt man auch mal hängen, ritzt sich den Finger auf oder fängt sich einen Splitter ein. Und das ist gut so, zumindest bei gesunden Menschen, denn es fördert und fordert das Immunsystem. So gesehen ist Gärtnern eines der besten Immuntrainingssysteme – das ist wissenschaftlich bewiesen.

Gartenerde enthält Antidepressivum

Und das Gärtnern und Wühlen in der Gartenerde hat noch mehr therapeutische Vorteile. Britische Wissenschaftler haben herausgefunden, dass ein Bodenbakterium unser Gehirn ähnlich beeinflussen kann wie Antidepressiva.

Eine Handvoll Erde enthält so viele Lebewesen, wie es Menschen auf der Erde gibt.

Demnach soll das im Boden lebende Mycobacterium vaccae die Gehirnzellen aktivieren, die dann mehr Serotonin produzieren. Ein höherer Serotoninspiegel schützt vor verschiedenen Krankheiten wie Angstzuständen, Depressionen und Zwangszuständen. Genauso ist der Wirkmechanismus von Antidepressiva, allerdings kann hierbei eine Fülle von unerwünschten bis schweren Nebenwirkungen auftreten.

Ich meine, wir Gärtner haben das irgendwie schon immer gewusst, dass Erde unter den Fingernägeln und an den Händen nicht nur glücklich macht, sondern auch gesund hält und vor Depressionen schützt.

Und deshalb unsere Empfehlung: möglichst ohne Handschuhe und mit bloßen Händen in der wunderbaren, warmen Gartenerde wühlen. Denn Mycobacterium vaccae und andere werden überwiegend über die Haut aufgenommen.

Dr. Lowry, der Studienleiter dieser Untersuchung an der Universität Bristol, weist auf die besondere Bedeutung eines gesunden – und trainierten – Immunsystems zur Aufrechterhaltung der psychischen Gesundheit hin. Und er endet mit dem Satz „Sie (die Versuchsergebnisse) lassen uns auch fragen, ob wir nicht alle mehr Zeit damit verbringen sollten, in der Erde zu spielen"!

Also, jetzt ist es amtlich, quasi auf Rezept: Handschuhe aus und mit beiden Händen in der herrlich warmen Erde gärtnern – nicht nur schön, sondern auch vorbeugend wirksam.

Und das allerbeste: „Zu Risiken und Nebenwirkungen fragen Sie *NICHT* Ihren Arzt oder Apotheker", ebenso entfällt das Lesen des ellenlangen, meist schwer verständlichen Beipackzettels!

Eigentlich ganz schön einfach.

Quelle: Identifizierung eines immunreaktiven mesolimbokortikalen serotonergen Systems: Mögliche Rolle bei der Regulierung des emotionalen Verhaltens"

C. A. Lowry et al., Journal neuroscience. 2007.01.076.

Also, es ist gar nicht so schwer, geeignete Tätigkeiten zu finden. Probieren Sie es in Abhängigkeit von Alter und Belastbarkeit einfach aus. Wichtig ist, dass der Spaß dabei im Vordergrund steht und nicht verloren geht. Und immer nur so viel, wie es geht und einem gut tut. Und manchmal hilft auch ein kleiner Trick, bestimmte Tätigkeiten anzugehen. Man kann Beikraut jäten als Last und Ärgernis ansehen oder als eine schöne Meditation an einem sonnigen Sommertag in frischer Luft zwischen den eigenen Gemüsepflanzen! Das erdet und entspannt unglaublich!

Mehr Klimaschutz im Garten

Expertin

Gärtnern ist für uns international, deshalb haben wir ein gutes Netzwerk zu den Naturgärtnern in Niederösterreich aufgebaut. Katja Batakovic-Sengthaler lebt in und mit der Natur in ihrem Garten und bringt diese Botschaft in vielen Lehrgängen unter die Menschen.

Gärten im Klimawandel

Der Klimawandel ist eine unumstößliche Tatsache – doch wie gehen wir mit Wetterkapriolen und Extremereignissen um? Die gute Nachricht ist: Wir können etwas dagegen tun. Eine äußerst wirksame Klimaschutzmaßnahme ist es, Torf im Moor zu belassen. Auf nur 3 % der Landoberfläche speichert er nämlich 30 % CO_2*. Mit torffreier Erde und eigenem Kompost sind wir ganz vorn dabei. Klappt es nicht mit dem Komposthaufen? Dann probieren Sie doch mal die Flächenkompostierung: Erntereste und Strauchschnitt häckseln und direkt auf dem Beet oder unter Hecken und Sträuchern in dünner Schicht auf den Boden ausbringen. Das Material wird zu wertvollem Humus und macht den Boden fruchtbarer und gesünder.*

Damit verhindern wir zwar keine Dürreperioden oder Starkregenereignisse, aber wir schützen den Boden vor Sonnenglut und prasselnden Tropfen. Apropos Wasser: Bitte nicht wegfließen lassen, sondern in Tonnen, Zisternen oder direkt im unversiegelten und üppig bepflanzten Erdreich zurückhalten. Pflanzen und Tiere lieben das bekömmliche Regenwasser! Und das Wichtigste im Naturgarten: einen abwechslungsreichen Mix aus Bäumen (sind die beste Klimaanlage), Sträuchern, Stauden, Wiesen, Kräuterrasen und zahlreichen Hungerkünstlern setzen. Mit Hungerkünstlern meine ich Pflanzen, die mit wenig Wasser und Nährstoffen auskommen. Gerade diese Arten bieten Bestäubern einen reich gedeckten Tisch, brauchen wenig Pflege und fördern den tierischen Artenreichtum im Garten. Wer Schmetterlinge liebt, sollte (Schmuck-) Disteln, Brennnesseln und Wildpflanzen ein Wildes Eck oder einen Heckensaum überlassen. Gemüsefans können dem Klimawandel mit seiner turbulenten, aber verlängerten Vegetationsperiode sogar etwas Positives abgewinnen: einfach Wintergemüse und alte Sortenschätze ausprobieren und dem Klima zuliebe pflanzen, was das Zeug hält!

Der elterliche Naturgarten war für Dipl.-Ing. Katja Batakovic-Sengthaler Abenteuerspielplatz und erstes Experimentierfeld für den wassersparenden Anbau von Gemüse und Obst. Später studierte sie Biologischen Pflanzenschutz und Pädagogik. Seit 2013 ist sie als Fachliche Leiterin von „Natur im Garten" Niederösterreich tätig und engagiert sich ganz besonders für die Bildungsarbeit. Ihr Garten beschenkt sie mit der köstlichen eigenen Ernte und wunderbaren Naturbeobachtungen.
https://www.naturimgarten.at/%C3%BCber-uns/team.html

Alles beginnt mit dem Boden

Ein gesunder Boden ist die beste Voraussetzung für gesunde Pflanzen – und gesunde Menschen! Diese prägnante Aussage verleiht ihm eine hohe Wertschätzung und Bedeutung.
Doch was versteht man unter einem gesunden Boden? Ein alter, heute kaum mehr gebräuchlicher Fachbegriff aus der Landwirtschaft gibt auch dem Freizeitgärtner einen Hinweis. „Bodengare" ist der Inbegriff für einen gesunden und fruchtbaren Boden! Hierunter versteht man das Zusammenwirken aller mineralischen, physikalischen und organischen Komponenten des Bodens sowie des Bodenlebens.

> Ein garer Boden ist krümelig, humos, gut durchlüftet, ausreichend feucht und leicht durchwurzelbar. Er zeichnet sich durch ein stabiles, belastbares Gefüge aus und kann mit der Spatendiagnose erkannt werden. Wie ein „gärender" Brotteig enthält ein garer Boden viele kleine und mittlere Hohlräume, die sogenannten Bodenporen, die der Luftführung und Wasserspeicherung dienen. Wie ein Schwamm kann dieser Boden z. B. Niederschläge aufsaugen und Überschüsse ins Grundwasser ableiten.

Eine derart optimale Bodenstruktur wird als Krümelstruktur bezeichnet. Die im Boden lebenden Organismen (Bakterien, Würmer, Insekten, Pilze, insbesondere Mykorrhiza, und andere Klein- und Kleinstlebewesen), die das Mikroklima des Bodens beeinflussen, sind einerseits auf einen guten Luftaustausch angewiesen. Andererseits sind es aber auch die Bodenlebewesen, die durch ihre Tätigkeit genau diese Bodenstruktur hervorrufen bzw. herstellen. So fressen zum Beispiel Regenwürmer organisches Material und scheiden eine äußerst fruchtbare Mischung aus organischem und anorganischem Material wieder als Kot aus. Die Krümelstruktur ist daher Voraussetzung und auch Folge einer arten- und individuenreichen Organismenpopulation.

Quelle: Wikipedia

Dieses filigrane Zusammenspiel wird oft übersehen und das Hauptaugenmerk auf die Düngung gelegt, und hier ganz speziell auf mineralische Dünger. Viele Gartenböden sind aber schon mit Nährstoffen – besonders Phosphor und Kalium – überversorgt, wie zahlreiche Bodenuntersuchungen belegen. Überversorgte Böden und überhöhte Düngegaben können den Anteil wertgebender Inhaltsstoffe der Pflanze reduzieren, die Bodenlebewesen verdrängen und belasten die Umwelt.

Besonders deutlich wird dies bei dem Nährstoff Phosphor. Der Bedarf unserer Kulturpflanzen ist recht gering, Phosphor wird im Boden gut festgehalten und unterliegt deshalb nicht der Auswaschung. Die Anteile an Phosphor in Volldüngern sind oft zu hoch, sodass sich bei einem jahrelangen Gebrauch sehr hohe Werte im Boden anhäufen. Bei überhöhten Phosphorwerten können andere Nährstoffe, wie Calcium, Eisen und Mangan, im Boden festgelegt werden.

Der Regenwurm – Synonym für die Bodenfruchtbarkeit

Die Verdrängung von Bodenlebewesen lässt sich am Beispiel der Regenwürmer erläutern. Sie sind der Innbegriff für Bodenfruchtbarkeit und Bodengesundheit. Der Regenwurm frisst organisches und mineralisches Material, welches in seinem Darm zusammen mit Kalzium verklebt wird. Und das nennt man „Lebendverbauung". Der Regenwurmkot ist ein einzigartiger Stoff für die Bodenstruktur, das Bodenleben, das Krümelgefüge und die Nährstoffversorgung der Pflanzen.

Wird der Boden stark mineralisch gedüngt, verdrängt man aus verschiedenen Gründen den Regenwurm. Die mineralischen Nährsalze haben durch ihre chemische Reaktionsfähigkeit die Eigenschaft, Feuchtigkeit zu entziehen – dieses geschieht auch mit der Haut von Regenwürmern in salzhaltigen Böden nach Wassereinwirkung. Regenwürmer besitzen nur eine dünne, empfindliche Haut, durch die sie auch atmen und die nicht gepanzert ist. Düngt man also regelmäßig

Ein Regenwurm bei der Arbeit.

Regenwürmer sind die wichtigsten Helfer im Garten.

mit mineralischen Düngern, so verdrängt man den Wurm aus dem Boden und verhindert damit einen langfristigen Humusaufbau und eine gute Bodengare. Darüber hinaus können Mineraldüngergaben kurzfristig die Nährstoffkonzentration in der Bodenlösung erhöhen, was besonders bei Stickstoff zu weichem Gewebe und einer höheren Krankheits- und Schädlingsanfälligkeit führen kann. Und bei einem Überschuss zur Auswaschung in das Grundwasser.

Das Bodenleben füttern – mit organischem Material

Völlig anders stellt sich die Situation beim Einsatz organischer Dünger und Bodenverbesserer dar, insbesondere Kompost. Hierbei handelt es sich um eine stetige, aber langsam fließende Nährstoffquelle, die ein gleichmäßiges Wachstum ermöglicht. Die Gefahr von Auswaschungen überschüssiger, nicht verwendeter Nährstoffe ist nicht gegeben, denn Humus ist darüber hinaus ein einzigartiger Wasser-, CO_2- und Nährstoffspeicher.

Für ein klimaschonendes Gärtnern ist ein gutes Stoffstrommanagement unerlässlich.

Auf diese Weise lässt sich ein nahezu geschlossener Nährstoffkreislauf realisieren. Denn alle Pflanzenreste, die im Laufe eines Jahres in Garten und Haushalt anfallen, verbleiben im Garten, werden kompostiert und stehen den Pflanzen danach als Dünger, Bodenverbesserer und Futter für das Bodenleben wieder zur Verfügung.

Alles, was im Garten anfällt, bleibt als Mulch oder Kompost dort.

Kompostwürmer

Doch Kompost versorgt die Pflanzen nicht nur mit Nährstoffen, sondern verbessert die biologische Aktivität und Bodenfruchtbarkeit nachhaltig:
Eine alte Gärtnerweisheit besagt: „In einer Hand voll Gartenerde leben mehr Organismen als es Menschen auf der Erde gibt – also rund 8 Milliarden!" Und diese unvorstellbar große Vielfalt an Bodenleben will gefüttert werden: mit organischem Material aus dem Garten und Kompost!

Das große Fressen im Boden

Das Schöne am Stoffstrommanagement ist: Es ist ganz einfach, denn die Natur macht es uns schon seit Tausenden von Jahren vor. Zum Beispiel im Wald: Alle Blätter, die im Herbst von den Bäumen fallen, sind spätestens im nächsten Frühjahr von den Bodenlebewesen verspeist. Nicht umsonst werden Sie auch die „Boden-Müllabfuhr" genannt, denn alles hat seinen Sinn und seine Bedeutung. Alles wird auf vielfältige Weise verarbeitet, umgewandelt oder einfach gefressen, denn das Motto lautet: „fressen und gefressen werden"! Und das Endprodukt ist der wertvolle, belebende, Wasser-, Nährstoff- und CO_2-speichernde Humus.
Und wenn wir die Natur zum Vorbild nehmen, dann klappt das auch mit dem Humus im Garten!

Nährstoff-Autonomie – selbst kompostieren!

Abfälle aus der Küche lassen sich gut kompostieren.

Die Rohstoffe vieler Nährstoffe müssen oft von sehr weit hergebracht werden. Die Produktion von Stickstoff nach dem Haber-Bosch-Verfahren (hierbei wird der gasförmige Stickstoff aus der Luft (N_2) in einem umfangreichen Prozess in Ammoniak umgewandelt) ist sehr energieaufwändig. Für 1 kg Ammoniak-Stickstoff werden etwa 1–2 l Öl-Äquivalente benötigt.

Spätestens seit der Corona-Pandemie und des Krieges in der Ukraine brechen Lieferketten für Rohstoffe plötzlich weg. Düngemittel sind nicht mehr frei verfügbar, die Preise sind um ein Vielfaches gestiegen. Experten befürchten eine daraus resultierende Nahrungsmittel-Verknappung.

Das alles spricht für die Eigenkompostierung, bei der keine Kosten entstehen! Und die funktioniert schon immer ganz einfach:

So gelingt der Kompost immer!

Ein einfaches Holzgerüst auf gewachsenem Boden reicht aus. Das ist wichtig, denn von hier kommen die Mikroorganismen und Kompostwürmer.

Zuerst grobes Material (Äste, Wurzeln, Gemüsestrünke etc.) unten einfüllen.

Jetzt kommt das Wichtigste: Die verschiedenen Pflanzenreste, holzige und krautige, und Küchenabfälle mischen und lagenweise aufschichten, um eine gute Sauerstoffversorgung zu garantieren.

Auf jede Lage 2 Hände voll reifen Kompost oder Gartenerde verteilen: So wird der Kompost mit Milliarden von Mikroorganismen geimpft.

Zur Unterstützung eines guten Kompostes muss man auch Gartenbewohner tolerieren, welche sonst nicht so gerne im Garten gesehen werden. Nacktschnecken/Schnecken sind wichtige Helfer auf dem Weg zur Zersetzung des organischen Abfalls. Mit ihrer Schleimspur ermöglichen sie den sonst stationären Mikroorganismen, den ganzen Haufen zu besiedeln. Hat man Bedenken wegen der Eier der Spanischen Wegschnecke, hilft das Umsetzen des Haufens im Spätherbst, dadurch werden die Gelege zerstört.

Die Pflanzenreste werden von Bodenlebewesen und Mikroorganismen in

Einfacher Kompostbehälter aus unbehandeltem Holz

dunkelbraunen, erdig-riechenden Kompost umgewandelt. Den kann man durch ein großes Sieb geben, alles was noch nicht zersetzt ist, wird noch einmal in den neuen Kompost gegeben. So wiederholt sich der Naturkreislauf von neuem.

Kompostwirtschaft fördert das Leben im Boden, vermehrt seine Speicherfähigkeit für Nährstoffe, Luft und Wasser und verstärkt die Humusbildung. Kompost ist dadurch bestens als Torfersatz geeignetund kann so den Torfverbrauch deutlich reduzieren. Durch die Humusanreicherung wird mehr CO_2 als Kohlenstoff im Boden gebunden.

Kompostieren ist also praktisch gelebter Umwelt-, Klima- und Pflanzenschutz im Garten. Wer mit Kompost düngt, bringt alle für die Pflanze lebenswichtigen Nährstoffe aus. Garteneigener Kompost ist demzufolge eine ausgewogene, langsam fließende und bodenverbessernde Nährstoffquelle.

Die Empfehlung lautet: 3–5 l Kompost je qm im zeitigen Frühjahr leicht in den Boden einarbeiten.

Damit kann man den Nährstoffbedarf sämtlicher Kulturen im Garten abdecken. Selbst die starkzehrenden Gemüsearten wie Blumenkohl, Rosenkohl oder Tomaten kommen auf den humushaltigen Gartenböden damit sehr gut aus.

Flächenkompostierung

Am Beispiel des anfallenden Laubes im Garten lässt sich das Prinzip des Stoffstrommanagements erklären:

Regenwurmfütterung durch Flächenkompostierung: Das Laub wird einfach als Schicht auf den abgeernteten Beeten ausgebracht. Ein Festmahl für die Regenwürmer, die die Blätter in ihre Gänge ziehen und verspeisen! So können wir ganz einfach ein neues Beet vorbereiten oder den Boden eines abgeernteten Beetes verbessern. Im nächsten Frühling ist der Boden locker, nährstoffreich und bereit zur Bepflanzung.

Einfach mal liegen lassen: Unter großen Bäumen kann das Laub – genauso wie im Wald – liegen bleiben. Die Natur zersetzt es mit Milliarden von nützlichen Mikroorganismen. Der Baum und darunter gepflanzte Stauden freuen sich über diese lebenswichtige Humus- und Nährstoffgabe.

Auf den Kompost: Blätter lagenweise auf den Kompost geben. Wichtig: Die Laubschichten maximal 10 cm dick aufgeben und mit anderen Materialien abwechseln. Auf jede Schicht immer eine Schaufel reifen Kompost oder Gartenerde zum „impfen“ streuen.

Rasen liebt Blätter: Während des Blattfalls 1- bis 2-mal mit dem Rasenmäher drüberfahren, kleinhäckseln und liegen lassen (am besten mit dem Mulchmäher). Dadurch wird der Abbau beschleunigt und die Bodenlebewesen fressen das „Fastfood“ ganz schnell weg und bereiten wertvollen Humus. Und ganz sicher: Der Rasen geht nicht kaputt, ganz im Gegenteil. Auf die Herbstdüngung mit einem Mineraldünger kann man dann getrost verzichten!

Sabine kennen wir, klar, aus ihrer Sendung „Platz im Garten“ und von gemeinsamen Veranstaltungen mit der Deutschen Gartenbaugesellschaft 1822 e. V.

Bäume schenken uns im Sommer Schatten und im Herbst Laub.

Das Laub einfach über Winter unter den Bäumen liegen lassen.

Blätter zusammenrechen und als Flächenmulch in den Staudenbeeten verwenden.

Mit dem Mäher das Laub auf dem Rasen zerkleinern.

Expertin

„Der Kompost ist des Gärtners Gold", hat der Gärtner, mit dem ich viele Jahre lang eine kleine Serie im ZDF hatte, immer gesagt. Ich habe eine Weile gebraucht, um diesen Satz vollumfänglich zu begreifen. Heute weiß ich: Der Kompost ist im Grunde das Herzstück eines jeden Gartens, auch wenn er meist in irgendeine hintere Ecke verbannt wird.

Sabine liebt die Arbeit mit dem Kompost.

Sabine beim Ausbringen von Kompost.

Eine Milliarde Kleinstlebewesen sorgen dafür, dass aus dem Alten Neues entsteht. Ohne den Komposthaufen im Garten gäbe es keinen Kreislauf, keine Erneuerung, kein Leben. An keinem Ort im Garten fühle ich mich demütiger und gleichzeitig lebendiger als dort.
Wenn ich im Frühling die Siebtrommel anwerfe und die erste Handvoll frischer Humus in der Plastiktuppe landet, dann kommt mir der schönste Duft des Jahres entgegen. Und dann weiß ich: Die Saison beginnt, es geht wieder rund. Ich lebe, ich bin dankbar.

Sabine Platz ist eine deutsche Fernsehjournalistin und Buchautorin. Im ZDF Morgen- und Mittagsmagazin ist sie in wiederkehrenden Formaten und Serien zu sehen, deren Titel teilweise mit ihrem Familiennamen spielen. So zum Beispiel ihre Service-Reihe „Platz im Garten", in der sie über Gärtnerinnen und Gärtner, landwirtschaftliche Betriebe und Gärtnereien berichtet.

https://www.sabineplatz.de/

Boden pflegen durch Mulchen

Besonders jetzt, in Zeiten des spürbaren Klimawandels mit Hitze, Trockenheit und Dürre, kommt dem Humus im Boden eine besondere Bedeutung zu: Er ist ein bedeutender Speicher für klimaschädliches CO_2.

Darüber hinaus ist Humus ein sehr ergiebiger Wasserspeicher. Von daher lohnt

Erdbeeren mit Rasenschnitt gemulcht

es sich, den Humusgehalt im eigenen Garten durch regelmäßige Gaben von organischem Material, wie Blätter, Rasenschnitt, Pflanzenreste oder Holzhäcksel, zu erhöhen. Decken Sie damit für die Bodenlebewesen den Tisch und belassen sie das organische Material im eigenen Garten. Denn da gehört es hin!

Mega-Maßnahme Mulchen!

Das Mulchen eröffnet die Möglichkeit, mit organischen Abfällen, wie Blatt- oder Wurzelmasse nach der Gemüseernte, Herbstlaub, Rasenschnitt und Beikräuter, Gemüseresten aus der Küche im Sinne des biologischen Kreislaufs, den kultivierten Böden die Nährstoffe wieder zuzuführen, die ihnen im Zuge der Pflanzenkultur entzogen wurden. Wenn man den Boden mit organischem Material abdeckt, wird der Beikrautwuchs unterdrückt. Damit wird die mögliche Konkurrenzwirkung in Bezug auf Wasser und Nährstoff zur Kulturpflanze vermindert. Durch eine Bodenauflage mit Gartenabfällen oder abgestorbenem Beikraut wird im Boden die Mikroorganismentätigkeit angeregt. Diese verbessert die Krümelstruktur des Bodens und überführt durch die Um- und Abbauprozesse die Pflanzenreste in den im Boden vergleichsweise stabileren Humus. Besonders an der durch Regenwurmtätigkeit noch geförderten Krümelstruktur erkennt der der Mulchwirtschaft möglicherweise noch skeptisch gegenüberstehende Gartenbesitzer deren positive Auswirkungen.

Auf Gartenbeeten sind dafür besonders vor der Samenbildung gejätetes Beikraut und Gemüserückstände geeignet. Die Verwendung von Beikraut sollte nur bei trockener Witterung erfolgen, um ein Wiederanwachsen zu verhindern. Als Abdeckmaterial im Sinne einer Mulchwirtschaft eignen sich weiterhin Kompost und Häcksel, die häufig auch unter Gehölzen ausgebracht werden. Das Belassen oder die zusätzliche Ausbringung von Herbstlaub unter Gehölzen ist ebenfalls eine positiv zu bewertende Form der Mulchwirtschaft. Hierdurch bleibt die Bodenfeuchtigkeit länger im Bereich der durchwurzelten Erdschicht erhalten. Besonders wichtig ist diese Auswirkung auf leichten Sandböden. Durch den aus der Mulchabdeckung entstandenen Humus wird nicht nur das Festhaltevermögen der Böden für Wasser, sondern auch für Nährstoffe erhöht.

Mulchen hilft dem Boden, eine schöne Krümelstruktur aufzubauen.

Eine alte Gärtnerweisheit sagt „1 x mulchen erspart bis zu 3 x gießen"! Denn dadurch wird die unproduktive Verdunstung über den Boden um rund ein Drittel reduziert und der Boden ist vor Erosion durch Wind und Regen bestens geschützt. Und unter der Abdeckung findet das Bodenleben reichlich Futter, denn der Tisch ist immer reich gedeckt!
Auch hier heißt es, altes, bekanntes Wissen wieder neu entdecken und im Garten anwenden. Denn die Natur kennt nur mit Pflanzen, Blättern und organischem Material bedeckten Boden.

Humus: der ultimative Speicher für CO_2, Nährstoffe und Wasser!

Und Humus hat noch einen ganz besonderen Mehrwert: Den Gärtnern und Gärtnerinnen spart es den zeitraubenden und kostspieligen Abtransport der Gartenabfälle und es erwirtschaftet einen sehr guten CO_2-Fußabdruck für den eigenen Garten. Gleichzeitig übernehmen die in der Mulchschicht lebenden Nützlinge die Pflanzenschutzmaßnahmen im Garten. Bequemer, ökologischer und sinnhafter als mit der Mulchwirtschaft kann man nicht gärtnern.

Blätter im Garten zum Mulchen nutzen

Bisher hat man das Laub über die Grüne Tonne „entsorgt". Im Sinne einer umweltschonenden und klimafreundlichen Gartenpflege ist das nicht zweckmäßig. Das Laub der Bäume ist kein Abfall, sondern ein wertvoller Rohstoff. Deshalb sollte es auch da mineralisiert werden, wo es gewachsen und gefallen ist, nämlich im Garten. Dadurch bleibt die wertvolle organische Masse im geschlossenen Nährstoffkreislauf des Gartens. Dieser Rohstoff Falllaub hat es in sich: Für Milliarden von Boden-Mikroorganismen, Insekten und Regenwürmern ist es eine echte Kraftkur, denn diese haben es zum Fressen gerne und heraus kommt schlussendlich wertvoller Humus! Dieser verbessert die Vitalität, Gesundheit und Artenvielfalt des Bodens und ernährt die Pflanzen als universeller Bodenverbesserer.

Blättermulch

Experten

Maria und Falk haben wir in einem Web-Seminar kennengelernt, in dem sie uns mit der Umwandlung von einem landwirtschaftlichen Betrieb in einen Traumpark begeistert haben.

Gestalten Sie aus Ihrem Garten ein Meisterwerk

Leben Sie Ihren Traumgarten / Ein Leben im Paradies

Stellen Sie sich einen alten Bauernhof mit einem verwilderten Obstgarten vor: überwuchert mit Brennnesseln, Giersch, Quecke und Ackerschachtelhalm, die Wiese ist kniehoch, überall Berge von Müll und Gestrüpp ... Mit viel Liebe zur Natur und zu Pflanzen, entstand hier ein grünes Paradies mitten in Estland.

2004 hat unsere Familie angefangen, einen Ziergarten im englischen Stil anzulegen – das bedeutet: üppige Blumenkompositionen, harmonische Beetformen, akkurat geschnittene Rasenkanten, zauberhafte Düfte und natürlich eine große Insektenvielfalt über den ganzen Sommer!

Der gesamte Garten ist fast 3 Fußballfelder groß und besteht aus über 5.000 qm Pflanzfläche, ca. 1.000 m Rasenkante und über 2.700 verschiedenen Pflanzen. Oft kommt dann berechtigterweise die Frage: Wer pflegt das alles? Ich kann Sie an dieser Stelle beruhigen und Ihnen Mut zusprechen: Es ist viel einfacher und bereitet viel mehr Freude, als Sie sich vielleicht jetzt gerade vorstellen können. Zu 95 % wird der Garten von nur einer Person gepflegt! Und nein, es ist nicht ihr Hauptjob! Wie das möglich ist? Das erfahren Sie hier!

Heute besuchen Gartenliebhaber aus ganz Europa den Garten, um sich neue Ideen zu holen und um zu erfahren, wie sie noch leichter und mit noch mehr Spaß gärtnern können! Sie wollen das auch?

Hier erfahren Sie ein paar Grundlagen für einen pflegeleichten, blühenden Garten und wie Sie mit möglichst wenig Aufwand einen unvergesslichen Eindruck hinterlassen und gleichzeitig etwas Gutes für sich und das Klima tun!

Fangen Sie einfach an, verwirklichen Sie sich selbst und tragen Sie dazu bei, dass unser einziger Planet wieder grüner, vielfältiger wird und gleichzeitig lebenswert bleibt.

Blick auf das Gästehaus

Traumhafte Staudenbeete im Garten

Vielfalt mit Stauden und Gehölzen in schöner Höhenstaffelung runden das Bild im Park harmonisch ab.

Stellen Sie sich nun vor: Sie haben einen Garten, ein Blumenbeet oder eine Terrasse im Grünen, die mindestens genauso traumhaft aussieht. Wie das geht? Ganz einfach! Erstellen Sie einen Plan, halten Sie sich an die Grundsätze und bringen Sie ein bisschen Verständnis für die Natur mit! So bekommen auch Sie garantiert ein blühendes Paradies auf Erden gezaubert! Einen kostenlosen Beetplan zum Nachmachen bekommen Sie hier: www.meinblumenbeet.de Herzlich willkommen in Estland! Der Schaugarten ist von Juni bis September am schönsten. Melden Sie sich vorher an, damit wir Sie auch garantiert empfangen können!
Spezialtipps:
Grundlagen eines pflegeleichten und blühenden Gartens:

1. *Gründliche Bodenvorbereitung: Boden von mehrjährigen Beikräutern und seinen Wurzeln befreien!*
2. *Richtige Pflanzenzusammensetzung + Pflanzabstände: Wie und was erfahren Sie hier im Buch und unter: www.meinblumenbeet.de*
3. *Richtige Pflanzenauswahl für Ihren Garten und seine Standortbedingungen.*
4. *Mulchen mit dem passenden Material.*
5. *Benutzen Sie zeitsparende Werkzeuge, die Ihnen gleichzeitig Freude bereiten. Achten Sie beim Kauf auf qualitativ hochwertige Werkzeuge und fragen Sie gegebenenfalls bei erfahrenen Gärtnern nach Empfehlungen!*

Familie Maria & Falk-David Palusalu, Estland

Eine großartige Gärtnerfamilie

Maria & Falk-David Palusalu, Estland
https://palusaluaiad.ee/

Blumenbeete laden zum Pflücken von Blumensträußen ein.

Torffreie Erde benutzen

Torf gehört ins Moor und nicht in den Garten! Wer torffreie Erden nutzt, hilft, CO_2 einzusparen und Lebensräume für bedrohte Arten zu sichern.

Der Torfverbrauch der Welt ist gigantisch, alleine in Deutschland werden jährlich mehr als 12 Mio. cbm im Gartenbau verbraucht, Tendenz steigend. Wurden Bäume und Sträucher früher überwiegend wurzelnackt gehandelt, hat sich der Markt heute im Freizeitgartenbereich nahezu vollständig auf getopfte Ware in Containern verlagert. Das ist für den Kunden bequem, kann er doch dadurch nahezu ganzjährig pflanzen und kaufen. Doch diese enorme Verbrauchssteigerung führte zu einer Reihe von Problemfeldern, denn Moore stellen einzigartige Biotope für seltene Pflanzen und Tiere dar und sind darüber hinaus unverzichtbare Wasser- und Kohlenstoffspeicher. Deshalb ist der Torfabbau in Deutschland stark reglementiert und beschränkt, viele verbliebene Moore wurden unter Schutz ge-

stellt, bundesweite Programme zur Moorrenaturierung und Wiedervernässung gestartet.
Seit vielen Jahren ist die Suche nach Torfersatzstoffen für den Gartenbau in vollem Gange. Torfreduzierte oder torffreie Pflanzerden nehmen an Bedeutung zu, hier werden alternative heimische Rohstoffe wie Rinde, Holzhäcksel, Schafwolle oder Kompost verwendet.

Terra Preta – Der fruchtbarste Boden der Welt.

Vor mehr als 1.000 Jahren wurde der fruchtbarste Boden der Welt, „Terra Preta" (Schwarze Erde), aus organischen „Abfällen" und Holzkohle von der Indio-Hochkultur des Amazonasgebietes hergestellt. Vor ca. 500 Jahren geriet die Produktionsmethode in Vergessenheit. Der ansonsten karge Regenwaldboden blieb bis heute mit Terra Preta-Flächen durchzogen, auf denen Bauern noch immer gute Ernten erzielen.

Pflanzen in Terra Preta sind optimal nährstoff- und wasserversorgt, werden kräftig, bilden viele Blüten und Früchte, sind gegen Schädlinge widerstandsfähiger und reifen früher. Das Bodenleben ist aktiv, führt zu einem deutlichen Humusaufbau und wirkt schwachen Böden (Wüstenbildung) entgegen. Zudem ist Terra Preta durch die langfristige Bindung von Kohlenstoff ein effektiver Klimaschutz.

Experte

Haiko Pieplow lebt die Vision der Klimaneutralität sowohl in seinem Haus als auch im Garten und bei der Arbeit. In vielen Begegnungen, Workshops und Gesprächen konnten wir seine Leidenschaft für Terra Preta „live" erleben.

Das vergessene Geheimnis der Terra Preta

Ob ein Boden fruchtbar ist, erkennt man, wenn es Freude macht, in ihn hineinzugreifen, wenn er dunkel und krümlig ist und dazu noch angenehm riecht. Dabei ist der Kohlenstoff in seinen unterschiedlichen Erscheinungsformen der große Gestalter. Wenn man Boden fruchtbar machen will, muss man dafür sorgen, dass ihm mehr Kohlenstoff zugeführt wird, als durch die Ernte entzogen wird. Funktioniert diese Binsenweisheit auch überall? Es gibt ein erstaunliches Phänomen: Die von Menschen gemachten schwarzen Böden im Amazonas, auch Terra Preta de Indio (portugiesisch) genannt, die sich durch einen extrem hohen Humusgehalt auszeichnen. Die dort lebenden Menschen haben bereits vor Jahrhunderten das Geheimnis herausgefunden, wie man den Kohlenstoff dauerhaft im Boden in Form von lebendigen Humus binden kann. Sie haben damit eine Form des „Stein der Weisen" gefunden, der lange in Vergessenheit geraten war.
Humus besteht zu 58 % aus Kohlenstoff, der insbesondere durch Pflanzen in den Boden gelangt. Die Pflanzen binden den Kohlenstoff in Form von Kohlendioxid aus der Luft mithilfe der Sonnenenergie, Wasser und mineralischen Nährstoffen zu Kohlenwasserstoffen, die Grundlage jeden Lebens sind.

Geheimnisvolle Terra Preta

Das erste Geheimnis der Terra Preta ist, dass mit Pflanzenkohle im Feuer entstandener Kohlenstoff dauerhaft im Boden gebunden wird. Die Pflanzenkohle dient dabei mit ihrer großen inneren Oberfläche und kleinsten Poren als Lebensraum für zahlreiche Mikroorganismen, die auf- und umbauende Prozesse fördern, statt den schnellen Abbau der Biomasse zu Kohlendioxid, Mineralien und Wasser. Pflanzenkohle kann mit einfachsten Mitteln aus möglichst dünnen Ästen und sonstigen holzartigen Abfallmaterialen, die ständig anfallen, mit Feuer hergestellt werden. Dafür wird in Erdgruben oder pyramidenförmigen Feuerschalen Glut statt Asche erzeugt. Wenn sich dann auf der Oberfläche keine Flammen mehr zeigen, wird die Glut abgelöscht und man erhält so ein feuchtes und leicht zerfallendes Pflanzenkohlepulver. Diese Kohle ist ein hervorragendes Einstreumaterial zur nährstoffschonenden Umwandlung von schnell faulenden organischen Abfällen. Sie wirkt wie ein Katalysator. Pflanzenkohle ist kein Dünger und sollte nie unbehandelt in den Boden eingebracht werden. Die bei der Pflanzenkohleherstellung freigesetzte Energie kann man sehr gut zum Kochen und Grillen nutzen. Partys und Feste könnten deshalb stets mit der Herstellung von Pflanzenkohle für den Humusaufbau verbunden werden.

Herstellung von Pflanzenkohle

Das zweite Geheimnis der Terra Preta ist die Unterbindung von Fäulnis von organischen Stoffen mithilfe der Pflanzenkohle und der Milchsäurefermentierung. Dabei werden unter Sauerstoffausschluss durch Mikroorganismen die täglich anfallenden organischen Reststoffe so umgebaut, dass sie nicht verfaulen, lange gelagert werden und besser von Bodenlebewesen verdaut werden können. Dazu bringt man die organischen Abfälle in luftdicht verschließbare Behälter oder Gruben ein, streut diese mit Pflanzenkohle schichtweise ab und lässt die aneroben milchsäurebildenden Hefen und Bakterien, wie bei der Sauerkrautherstellung, arbeiten.

Das dritte Geheimnis der Terra Preta ist die ständige Fütterung der Bodenorganismen mit durch Pflanzenkohle angereichertem milchsäurefermentiertem Material. So entstehen in den Verdauungsorganen der Bodentiere dann mithilfe von Bakterien und Pilzen die für die Bodenfruchtbarkeit so wichtigen Ton-Humus-Komplexe und der Dauerhumus. Da die Pflanzenkohle durch die Mikroorganismen nur marginal abgebaut werden kann, steigt mit jeder organischen Düngung kontinuierlich der Kohlenstoff- und damit der Dauerhumusgehalt. Je höher der Dauerhumusgehalt ist, um so ausgewogener können die Pflanzen mit Nährstoffen versorgt werden.

Mit einem hohen Dauerhumusgehalt steigt auch die Fähigkeit des Bodens, lange große Mengen Wasser zu speichern.

Terra Preta Kistengarten

Die Terra Preta ist ein interessantes Beispiel, wie wir unsere begrenzten Ressourcen unendlich nutzen könnten. Wir sollten von der Natur und den uralten Überlieferungen lernen, die Grenzen unserer Erfahrungen zu überwinden. Es ist um uns herum alles vorhanden, damit wir unsere Paradiese selbst bauen können. Über die Entstehung der Terra Preta ist sehr viel veröffentlicht worden. Jeder kann inzwischen ohne große Investitionen bei der Mehrung der Bodenfruchtbarkeit da einsteigen, wo es am besten für ihn passt. Wir können so mit Humusbildung und Achtsamkeit für die Natur die Welt um uns herum enkeltauglich gestalten.

Haiko Pieplow, Jahrgang 1957, beschäftigt sich als Diplomagraringenieur und promovierter Bodenkundler seit vielen Jahren mit Humuswirtschaft und der Verbesserung der Bodenfruchtbarkeit im Gartenbau und in der Landwirtschaft. Durch Berichte über Exkursionen in das Amazonasgebiet ist er 2002 auf das Terra-Preta-Phänomen aufmerksam geworden. Durch eigene Experimente und die Organisation von Forschungsverbünden hat er gemeinsam mit dem Ithaka-Institute for Carbon Intelligence dazu beigeträgen, dass die Erkenntnisse aus der Terra-Preta-Forschung für Laien, Gärtner und Landwirte zugänglich geworden sind.

Beim Kauf von Blumen- oder Pflanzerde sollte man unbedingt auf die Bezeichnung „torffrei“ bzw. „torfreduziert“ achten. Hier wurde dann je nach Deklaration etwa 30–50 % des Torfanteiles durch alternative organische Stoffe ersetzt. Die Bezeichnung „BIO“ sagt lediglich aus, dass diese Erde aufgrund ihrer Zusammensetzung und Zuschlagstoffe (z. B. Dünger) für den biologischen Anbau zugelassen sind. Bioerden können aber durchaus Torf oder Torfanteile (50–70 %) enthalten.

Pflanzerde selbst herstellen

Für den Garten gibt es eine einfache Möglichkeit, Pflanzerden selbst herzustellen.

1. Mischung je 1/3 alte Pflanzerde + 1/3 Kompost + 1/3 neue torffreie Pflanzerde

Alternativ könnte man auch beim Bepflanzen Horngrieß und Hornspäne sowie etwas Schafwolle untermengen. Da Horngrieß schnell und Hornspäne langsamer wirken, hat man so einen „Langzeitdünger“, die Schafwolle dient zur Verbesserung der Wasserhaltefähigkeit und gleichzeitig als Dünger.

Ein eingewachsener Komposthaufen bietet einer Vielzahl von Gartenbewohnern ein Zuhause.

Kompost aus dem eigenen Garten ist nicht nur der beste Dünger, sondern kann auch ein schöner lebendiger Ort im Garten sein.

Die Wohlfahrtswirkungen der Pflanzen

Pflanzen sind wichtig und unersetzlich für das Leben auf der Erde, für Klima, Umwelt, Biodiversität und natürlich für die Menschen. Nur manchmal scheinen wir das zu vergessen…

Ein Blätterdach spendet Schatten und liefert Sauerstoff.

Pflanzen tun den Menschen auch direkt gut, das ist mittlerweile wissenschaftlich erwiesen. Ein Spaziergang durch Wald und Feld, der Besuch eines Parks sowie das Gärtnern im eigenen Garten wirken sich nachweislich positiv auf Gesundheit und Psyche aus. Es beflügelt auch die Fantasie und so hat sich aus dem altbekannten Wandern das Waldbaden entwickelt.

Insbesondere Bäume stehen da ganz vorne, aber auch Sträucher, Stauden und alle anderen Pflanzen entfalten ihre speziellen Vorteile für uns.

Diese einzigartigen Ökosystem-Leistungen sind unersetzlich für das Leben auf der Erde. Und jeder hat in der Schule irgendwann einmal etwas zur Photosynthese gelernt.

Natürliche Klimaanlage: Caspars liebster Platz an heißen Tagen.

Unnötige Heizgeräte: Steingabionen heizen die Umgebung unnötig auf.

Pflanzen produzieren lebenswichtigen Sauerstoff

Die Photosynthese-Formel mit der sensationellen Leistung von grünen Pflanzenteilen unter Zuhilfenahme von Sonnenlicht:

$6\ H_2O + 6\ CO_2 \rightarrow 6\ O_2 + C_6H_{12}O_6$

Wasser + Kohlendioxid → Sauerstoff + Traubenzucker

Ohne diese unglaubliche komplexe Leistung wäre kein Leben auf der Erde möglich! Das alleine wäre Grund genug, den Pflanzen mehr Aufmerksamkeit zu schenken, denn sie ermöglichen uns jeden Atemzug.

Der beste Klimaschutz = jetzt Pflanzen pflanzen!

Mittlerweile wurden viele wissenschaftliche Forschungsergebnisse veröffentlicht, die den Zusammenhang von Pflanzen und Klima untersucht haben. Relativ bekannt ist eine Studie der ETZH Zürich von 2019. Darin wird eine weltweite Aufforstung als wirksames Mittel beschrieben, einen großen Teil des Kohlenstoffs in der Atmosphäre langfristig zu reduzieren und als positiven Nebeneffekt die Temperaturen durch die Verdunstungskühlung zu senken.

Gleichwohl wäre die zu bepflanzende Fläche mit rund 900.000.000 Hektar gigantisch groß. Um eine Dimension zu bekommen: Das entspricht etwa der Größe der USA. Ein weltumspannendes Projekt also, bei dem alle Länder der Erde und alle Regierungen kooperativ zusammenarbeiten müssten...

Die gute Nachricht: Wir müssen nicht auf einen Konsens der Weltmächte warten, wir können direkt anfangen zu pflanzen: im eigenen Garten!

„Wenn ich wüsste, dass morgen die Welt unterginge, so würde ich heute noch ein Apfelbäumchen pflanzen!“ Wir alle kennen diesen legendären Ausspruch, den

Martin Luther wohl definitiv NICHT gesagt hat. Hätte er ihn gesagt, so würde er damals wie heute aber richtig liegen!
Über jeden Zweifel erhaben ist aber die Konsequenz dieser fulminanten Botschaft. Denn eines ist sicher: Die Welt wird nicht untergehen! Gleichwohl sollten wir jetzt pflanzen, für eine bessere Welt, für unsere Kinder, unsere Enkel, für uns, für die Zukunft, für das Klima!

So weit, so gut, mehr Pflanzen bringen, wie oben beschrieben, viele Vorteile für Umwelt und Klima. Bliebe noch zu klären, wo denn die ganzen Bäume hinsollen? Bei den Untersuchungen der ETH Zürich hat man sich weltweit nur auf potenzielle Waldstandorte fokussiert. Aber es gibt noch mehr Platz.

Ein Rechenbeispiel

Man schätzt die Fläche der Gärten in Deutschland auf knapp 1 Million Hektar (1 ha = 10.000 qm). Das entspricht in etwa der Fläche der Naturschutzgebiete in der Bundesrepublik.

Pflanzt man:

1 Baum/ha	→	1.000.000 Bäume mehr
10 Bäume/ha	→	10.000.000 Bäume mehr
100 Bäume/ha	→	100.000.000 Bäume mehr usw.

Übrigens, zu den Bäumen passen auch noch eine ganze Menge von Sträuchern …

Bäume und schöne Sträucher kann man gut kombinieren.

Megathema Schatten: Bäume und Sträucher spenden Schatten

Besonders während der letzten Sommer konnte man es immer wieder beobachten: An den heißen Tagen über 30 °C haben die Menschen immer – wenn möglich – den Schatten gesucht. Wir Menschen können das tun, aber die Pflanzen können das nicht. Man hat den Eindruck, dass die Einstrahlungsintensität drastisch zugenommen hat, im Garten deutlich sichtbar an der Zunahme von Sonnenbrandstellen an Stämmen, Blättern und Früchten.

Die meisten unserer Gartenpflanzen sind für die Lebensbereiche sonnig bis absonnig geeignet. Deshalb sind sie in sonnenexponierten Lagen gepflanzt oder gesät. Die Auswirkungen hat jeder in den letzten Jahren feststellen können, denn wir haben eine deutliche Zunahme von Sonnenbrandschäden an Blättern und Früchten, aber auch an jungen Baumstämmen festgestellt.

Auch Pflanzen mit einer großen, weichen Blattoberfläche, wie Salate oder alle Früchte, zeigen sich da sehr empfindlich. Der Grad der Schädigung reicht von einer Verfärbung der Fruchthaut bis zu einer großflächigen Zerstörung der Fruchthaut (Nekrose). Bei den kleineren Früchten wie Beerenobst ist dann die ganze Frucht unbrauchbar, größere Früchte weisen auch noch um die lädierte Fläche einen sogenannten „Kochgeschmack" auf, der von der großen Hitzeeinwirkung herrührt.

Im Profi-Gartenbau nutzt man die Möglichkeit der Übernetzung zum Schutz von empfindlichen Kulturen, hierfür eignen sich spezielle Schattiergewebe aber auch Hagelschutznetze im Obstbau. Einfacher geht's im Garten, denn besser als Schattiergewebe oder Sonnenschirme wirken Bäume. Unter dem schützenden Dach der Blätter sind Pflanzen und Menschen bestmöglichst geschützt vor Sonnenbrand, denn die UV-Strahlung kann im Schatten bis zu 50 % niedriger sein. Und durch die Verdunstungskälte ist es spürbar und angenehm kühler.

Schatten ist immer angenehm.

Pflanzen = natürliche & kostenlose Klimaanlagen!

Alle Pflanzen sind gleichzeitig Klimaanlagen! Und das macht sie gerade in der heutigen Zeit des anhaltenden Temperaturanstieges so unglaublich wertvoll. Denn die wohltuende Kühle unter einem großen Baum resultiert nur zum Teil aus dem Schattenwurf: Der größere und wirklich spürbar kühlende Effekt beruht auf der permanenten Erzeugung von Verdunstungskälte (Transpiration). Und die Leistung solch einer natürlichen Baum-Klimaanlage kann sich sehen lassen: Bis zu 15 Grad kühler als die Umgebungsluft wurden gemessen! Funktioniert also wie eine herkömmliche Klimaanlage, nur ohne Strom!

Bis jetzt hat man insbesondere Bäume immer nur nach ihrem Nutzwert (Holz), Zierwert (Blüte, Fruchtschmuck, Rinde) oder Ertrag (Früchte) beurteilt.

In Zeiten des Klimawandels werden andere, bisher weniger beachtete Fähigkeiten immer interessanter: So erzeugt ein ausgewachsener Ahornbaum eine Kühlleistung in der Größenordnung von 10.000–17.000 Watt – ohne Strom!

Diese kühlende Wirkung wussten schon die Mönche zu schätzen, denn sie haben Kastanienbäume über ihren Bierkellern gepflanzt, wohlwissend, dass das kostbare Bier dann länger kühl bleibt. Aber auch, weil man im kühlenden Schatten

Zierkirsche als Gestaltungselement

Eingegrünt im Schatten der Bäume lässt sich der Sommer in unserem Garten genießen.

der erhabenen Bäume mit größtem Genuss die eine oder andere Maß Bier genießen konnte.
Und das gilt nicht nur für Menschen. Wer im Hochsommer schon mal in ein ungeschützt stehendes Auto eingestiegen ist, weiß zu schätzen, um wie viel angenehmer es ist, wenn das Auto unter einem großen, kühlenden Baum steht.

Mehr wilde Kräuter im Garten belassen!

Eine ganz besondere Pflanze ist der Ackerschachtelhalm, auch Zinnkraut genannt. Vor vielen Millionen Jahren wuchs er baumartig in riesigen Wäldern, heute fühlt er sich auf schweren Böden im Garten pudelwohl und hat schon so manchen Gartenfreund ein bisschen geärgert, weil er sich dort gerne ausbreitet.
Doch gut genutzt ist er ein Tausendsassa. Seine Heilwirkung basiert hauptsächlich auf dem hohen Gehalt an Kieselsäure und ist ausgesprochen umfangreich. So wirkt er gegen Rheuma, ist blutreinigend und blutstillend, entzündungshemmend und harntreibend. Eingesetzt wird er in der Naturmedizin bei Blasen- und Nierenschwäche, Durchblutungsstörungen und Blutungen, Wunden und Hautentzündungen. Im Englischen heißt die Pflanze übrigens „horsetails", ist das nicht ein netter Name, der einen Hinweis auf den gefiederten Wuchs gibt. Daher auch der botanische Name „Equisetum arvense", die Pferdeborste vom Acker! Nun habe Sie sicher gelächelt und auch das hält gesund!
Und wussten Sie, dass Sie bei jedem Waldspaziergang außer frischer Luft auch Gesundheit ernten können? Vernaschen Sie einfach unterwegs frisch gepflückte Birkenblätter (nicht vom Straßenrand

oder in der Nähe von Pflanzen, die gespritzt sein können). Birkenblätter reinigen das Blut, regen den Stoffwechsel an und entwässern. Sollten Sie Probleme mit dem Zahnfleisch haben, zerkauen Sie einfach langsam ein Eichenblatt. Die Naturapotheke hilft auch hier sicher!

Die Brennnessel – unsere Lieblingspflanze

Es gibt wohl kaum eine Pflanze in Feld und Garten, die so verkannt ist wie die gemeine Brennnessel (*Urtica dioica*). Denn sie wird gemeinhin als „Unkraut" bezeichnet und demzufolge wann immer möglich ausgehackt, abgemäht oder mit Herbiziden traktiert. In einer alten Abhandlung haben wir einmal gelesen, die Brennnessel sei der größte Feind des Gärtners, gefolgt von seitenlangen Hinweisen, wie man sie am besten vernichtet. Was für ein Unfug, denn die Brennnessel, bei uns besonders die Große und die Kleine Brennnessel, ist eine Heilpflanze von der Wurzelspitze bis zur Sprossspitze!

Und das ist schon seit Langem bekannt. Hildegard von Bingen wusste schon über die vielen positiven Auswirkungen zu berichten. Heute hat die moderne Medizin in vielen Studien bestätigt, dass die Brennnessel bei Problemen der Prostata und der Blase sowie Harnwegsinfektionen eine signifikante Heilwirkung hat. Gleiches gilt für Arthrose und Arthritis sowie bei entzündlichen Darmerkrankungen. Und das ist nur ein kleiner Ausschnitt der Heilwirkungen, denn weiter geht es mit den leckeren Samen. Sie wirken nicht nur gegen Haarausfall, sondern führen zu einer allgemeinen Vitalisierung und Stärkung gegen Unfruchtbarkeit und Impotenz. Und das war schon im Mittelalter bekannt, denn die Menschen haben fleißig Samen gesammelt. Offenbar war die gute Wirkung auch bekannt, besonders bei den Männern. Denn sie war offensichtlich so gut, dass es zeitweise Mönchen in Klöstern verboten wurde, Brennnesselsamen zu essen.

Frische Brennnesselspitzen sind eine leckere Beigabe für viele gesunde Speisen.

Brennnesselsamen haben vielfältige Heilwirkungen.

Aber nicht nur die vielfältigen Heilwirkungen machen die Brennnessel einzigartig, daneben lässt sie sich zu leckeren, vitalstoffreichen Gerichten in der Küche verarbeiten. Unser Favorit sind frisch gepflückte Blätter, die man gerne mit dem ebenso leckeren, aber ebenso schlecht beleumundeten Giersch unter Zuhilfenahme von reichlich Knoblauch in Olivenöl anbrät, im Ofen röstet oder damit einen Flammkuchen backt, der mit Brennnesseln und Kräutern belegt ist. Alles kulinarische Highlights! Besonders wenn man Gäste hat, die gar nicht glauben wollen, dass man aus „Unkraut" so leckere Gerichte zaubern kann, einfach und schnell, denn der Rohstoff wächst ja im Garten.

Das alleine würde schon reichen, die Brennnessel als botanische Wunderpflanze zu bezeichnen. Aber es geht noch weiter, denn die Pflanzen sind Futterpflanzen für rund 3 Dutzend Schmetterlinge, genauer gesagt für deren Raupen, wie Tagpfauenauge, Landkärtchen, kleiner Fuchs, Admiral und viele andere, die auf die Brennnessel angewiesen sind. Und wo Raupen sind, sind natürlich auch Vögel, denn die freuen sich über kleine Leckerbissen. Und damit wären wir wieder beim Thema „fressen und gefressen werden", aber zuerst muss der Tisch gedeckt sein mit einem großen Nahrungsangebot.

Und nicht zu vergessen die gute alte Brennnesseljauche. Alle Pflanzenteile, die im Garten übrig bleiben, können dazu verwendet werden, kostenlos! Auch hier steht die Begrifflichkeit leider in keinem Verhältnis zu den vielen Wohlfahrtswirkungen der Pflanze. Jauche hört sich einfach abwertend und unwertig an,

Brennnesseljauche

denkt doch mancher an dieselbige aus der traditionellen Tierhaltung.

Dabei ist das Endprodukt dieser Gärung oder Fermentation wirklich energetisch aufgewertet und hat es im wahrsten Sinne in sich. Das ist genau das Gleiche wie bei der alkoholischen Gärung (Wein, Bier), der Milchsäuregärung (Sauerkraut, Kefir) oder der Essiggärung. Vielleicht steigt auch hier die Akzeptanz, wenn man statt Jauche eine andere Begrifflichkeit findet: Brennnesselkur für Pflanzen, Brennnessel-Brühe, Brennnessel-Extrakt, Brennnessel-Vitalikum für Pflanzen oder so ähnlich.

Also, an den wenigen Beispielen wird deutlich, wie einzigartig und universell die Brennnessel ist. Folgerichtig und konsequent wurde sie zur Heilpflanze des Jahres 2022 gewählt. Eigentlich gehört sie in jeden Garten und falls sie noch nicht da ist, sollte sie dringend gepflanzt werden! Denn besonders im Frühjahr sind die jungen Blätter aufgrund ihres Mineralstoff- und Vitamingehaltes sehr beliebt als Spinat- oder Salatbeigabe oder erfrischender Tees. Übrigens, nicht der viel zitierte Spi-

nat liefert viel Eisen, sondern die Brennnessel, nämlich 10 x mehr!
Wenn es jetzt manchmal heißt: „Wir gehen in den Garten Schmetterlinge pflanzen“, dann wissen Sie, was gemeint ist: Brennnesseln pflanzen. Deshalb halten wir einen flammenden Appell für mehr Brennnesseln – und andere Kräuter – in wilden Ecken der Gärten! In unserem Garten haben sie natürlich seit jeher ihre festen Plätze und wir haben wirklich reichlich für die Raupen, zum Fermentieren und als Blätter und Samen zum Essen. Aber können Sie sich den Blick eines typischen deutschen Hobbygärtners vorstellen, wenn man dem sagt: Du musst jetzt mal Brennnesseln pflanzen?

Dazu eine kleine Geschichte

Wir beide machen ja seit vielen Jahren Gartensendungen im ARD-Buffett und der SWR-Sendung „Kaffee oder Tee“. Und einmal standen die wunderbaren Wohlfahrtswirkungen der Brennnessel auf dem Programm. Und damit die Menschen verstehen, um was für eine einzigartige und besondere Pflanze es sich hier handelt, wollten wir dazu aufrufen, dass jeder Gartenfreund mindestens eine Brennnessel in den Vorgarten pflanzt, um zu zeigen: Ich habe verstanden!
Martin Seidler, der Moderator, äußerte während der Probe seine Bedenken, dass ein solcher Aufruf sicherlich eine zu hohe Hürde für die meisten Gartenfreunde darstelle. Und viele hätten Bedenken, dass sich die Brennnessel dann irgendwann in den schönen Gärten selbstständig machen könnte und dann nur mit größter Mühe wieder entfernt werden müsste. Wir haben dann natürlich einen salomonischen Kompromiss gefunden, der folgendermaßen aussah:
Die Brennnessel wird in einen alten Eimer, mit Löchern im Boden versehen, gepflanzt. Dadurch ist sie unter Kontrolle. Und wenn nicht in den Vorgarten, dann irgendwo in ein stilles oder wildes Eck, hinten im Garten. Und die Empfehlung war ganz klar: Lasst einfach mal ein paar Pflanzen stehen und wer noch keine im Garten hat, pflanzt welche. Dann sollten die Gärtner mal beobachten, was pas-

Martin Seidler, Moderator von Landesschau RLP und Kaffee oder Tee (SWR Fernsehen)

siert: Raupen, Schmetterlinge und eine vielfältige Biodiversität, die sich dann natürlich bildet. Und natürlich Blätter essen, Samen essen, die Gartenpflanzen mit eigenen Extrakten vitalisieren und stärken.

Auch heute, über 10 Jahre später, sprechen uns Zuschauer an und sagen: sie haben es genauso gemacht! Und es stimmt alles! Also: Lasst uns mehr Brennnesseln und anderes Kraut pflanzen!

Bei intensiverer Betrachtung zeigt sich die Pflanze zusammenfassend in einem völlig anderen Licht.

Schon Hildegard von Bingen (1098–1179) beschrieb sie als komplette Heilpflanze von der Wurzel- bis zur Triebspitze. Der Volksmund munkelt, die Brennnessel sei eine Frühjahrsgefühlpflanze. Und das zu recht. Manche Kräuter, darunter auch die Samen der Brennnessel, regen die sexuellen Energien im Körper an und bringen sie zum Schwingen. Diese aphrodisierend Aufgabe erfüllen die Brennnesselsamen besonders gut, wenn sie in wohlschmeckendem Alkohol angesetzt sind: In einem guten Obstbrand eingelegte Brennnesselsamen sind schon fast ein Zaubermittel.

Zauberhaft sind auch die Gäste, welche unseren Garten besuchen, wenn wir die Brennnessel stehen lassen. Rund 50 Schmetterlingsarten, wie der Admiral, das Tagpfauenauge oder der kleine Fuchs, brauchen die Brennnessel als besondere Futterpflanzen.

Tagpfauenauge

Klimabäume braucht die Welt!

Experte

Die Baumschule Bruns gehört zu den renommiertesten Baumschulen der Welt, wenn es um ausgesuchte Gehölze geht. In einer wunderbaren Führung hat Jan-Dieter Bruns uns die Zukunftsvisionen der Klima-Gehölze vorgestellt.

Die Auswirkungen des Klimas auf die Baumschulproduktion

In den letzten 20 Jahren machen sich zunehmend die Auswirkungen des Klimawandels in der Baumschulproduktion bemerkbar, was zu Veränderungen in der Produktion, aber auch auf das Sortiment der Bäume führt.

Bereits vor mehr als 10 Jahren stellten wir in den Sommermonaten Sonnenbrandschäden auf den Stämmen von Bäumen fest, wie beispielsweise bei Tilia und Fagus.

In der Baumschule reagierten wir dahingehend, die Baumstämme mit Reetmatten gegen die Sonneneinstrahlung zu schützen. Auf den Baustellen werden heute zunehmend die Baumstämme mit weißer Farbe versehen, die den Stamm in den Anfangsjahren der Pflanzung vor der intensiven Sonneneinstrahlung schützt.

Eine weitere Veränderung, die wir feststellen, ist der nicht mehr gleichmäßig über das Jahr verteilte Niederschlagsverlauf.

Zum Schutz der Bäume gegen Sonnenbrand werden Schilfmatten um den Stamm gebunden.

Das führt dazu, dass wir insbesondere in den Sommermonaten Juni, Juli und August zusätzliche Wassergaben für die aufgepflanzten Bäume und Gehölze geben müssen.
So haben wir in den letzten 10 Jahren den größten Teil unserer Pflanzenkulturen mit einer Tröpfchenbewässerung versehen, was zu einer Wasserreduzierung auf ein Drittel der ursprünglich benötigten Wassermenge geführt hat.
Dies erfordert jedoch auch große Investitionen, da die Wasserregulierung der Tröpfchenbewässerung über Elektropumpen und Magnetventile gesteuert wird.
Auch in den Containerkulturen wird die Wasserversorgung immer mehr über Tröpfchenbewässerung gesteuert. Bei einer großflächigen Überkopfbewässerung wird das verbrauchte Wasser wieder in die Ausgangsteiche zurückgeführt.
Ein weiterer wichtiger Aspekt ist ein Wandel in den nachgefragten Pflanzenarten, d. h. eine Neuausrichtung von dem ursprünglich bekannten Sortiment zu Klima- bzw. Zukunftsbäumen, wie beispielsweise gefiederte Arten wie Sophora oder Gleditsie. Diese Arten kommen deutlich besser mit den heutigen Klimaveränderungen zurecht und vertragen auch die Rückstrahlung von den Pflasterflächen und Häuserfronten besser.

Tröpfchenbewässerung

Jan Dieter Bruns in der Anlage der Zukunftsbäume.

Bei uns in der Baumschule zeigen wir diese sogenannten Zukunftsbäume in einem gesondert aufgepflanzten Klimahain. Zu ihnen zählen neben den oben erwähnten Arten auch die Gewöhnliche Kiefer sowie zahlreiche Arten aus Nordamerika und Asien wie etwa verschiedene Ahorn- und Eichenarten, aber auch die Parrotie, der Amberbaum oder auch die Hopfenbuche, Ostrya carpinifolia. Es sind Bäume, die mit Frost und heißen, trockenen Sommern besser zurechtkommen. Dazu zählt aber beispielsweise auch unser heimischer Feldahorn, Acer campestre.

An gleicher Stelle haben wir auch eine Pflanzung mit der Weinrebe ‚Solaris' vorgenommen, die sich durch das jetzt veränderte Klima auch in Norddeutschland kultivieren lässt.

Insgesamt blicken wir weiterhin positiv in die Zukunft. Pflanzen werden immer mehr an Bedeutung gewinnen, um die Folgen des Klimawandels abzumildern.

Jan-Dieter Bruns leitet als Geschäftsführender Gesellschafter die Baumschule Bruns in Bad Zwischenahn in 4. Generation. Das 1876 gegründete Familienunternehmen beschäftigt rund 350 Mitarbeiter und vertreibt seine Pflanzen in ganz Europa.

https://www.bruns.de

Jan Dieter Bruns, „Bäume der Zukunft"

Beispiele für Zukunftsbäume (Auswahl)

Acer buergerianum, Acer campestre, Acer campestre ‚Elsrijk', *Acer monspessulanum, Acer freemannii* ‚Autumn Blaze', *Acer platanoides, Acer platanoides* ‚Cleveland', *Acer platanoides* ‚Columnare', *Acer platanoides* ‚Deborah', *Acer platanoides* ‚Royal Red', *Acer rubrum, Acer rubrum* ‚Armstrong', *Acer rubrum* ‚October Glory', *Acer rubrum* ‚Red Sunset', *Acer rubrum* ‚Scanlon', *Alnus × spaethii, Amelanchier aborea* ‚Robin Hill', *Carpinus betulus, Carpinus betulus* ‚Fastigiata', *Catalpa bignonioides, Castanea sativa, Celtis australis, Cercis siliquastrum, Cornus mas, Corylus colurna, Crataegus lavallei* ‚Carrierei', *Crataegus prunifolia, Eucommia ulmoides, Fraxinus americana* ‚Autumn Purple', *Fraxinus ornus, Fraxinus pennsylvanica, Fraxinus pennsylvanica* ‚Summit', *Fraxinus pennsylvanica* ‚Cimmzan', *Ginkgo biloba, Gingko biloba* ‚Fastigiata Blagon', *Gleditsia triacanthos* f. *inermis, Gleditsia triacanthos* ‚Skyline', *Gleditsia triacanthos* ‚Sunburst', *Koelreuteria paniculata, Liquidambar styraciflua, Liquidambar styraciflua* ‚Worplesdon', *Liriodendron tulipifera, Magnolia kobus, Malus* ‚Evereste', *Malus* ‚Red Sentinel', *Malus silvestris, Malus trilobata, Malus tschonoskii, Metasequoia glyptostroboides, Nyssa sylvatica, Ostrya carpinifolia, Parrotia persica, Parrotia persica* ‚Vanessa', *Pinus nigra, Pinus sylvestris, Platanus × acerifolia, Populus tremula, Populus nigra Italica, Pyrus Calleryana* ‚Chanticleer', *Quercus bicolor, Quercus cerris, Quercus coccinea, Quercus frainetto, Quercus imbricaria, Quercus macrocarpa, Quercus palustris, Quercus petraea, Quercus rubra*

Quelle: Bruns Baumschulen, Bad Zwischenahn

Der beste Start für Ihren Baum

Ein Baum im Garten soll Sie auf Jahrzehnte hinaus begleiten und erfreuen. Grund genug, sich Gedanken über einen möglichst guten Start des Lebewesens Baum in seinem neuen Zuhause zu machen!

In der Baumschule wurde das Gehölz (Hochstamm, Großstrauch, Solitär) über viele Jahre gepflegt und formiert. Nach dem Kauf liegt das Wohlergehen des Baumes nicht mehr in deren Hand, doch stehen viele Baumschulen ihren Kunden auch nach der Pflanzung noch mit Rat und Tat zur Seite, um ein problemloses Anwachsen zu ermöglichen.

Eine gute fachliche Beratung bei der Auswahl des Baumes ist unerlässlich, um zu gewährleisten, dass die Ansprüche der Pflanze mit den tatsächlichen Bedingungen am späteren Standort übereinstimmen. Damit ist schon mal die größte Hürde genommen!

Ist dann der passende Baum in der richtigen Größe gefunden, steht dem Gartenglück nichts mehr im Wege.

Ganz wichtig: Die beste Pflanzzeit für Gehölze liegt in ihrer Ruhephase!

Diese beginnt mit dem Abwurf der Blätter (Ende Oktober, Anfang November) und endet, wenn die Bäume in der Natur wieder grün werden (meistens Anfang April). Das gilt besonders auch für immergrüne Sträucher und Bäume. Ob es zwischendurch Fröste gibt, tut nichts zur Sache.

Ein Ginkgo kommt gut mit dem Klimawandel zurecht.

Solange der Boden bearbeitbar ist, kann gepflanzt werden.

Die Praxis des Gehölzverkaufs in den Baumschulen sieht jedoch oft völlig anders aus. Nach den ersten Frösten im Verlauf des Novembers werden von den Gartenbesitzern fast keine Gehölze mehr gekauft und gepflanzt. Erst beginnend mit Schönwetterperioden in der zweiten Märzhälfte bis Mitte April setzt ein Ansturm auf die Baumschulen ein, der dazu führt, dass in dieser kurzen Frühjahrsperiode der bei weitem größte Teil des Gehölzumsatzes getätigt wird. Dieser Umstand hat zwei wichtige Nachteile:

- Die Baumschulen sind im Frühjahr mit einer deutlichen Arbeitsspitze konfrontiert (zu wenig Zeit für die Beratung).
- Die Frühjahrspflanzung führt zu schlechteren Anwachsergebnissen als die Herbstpflanzung.

Der Herbst ist deshalb die weitaus bessere Pflanzzeit!

Während frostfreier Phasen im Winter findet schon ein Wurzelwachstum statt und der Baum kann sich gut an seinem neuen Standort etablieren, ohne mit dem Austrieb und der Versorgung von Blättern beschäftigt zu sein. Er profitiert von den Winterniederschlägen und besserem Bodenschluss um den Ballen. Im Frühjahr gepflanzte Bäume haben oft Probleme mit früh einsetzender Hitze und Trockenheit.

Eine Ausnahme davon bilden wärmeliebende, mediterrane Pflanzen, wie z. B. Lagerstroemia oder Feigen. Sie vertragen es nicht so gut, in die kalte nasse Herbsterde gepflanzt zu werden und haben lieber eine warme Vegetationsperiode Zeit zum Anwachsen, bevor es kalt wird.

Alle Neupflanzungen müssen natürlich in den ersten Jahren gewässert werden! Ohne Starthilfe übersteht auch die trockenheitsverträglichste Pflanze den ersten Sommer nicht! Erst wenn das Wurzelsystem ausreichend groß ist, können sich die Pflanzen selbst versorgen.

Bodenvorbereitung und Pflanzung

Die Bodenvorbereitung und die tiefgründige Lockerung sind der wichtigste Schritt bei der Pflanzung. Jetzt ist die Gelegenheit, Ihrem Baum einen optimalen Start zu ermöglichen. Wer sich hier Arbeit spart, kann sie später nicht mehr nachholen!

Frisch gepflanzte Gehölze erreichen ihr optimales Wurzelwachstum nur in einem gut durchlüfteten Boden. Eventuelle Bodenverdichtungen, wie sie auf Baustellen entstehen, müssen aufgebrochen werden. Die Pflanzgrube muss so gegraben werden, dass sie um ein Vielfaches größer als der Ballen oder Container des zu pflanzenden Gehölzes ist – mindestens 1,5-mal so groß!

Wenn Sie prüfen wollen, ob noch Verdichtungen bestehen, können Sie das Pflanzloch einmal mit Wasser befüllen und beobachten, wie schnell es versickert. Läuft es rasch ab, ist alles gut. Bleibt es dagegen lange stehen, muss noch tiefer gelockert und gegraben werden!

Die Pflanzerde wird mit garteneigenem Kompost verbessert, im Verhältnis 3 Teile Aushuberde mit 1 Teil Kompost mischen.

Steht der (vorher gut gewässerte) Ballen nun auf der richtigen Höhe im Pflanzloch, kann es wieder mit Erde befüllt werden. Hier ist es ganz besonders wichtig, darauf zu achten, dass die Pflanze nicht tiefer eingegraben wird, als sie vorher in der Erde oder im Topf stand. Bei veredelten Gehölzen muss die Veredlungsstelle zu sehen sein.

Beim Füllen des Pflanzloches kann schon eine kleine Mulde gebildet werden, sodass ein Gießrand entsteht. Der sorgt dafür, dass das Wasser beim Gießen nicht irgendwo hinläuft, sondern gezielt im Wurzelbereich versickert.

Gehölze ab einer Größe von 1,50 m sollten mit mindestens einem Pfahl befestigt werden, Hochstammbäume bekommen einen „Dreibock", an dem sie angebunden werden. Das verhindert, dass der Baum in Schieflage gerät und gerade gebildete Feinwurzeln durch Hin- und Herschaukeln im Wind abreißen. Damit keine Wurzeln verletzt werden, wird der Pfosten vor dem Pflanzen in die Grube eingeschlagen, ca. 60 cm tief in den Boden. Er muss so lang sein, dass er knapp unterhalb des Kronenansatzes endet. Einzelne Pfosten können auch schräg neben den Ballen eingeschlagen werden.

Zum Anbinden verwenden Sie bitte einen Strick aus Kokos- oder Hanffasern. Diese

Frisch gepflanzter Baum mit 3 Bock und Stammschutz

verrotten mit der Zeit und passen sich dem zunehmenden Wachstum des Baumes an. Kunststoffschnüre oder Drähte können sich in die Rinde einschnüren und dort zu Druckstellen und Verletzungen führen.

Nach der Pflanzung

Ist die Pflanzgrube wieder mit Erde gefüllt, wird diese gut angedrückt oder leicht angetreten, um Hohlräume zu schließen und um für einen sicheren Stand zu sorgen. Übrig gebliebene Erde lässt sich prima zum Formen eines Gießrandes verwenden.

Das Angießen nach der Pflanzung sorgt ebenfalls für einen guten „Bodenschluss“ und spült die Erde dicht an die Wurzeln, sodass sie sich richtig miteinander verbinden können.

Um den offenen Boden der Baumscheibe vor dem Austrocknen und Verschlämmen zu schützen, können sie ihn mit einer Mulchschicht aus Rindenhumus bedecken, im Frühling ist eigener Kompost und im Sommer Grasschnitt eine gute Wahl.

Hochstammbäume, deren Stämme nicht durch Zweige und Astwerk vor Sonneneinstrahlung geschützt sind, sind in den ersten Jahren dankbar für einen Stammschutz. Der kann aus einer Schilfrohrmatte oder aus weißer Spezialfarbe (Kalkmilch) bestehen und verhindert, dass die Stämme bei großer Hitze im Sommer oder bei starken Temperaturschwankungen im Winter aufreißen. Diese Schutzmaßnahme lohnt sich sehr, nichts wäre ärgerlicher, als wenn der frisch gepflanzte Baum in den ersten Jahren schon irreparable Schäden erleidet!

Wird ihr Garten häufiger von Rehen oder Kaninchen besucht oder pflanzen Sie in einer Streuobstwiese, ist auch ein Verbissschutz sehr zu empfehlen. Zarte Baumrinde ist ein beliebter Winterleckerbissen!

Zukunftsbäume und ihr Standort: richtige Pflanzenweise für hitzefeste Gehölze

Judasbaum (*Cercis siliquastrum*)
Wenn sich im Frühling der Baum in ein rosarotes (oder weißes) Kleid hüllt, dann ist er im Mittelmeerraum der Blickpunkt. Der Baum mit seinen Blüten direkt am Stamm liebt die Hitze und die durchlässigen Böden. Staunässe mag er ganz und gar nicht.

Feigenbaum (*Ficus carica*)
Noch vor zwanzig Jahren war es undenkbar, dass Feigen nördlich der Alpen wachsen und auch fruchten. Die Hitze, die Trockenheit und die doch deutlich milderen Winter machen es aber möglich. Wichtig ist auf selbstfruchtende Sorten zu achten, denn das befruchtende Insekt im Süden gibt es bei uns nicht. Pflanzen gut 20 cm tiefer setzen, dann treiben sie auch nach einem Spätfrost aus den Wurzeln wieder aus.

Libanonzeder (*Cedrus libani*)
Sie gilt als einer der dürreresistentesten Bäume und wächst rund ums Mittelmeer bis in 2.000 Meter Höhe. Der Baum mag durchlässige, kalkhaltige Böden. Die immergrüne Konifere war ein begehrtes Holz für den Schiffbau und kann bis zu 1.000 Jahre alt werden. Ideal für große Gärten und Parks.

Brustbeere oder Chinesische Dattel (*Ziziphus jujuba*)
Im Weinbaugebiet ist sie längst etabliert und bringt kleine ovale und essbare Früchte hervor. Oft sind die Äste bedornt, die Rinde ist dekorativ braun bis grau-braun.

Flaumeiche (*Quercus pubescens*)
Ob in der Steppe Kleinasiens, den trockenen griechischen Inseln bis hin zu spanischen Trockengebieten – dieser anspruchslose Baum gehört bereits zur dritthäufigsten Eichenart. Extrem robust und anspruchslos.

Quelle: Karl Ploberger

Was pflanzt man unter Bäume?

Frei wachsende Hecken oder Sträucher bieten sich an, mit Stauden unterpflanzt zu werden, die diese oft noch kahlen, unbenutzten Stellen bereichern und verschönern.

Ganz ohne Licht geht es nicht, das sei gleich vorweggesagt. Will man im Umfeld von Gehölzen Stauden ansiedeln, muss es sich also unbedingt um eine „lichte" Situation handeln. Im Zweifelsfalle empfiehlt es sich, den unteren Bereich größerer Gehölze etwas aufzuasten. Aspekte wie Trockenheit und Wurzeldruck stellen die weiteren Rahmenbedingungen dar. Neupflanzung muss unbedingt etwas Starthilfe gegeben werden. Dazu gehört eine sorgfältige Vorbereitung des Untergrundes (z. B. Auflockerung, Entfernung von Wurzelunkräutern, Aufbringung einer neuen Deckschicht) sowie anfängliches Wässern. Und dann braucht es Geduld! Im Vergleich zu klassischen Beetstauden, die auf „optimalen" Standorten gedeihen dürfen, dauert es in der Regel etwas länger, bis die Pflänzchen für sich selbst sorgen können und sich ihren Platz erobert haben.

Ausreichend für etwa 2 – 2,5 m².

25 Stück Chionodoxa luciliae
Schneeglanz, Schneestolz
Fr/GR1-2 so-abs:: 15 cm :: III-IV :: lavendelblau, weißes Auge

25 Stück Puschkinia scilloides var. libanotica
Puschkinie
Fr/GR1-2 so-hs :: 20 cm :: III-IV :: weiß mit blauen Mittelstreifen

1x Aquilegia vulgaris
Gewöhnliche Akelei
GR1-2 so-hs :: 50 – 60 cm :: V-VI :: violettblau

1x Aster divaricatus
Weiße Sommer-Wald-Aster
GR/G2/Fr1-2 so-hs :: 50–70 cm :: VIII-IX :: weiß

1x Carex morrowii ssp. foliosissima ‚Icedance'
Teppich-Japan-Segge
G/GR2 hs-sch :: 30 – 40 cm :: IV-V :: braun / wintergrün

1x Dryopteris filix-mas
Wurmfarn
G/GR/Fr2 abs-sch :: 80 – 120 cm

1x Epimedium x rubrum
Elfenblume
G2/GR2-3 hs-sch :: 20 – 35 cm :: IV-V :: rot mit weiß / wintergrün

2x Geranium sanguineum
Blut-Storchschnabel
GR/Fr/St/SH1 so :: 30 – 40 cm :: VI-VIII :: karminrot

2x Stellaria holostea
Große Sternmiere
G/GR2 so-hs :: 15 – 30 cm :: IV-VI :: weiß

1x Trachystemon orientalis
Rauling
G/GR1-3 hs-sch :: 20 – 40 cm :: III-IV :: blau

3x Viola odorata ‚Königin Charlotte'
Duftveilchen
GR1-2/G/Fr2 so-hs :: 10 – 15 :: III-V :: blauviolett; remontiert

1x Waldsteinia geoides
Horstige Ungarwurz
G/GR2 hs :: 20 – 30cm :: IV-V :: gelb / wintergrün

Quelle: Staudengärtnerei Gaissmayer

Klimagärtner für ein gutes Kleinklima

Experten

Sandra und Johnny haben sich mit ihrer Familie einen Lebenstraum erfüllt und leben in einem Wildniskulturbetrieb in Österreich. Durch den Austausch über die Permakulturanlage Andernach/Eich ist so ein lebendiger Kontakt entstanden.

Das Anlegen von Klimagärten ist viel einfacher und effektiver als vermutet. Sie brauchen einen mittleren bis starken Forscherdrang, die Bereitschaft, sich mit Ihrem Garten zu entwickeln, den Willen, natürliche Kreisläufe wahrzunehmen, ein hohes Maß an Flexibilität und natürlich ein kleines bis größeres Stück Land, das Sie gemeinsam mit der Natur zur Klimaanpassungs-Oase gestalten.
Der wichtigste Lehrmeister dabei ist die NATUR. Seien Sie bereit, so viel Zeit wie möglich draußen in Ihrem Garten zu verbringen, um Ihre Beobachtungen zu machen. Nach denen richten Sie sich dann in der Planung und Umsetzung Ihres Projektes.
Ein Klimagarten ist immer ein Kreislaufgarten. Diesen zu initiieren und zu bewahren ist ein wesentlicher Bestandteil dieser Art des Gärtnerns:
**Denken Sie daran: Hinterlassen Sie bei der Gestaltung und Bewirtschaftung, soweit es irgendwie möglich ist, nur abbaubares, natürliches Material!*

Skizze zur Anlage eines Kinder-Wildnisgartens, nach Verein „Wildniskultur-Einfach Essbar", Johann Peham.

**Verzichten Sie auf lange Wege beim Transport von Materialien.*
**Achten Sie darauf, dass der Kreislauf in Ihrem Garten nachhaltig funktioniert:*
Alles, was im Garten produziert wird, soll auf Dauer gesehen im Garten bleiben. Es wird nichts hin-, aber auch nichts weggeführt.
**Integrieren Sie Wasser als Ihren Partner in Ihrem Garten. Als Brunnen, Biotop, Retentionsbecken für Starkregen (das gesammelte Wasser dient dann in Trockenperioden als wichtige Ressource!). Verzichten SIe dabei auf Plastik und Folien!*
**Wenden Sie Flächenkompostierung an:*
Abgeblühtes, abgeerntetes Material oder Blätter von geerntetem Gemüse bleiben vor Ort auf dem Beet liegen. Sie dienen als natürliches Mulchmaterial und bauen gemeinsam mit den Bodenlebewesen Humus auf, der das CO_2 bindet.
**Dimensionieren Sie Ihre Beete, egal ob Flach-, Hügel- oder Hochbeet, groß! Je größer das Bodenvolumen, desto größer die Anzahl der Bodenlebewesen. Je größer die Anzahl der Bodenlebewesen, desto schneller der Humusaufbau. Je schneller und größer der Humusaufbau, desto mehr Bindung von CO_2.*

Diese Tipps zum Klimagärtnern und noch viele weitere wichtige Hinweise und Umsetzungsvorschläge finden Sie im Buch:
„Perma- Wildniskultur – Mit einfachen Schritten zum Klimaschutz im eigenen Garten"/Stocker Verlag/ISBN 978-3-7020-1872-6

Klimagärtnern macht glücklich, wie man bei Sandra und Johnny sieht.

Johann „Johnny" Peham ist Naturbursche, Wegbereiter für nachhaltige Klimagärten, Visionär und Umsetzer, Permakultur- und Wildniskulturberater. Sandra Peham ist Kindergarten- und Hortpädagogin, Montessoripädagogin und Kindermentaltrainerin. Die Familie lebt mit ihren 3 Kindern auf dem 900 m hoch gelegenen Permakultur/Wildniskultur-Betrieb „Flaschbacherhof" mit Klimagärten in Österreich.
www.permakulturwildniskultur.wordpress.com

Klimawald – der Mini-Wald!

Mich hat der Klimawald von Anfang an begeistert. Denn hier stehen nicht wirtschaftliche, sondern ökologische Vorteile im Fokus und so ein Miniwald-Konzept ist vielfältig einsetzbar. Was den Klimawald so besonders macht, ist die Tatsache, dass er auf kleinsten Raum eine Oase der Vielfalt ist und viele neue Lebensräume bietet. Dafür ist es wichtig, sehr viele verschieden Sträucher und Baumarten zu pflanzen. Damit erreicht Ihr eine maximale Vielfalt.

Die Idee kommt aus Japan, der Forstwissenschaftler Akira Myiawaki ent-

Pflanzen für den Klimawald

Werner setzt die einjährigen Bäume und Sträucher in den vorbereiteten Boden.

wickelte den Klimawald für den urbanen Raum, um auf kleinster Fläche möglichst vielfältige positive Aspekte zu pflanzen. Doch erstmal: Was ist denn ein Klimawald?

Eigentlich ist das System ganz einfach erklärt. Auf einer ca. 200–800 m² großen Fläche pflanzt man auf engstem Raum Bäume und Sträucher zusammen. Die Pflanzdichte ist sehr hoch und beträgt 3 Pflanzen pro Quadratmeter. Diese Dichte ist möglich, da sie sich an der natürlichen Dynamik von Naturverjüngungen orientiert. Bevor Sie mit dem Projekt Klimawald starten, müssen Sie Ihren Boden optimieren, denn das A und O ist eine optimale Vorbereitung.

Um einen humosen Waldboden zu bekommen, kann man auch beim Kompostwerk nachfragen und reichlich Kompost (10–20 l/m²) in den Boden einarbeiten. Rasenschnitt, Schnitthäcksel und Falllaub tun dabei auch gute Dienste. Nach der Bodenvorbereitung kann man mit dem Pflanzen beginnen. Am meisten macht es Spaß, wenn man sich dazu mit Menschen verabredet und gemeinsam den Wald anlegt, also Waldbaden aus der Anfangsperspektive gedacht.

Das lässt sich gut mit der Firma (auf dem Firmengelände), mit den Nachbarn (auf einer Brache), in der Gemeinde (auf einer Gemeindefläche), mit der Schule und den Kindern oder mit der Familie auf dem eigenen Grundstück organisieren.

Am besten pflanzt man den Klimawald im Herbst, denn eine ausreichende Winterfeuchte fördert das Anwachsen der jungen Bäume. Danach ist es – besonders auf sandigen Böden – immer gut, den

Boden abzumulchen, auch hierzu eignen sich Rasenschnitt, Laubblätter oder Holzhäcksel. Die ersten 1–3 Jahre sollte man im heißen und trockenen Sommer regelmäßig wässern, um den Bestand zu sichern. Danach ist der Klimawald autark und braucht Ihre Hilfe nicht mehr, er wird ein stabiles Ökosystem. Alles, was im Wald wächst, bleibt auch im Wald und bildet damit die Grundlage einer dynamischen Ökologie mit einem in sich geschlossenen Nährstoffkreislauf. Erstaun-

Zusammen pflanzen wir Hoffnung – Hoffnung pflanzen – für ein gutes Klima in Plaidt.

Gemeinschaftsaktion mit Heike Boomgaarden, SWR4 und der Stadt Kirchberg

Klimawald der Gartenakademie RLP in Neustadt

lich ist, wie schnell der Wald wächst. Und dabei kommt es natürlich – wie in einem richtigen Wald – zu einem Wettlauf der Arten um die Gunst des Sonnenlichtes. Auch hier werden konkurrenzstarke Gehölze gewinnen und andere zurückdrängen bzw. unterdrücken.
Schon länger laufende Projekte aus Asien und den Niederlanden zeigen, dass der Klimawald bis zu 10-fach schneller wachsen kann als ein herkömmlicher Wald.
Der Klimawald ist eine geniale und kostenlose Klimaanlage, doch er kann noch viel mehr. Er ist eine Oase für das Leben, für Insekten, Vögel und kleine Säugetiere. Er reinigt die Luft von Feinstaub, erhöht die Wasseraufnahmefähigkeit, bindet CO_2 und ist ein Abenteuerort für Kinder.

Beispiele für eine Pflanzliste

Im Klimagarten der Gartenakademie RLP wurden folgende Bäume gepflanzt:
Esskastanie, Marone (*Castanea sativa*), Roteiche (*Quercus rubra*), Baumhasel (*Corylus colurna*), Echte Walnuss (*Juglans regia*), Feldahorn (*Acer campestre*), Rosskastanie (*Aesculus hippocastanum*), Hainbuche/Weißbuche (*Carpinus betulus*), Vogelkirsche (*Prunus avium*), Mehlbeere (*Sorbus aria*), Speierling (*Sorbus domestica*), Elsbeere (*Sorbus torminalis*), Wildapfel (*Malus sylvestris*), Hundsrose (*Rosa canina*), Wildrose (*Rosa rubiginosa*), Apfelrose (*Rosa rugosa*), Schwarzer Holunder (*Sambucus nigra*), Wolliger Schneeball (*Viburnum lantana*), Gemeiner Schneeball (*Viburnum opulus*), Wildbirne (*Pyrus communis*), Kornelkirsche (*Cornus mas*), Roter Hartriegel (*Cornus sanguinea*), Europäische Lärche (*Larix decidua*), Waldkiefer (*Pinus sylvestris*), Schwarzer Maulbeerbaum (*Morus nigra*), Eschenahorn (*Acer negundo*), Schwarznuss (*Juglans nigra*), Faulbaum (*Frangula alnus*), Amberbaum (*Liquidambar styraciflua*), Bienenbaum, Honigesche (*Tetradium daniellii* var. *Hupehensis*), Felsen-Kirsche (*Prunus mahaleb*).

Experte

Bäume bringen Leben!

Der Baum ist Sinnbild des Lebens und steht für Fruchtbarkeit, Gedeihen und Wachstum. Verschiedenste Baumarten erfreuen uns im Frühling mit dem ersten zarten Grün, beflügeln uns danach mit ihren herrlich duftenden Blüten und verwöhnen uns ab den Sommermonaten mit ihren wohlschmeckenden Früchten, Beeren und Nüssen. Im Herbst bieten die Blätter eine unwahrscheinliche Farbenpracht – und wie leer wäre die Winterlandschaft ohne Bäume, auf denen Raureif in der Sonne glitzert. Für die heimische Insekten- und Tierwelt gehören unsere Bäume zu den wichtigsten Nahrungsquellen und Lebensräumen.
In Zeiten des Klimawandels bekommt der Baum auch in urbanen Bereichen eine immer höhere Bedeutung. Bäume spenden Schatten, kühlen bei Hitze durch die natürliche Verdunstung von Wasser die Umgebung, filtern jede Menge Staub und Schadstoffe aus der Luft, binden CO_2 und produzieren durch die Photosynthese Sauerstoff. Einen Baum zu pflanzen bedeutet auch, aktiv Klimaschutz zu betreiben. Um ihre positive

Klimaangepasster Garten Tulln

Wirkung im gewünschten Ausmaß zu entfalten, müssen die Bäume ihre tatsächliche Größe erreichen dürfen – ohne dramatische Schnitte. Daher sollte bei der Baumauswahl auf Endgröße und Standorttauglichkeit geachtet werden: www.willbaumhaben.at hilft dabei. Schützen und erhalten wir wertvolle Altbaumbestände und pflanzen wir heute die Bäume für unsere Nachkommen.

Stefan Strobelberger, MSc., ist Gärtner und Forstfacharbeiter und hat sich in seinem Studium des Ökologischen Garten- und Grünraummanagements intensiv mit ökologischer Rasenpflege und neuen Wegen in der Friedhofsgestaltung und -pflege befasst. Seit 2020 leitet Strobelberger das „Natur im Garten"-Telefon und die Grünraumservicestelle von „Natur im Garten". Beim „Natur im Garten"-Telefon unter +43 2742 74333 werden Fragen zum naturnahen Gärtnern beantwortet.

Unser Lieblingsbaum – die essbare weißblühende Süßmandel

Wir lieben Mandel, aber nicht die allseits bekannten, rosa blühenden Zier- oder Bittermandeln. Denn die schmecken, wie sie heißen, und lassen sich darüber hinaus kaum knacken. Nein, wir mögen die ausgesprochen delikaten, weißblühenden Süßmandeln mit dem verheißungsvollen botanischen Namen *Prunus dulcis* var. *dulcis*, aus dem lateinischen dulcis = süß, im italienischen darüber hinaus auch als Synonym für Süßigkeit, Nachtisch. Und die haben bei uns in Deutschland in den warmen Weinanbaugebieten eine lange Tradition.

Die Geschichte dazu

Schon in den Büchern Moses ist die Mandel als eine der besten Früchte des Orients mehrfach erwähnt. Ihre Heimat liegt in Mittelasien, im 5. Jahrhundert v. Chr. gelangte sie von Griechenland nach Italien und wurde dort „nux graeca" (griechische Nuss) genannt. Mit den Römern und dem Wein wurde sie über Handelswege in die klimatisch begünstigten Weinbaugebiete Deutschlands gebracht.

Erstmalig erwähnt wurde die Mandel in der Landgüterverordnung „Capitulare de villis" von Karl dem Großen um 812. Hier wird der Anbau von Essmandeln in den königlichen Hofgütern ausdrücklich empfohlen.

In den folgenden Jahren wurde der Anbau weiter gefördert, was auf ihre große Bedeutung für die Ernährung der Bevölkerung schließen lässt. Und das brachte die Obrigkeit damals schon auf eine einträgliche Idee, denn 1464 erließ Kurfürst Friedrich I. von der Pfalz eine neue Abgabenverordnung zur Erhöhung der Einkünfte der Stadt Neustadt, die Nüsse und Mandeln mit einer Steuer belegt.

Noch um 1900 existiert ein bedeutender Anbau von Süßmandeln in der Pfalz, danach verschwindet sie als Lebensmittel aus der Region und wird von den rosa blühenden Ziermandeln ersetzt.

TIPP

Einen Sämling selbst ziehen

Sämlinge werden – wie der Name schon sagt – aus einem Samen gezogen, bei den Gehölzen gelten sie als sehr robust, starkwachsend und tief wurzelnd. Letzteres ist bei zunehmender Trockenheit und Wassermangel ein wichtiger Aspekt.

Zur Anzucht steckt man eine Mandel – das geht natürlich auch mit anderen Samen wie Apfelkernen, Pfirsichsteinen etc. – in einen Blumentopf mit Pflanzerde, deckt den Samen komplett ab und gießt regemäßig. Nach 2–3 Wochen keimt der Samen und ein kleiner Mandelbaum wächst. Nach den Eisheiligen kann man ihn dann in den Garten pflanzen und über die Jahre wächst ein stattlicher Baum. Und da in jedem Samen die Eigenschaften von Vater- und Muttersorte neu kombiniert werden, ist jeder Sämling ein einzigartiges Individuum, das in Wuchs- oder Fruchteigenschaften von den Eltern abweichen kann. Also, neben der Individualität auch gleichzeitig ein Beitrag zur Biodiversität. Viel Spaß beim Experimentieren!

Superfood & Zukunftsbaum in einem!

Die essbare weißblühende Süßmandel kommt relativ gut mit Trockenheit und viel Sonne zurecht. Sie stellt geringe Ansprüche an den Boden und als Standort reicht ein sonniger, windgeschützter Platz im Garten. Die Samen gelten als ausgesprochen gesund und werden international als Superfood bezeichnet. Wie schön, dass man die jetzt selbst im eigenen Garten anbauen kann!

Biene in einer Mandelblüte

Ein Teilnehmer unserer Vorträge hat sich seine Mandelbäume selbst gezogen und ist sehr stolz.

Leuchtturmprojekte – Einfach mal anders machen!

In vielen Bereichen des Lebens sind wir Menschen in alten, althergebrachten Denkmustern verhaftet. Das gilt natürlich auch für den Garten, der ja zum Lebensraum und Sommer-Outdoor-Wohnzimmer geworden ist. Und dementsprechend werden auch die Ordnungs- und Sauberkeitskriterien hierhin übertragen: Alles muss sauber, ordentlich und vor allem pflegeleicht sein. Der Rasen sattgrün und stets frisch und kurz gemäht, die Beete ordentlich, der Gartenweg wöchentlich sauber gefegt und vor allem: bloß kein „Unkraut" und keine „Wildnis"! Denn das kann immer noch zu Diskussionen mit den Nachbarn führen.

Und wenn man dann so durch die Lande fährt, egal ob im Norden oder Süden, dann sehen sie alle nahezu gleich aus, die Gärten: große, dominierende Rasenflächen, Zäune aus Doppelstahlmatten mit Plastik-Applikationen in grau oder schwarz, große, versiegelte Sitzplätze, der obligatorische Pool. Schattenspendende Bäume, Sträucher, Stauden, Blütenpflanzen, Obst und Gemüse werden nur noch rudimentär als Stilelemente eingeplant. Wenig bearbeitete Pflanzflächen oder Wilde Ecken fehlen völlig

Wir wissen aber, dass diese alten tradierten Strategien für die Zukunft nicht mehr brauchbar sind. Wir brauchen neue, klimaangepasste und die Vielfalt fördernde Denkweisen und Konzepte. Und davon wollen wir einige ausgesuchte hier in diesem Kapitel vorstellen.

Blumenwiese

DGG
Deutsche Gartenbau-Gesellschaft 1822 e.V.

www.dgg1822.de

Gartenakademie Rheinland-Pfalz

www.gartenakademie.rlp.de

TAUSENDE GÄRTEN TAUSENDE ARTEN

www.tausende-gaerten.de

Eines der wichtigsten Themen zum klimaneutralen Gärtnern ist die Auswahl der geeigneten, standortgerechten Pflanzen, besonders heimische Wildpflanzen.

Die Kampagne „Tausende Gärten – Tausende Arten"

Gärten, Balkone, Firmengelände und öffentliches Grün bergen enorme Potenziale für die biologische Vielfalt. Diese ist für die einheimische Flora und Fauna von erheblicher Bedeutung. Das Interesse an naturnahen Gärten und Grünflächen wächst zwar, aber noch immer sind die wenigsten Gärten und Balkone so gestaltet, dass sich hier biologische Vielfalt entwickeln kann. Die Gründe: zu wenig Know-how und mangelnde Verfügbarkeit einheimischer Wildpflanzen auf dem Markt.

Das möchte die Kampagne „Tausende Gärten – Tausende Arten. Grüne Oasen, einheimische Tiere und Pflanzen!" ändern. Mit Ihrer Hilfe soll die naturnahe Gartenbewegung zum Trend werden. Von Pflanzen- und Saatgutbetrieben über Freizeitgärtnerinnen und -gärtner, erfahrene Naturgärtnerinnen und -gärtner bis hin zu interessierten Bürgerinnen und Bürgern sind alle eingeladen, sich zu beteiligen! Gemeinsam soll so ein Beitrag gegen das Insektensterben und für den Artenschutz geleistet werden. Zusammen können wir alle es schaffen, ein Netzwerk von naturnahen Gärten in Deutschland aufzubauen und damit den Rückgang der biologischen Vielfalt zu verlangsamen.

Produktion von regionalen Wildpflanzen

Gärtnereien bieten Wildpflanzen für Naturgärten an.

Die Kampagne ist auf sechs Jahre angelegt und wird im Bundesprogramm Biologische Vielfalt vom Bundesamt für Naturschutz mit Mitteln des Bundesministeriums für Umwelt, Naturschutz und nukleare Sicherheit gefördert. Durchführende Organisationen sind die Deutsche Gartenbau-Gesellschaft 1822 e. V., der Wissenschaftsladen Bonn e. V. und die tippingpoints GmbH – agentur für nachhaltige kommunikation in enger Kooperation mit dem Naturgarten e. V.

Die Wildstauden von „Tausende Gärten – Tausende Arten"

Hier finden Sie eine Auswahl an echt heimischen TGTA-Wildstauden. Der Ausdruck „echt heimisch" bedeutet in diesem Projekt, dass die Wildstauden mit gesichertem Ursprung aus einem der vier Bereiche Nord, Ost, Süd oder West aus zertifiziertem Saatgut gezogen wurden. Ihre individuelle Herkunft aus Deutschland ist – anders als bei vielen anderen Angeboten – somit bekannt. Zur Förderung der Biodiversität ist dies ein wichtiger Qualitätsunterschied.

Das passende Saatgut für den Naturgarten

Drei starke „Teams“: Sonnenanbeter, Schattenliebhaber, Rasenschätze

Um Ihnen das naturnahe Gärtnern so leicht wie möglich zu machen, wurden die Stauden in „Teams“ eingeteilt, nach denen Sie auch filtern können. Jedes Team ist eine liebevoll aufeinander abgestimmte und fachlich fundierte Komposition von Wildstauden verschiedener Größe, Wuchsform und unterschiedlicher Blühaspekte.

Die Wildstauden lassen sich je Team an den drei unterschiedlichen Standorten nach Belieben kombinieren. Von Frühjahr bis Herbst können Sie sich so an wechselnden Blütenbildern und über die ganze Vegetationsperiode hindurch am Besuch der verschiedensten Tiere erfreuen.

Prämierter Garten der Drachenfelsschule

Wildpflanzen für sonnige Standorte

Gewöhnliche Grasnelke (*Armeria maritima*), Hügel-Meier (*Asperula cynanchica*), Heil-Ziest (*Betonica officinalis*), Knäuel-Glockenblume (*Campanula glomerata*), Rundblättrige Glockenblume (*Campanula rotundifolia*), Wiesen-Flockenblume (*Centaurea jacea*), Kartäuser-Nelke (*Dianthus carthusianorum*), Heide-Nelke (*Dianthus deltoides*), Echtes Labkraut (*Galium verum*), Sand-Strohblume (*Helichrysum arenarium*), Tüpfel-Hartheu/Echtes Johanniskraut (*Hypericum perforatum*), Moschus-Malve (*Malva moschata*), Wiesen-Primel (*Primula veris*), Große Braunelle (*Prunella grandiflora*), Wiesen-Salbei (*Salvia pratensis*)

Wildpflanzen für schattige Standorte

Kriechender Günsel (*Ajuga reptans*), Akelei (*Aquilegia vulgaris*), Nesselblättrige Glockenblume (*Campanula trachelium*), Wirbeldost (*Clinopodium vulgare*), Wald-Erdbeere (*Fragaria vesca*), Frühlings-Platterbse (*Lathyrus vernus*), Schwarze Teufelskralle (*Phyteuma nigra*), Hohe Primel (*Primula elatior*), Gewöhnliche Braunelle (*Prunella vulgaris*), Körnchen-Steinbrech (*Saxifraga granulata*), Rote Lichtnelke (*Silene dioica*), Nickendes Leimkraut (*Silene nutans*)

Quelle: TGTA

Kampagne „Tausende Gärten – Tausende Arten". Das Projekt wird im Bundesprogramm Biologische Vielfalt durch das Bundesamt für Naturschutz (BfN) mit Mitteln des Bundesumweltministeriums gefördert.

Heimische Wildpflanzen und Tiere sind an ihre Standorte angepasst, Flora und Fauna sind nicht überall gleich. Achten Sie daher bitte darauf, möglichst Wildpflanzen aus dem Herkunftsbereich zu kaufen, in dem Ihre Fläche liegt.

Mit Bettina und Angela haben wir schon tolle Projekte in der DGG initiiert und umgesetzt. Ein Herzensprojekt von uns allen ist die Kampagne „Tausende Gärten – Tausende Arten", die in der Öffentlichkeit so richtig Fahrt aufgenommen hat.

Expertinnen

Mit Bettina und Angela haben wir die einzigartige Kampagne „Tausende Gärten – Tausende Arten" der Deutschen Gartenbaugesellschaft 1822 e. V. auf den Weg gebracht.

Wilde Schönheiten

Wir haben beide einen Schrebergarten und lieben die heimischen Wildpflanzen. Sie machen unsere Schrebergärten bunt und blühen vom Frühling bis zum Herbst. Außerdem sorgen sie für viel Besuch. Sie locken Wildbienen, Schmetterlinge, Käfer, Raupen, Vögel und viele andere Tiere an. Und: Sie lassen sich nicht unterkriegen. Ob Frost, Trockenheit oder Hitze – sie halten vieles aus. Und sie sind wunderschön. Kornblumen, Wiesen-Margeriten und Klatschmohn kennen wir. Und wie leuchtet es erst, wenn wir uns Kornrade, rote Lichtnelke, wilde Malve und den Wiesensalbei oder die leuchtend gelbe, hohe Königskerze in den Garten holen. Und auch die Goldrute oder die Wilde Karde schaffen herrliche Blickfänge und sind nicht nur ein Augenschmaus, sondern Nahrungsquelle.

Bettina de la Chevallerie und Angela Koslowski vom Projekt „Tausende Gärten – Tausende Arten".
http://dgg1822.de/
https://www.tausende-gaerten.de/

Gesamtprojektleitung Bettina de la Chevallerie

Presse- & Öffentlichkeitsarbeit, Veranstaltungen Angela Koslowski

Regionalität bei Saat- und Pflanzgut

Einheimische Wildpflanzen sind an ihre Standorte angepasst. Gleiches gilt für Tiere: Sie siedeln sich dort an, wo sie Pflanzen finden, die sie zum Leben brauchen. Doch die Flora ist nicht überall gleich. Während manche Pflanzen beispielsweise nur im Norden vorkommen, wachsen andere bundesweit. Arten können auch leicht variieren – je nachdem, wo sie vorkommen.

Auf Initiative des Verbands deutscher Wildsamen- und Wildpflanzenproduzenten e. V. (VWW) wurde im Rahmen eines von der Deutschen Bundesstiftung Umwelt (DBU) geförderten Projekts daher eine Karte mit 22 Ursprungsgebieten für Gräser und Kräuter aus Deutschland entwickelt. Sie gilt als Leitlinie für alle Saatgut- und Wildstaudenproduzenten im VWW. Definiert sind acht Produktionsräume im Rahmen der sogenannten Erhaltungsmischungsverordnung (ErMiV).

Damit die Gartenmärkte regionale Stauden produzieren können, wurde in Abstimmung mit dem VWW die acht Produktionsräume in vier Bereiche zusammengefasst: Nord, West, Ost und Süd. Achten Sie also beim Kauf von Pflanzen für Ihren Naturgarten darauf, möglichst Pflanzen aus regionaler Herkunft auszuwählen.

Herkunft ist Trumpf

Was hat es mit den vier Pflanzbereichen auf sich?
Die vier Bereiche Nord, West, Ost und Süd sind Naturgroßräume, die anhand standörtlicher Merkmale aus den 22 Ursprungsgebieten Deutschlands hergeleitet wurden. Sie beinhalten im Detail folgende Ursprungsgebiete:
Bereich Nord: Nordwestdeutsches Tiefland (1), Westdeutsches Tiefland mit Unterem Weserbergland (2) und Nordostdeutsches Tiefland (3)
Bereich West: Oberes Weser- und Leinebergland mit Harz (6), Rheinisches Bergland (7), Hessisches Bergland (21), Oberrheingraben mit Saarpfälzer Bergland (9), Schwarzwald (10)
Bereich Ost: Ostdeutsches Tiefland (4), Uckermark mit Odertal (22), Mitteldeutsches Tief- und Hügelland (5), Sächsisches Löß- und Hügelland (20)
Bereich Süd: Erz- und Elbsandsteingebirge (8), Thüringer Wald, Fichtelgebirge und Vogtland (15), Bayerischer und Oberpfälzer Wald (19), Südwestdeutsches Bergland (11), Fränkisches Hügelland (12), Schwäbische Alb (13), Fränkische Alb (14), Unterbayerische Hügel- und Plattenregion (16), Südliches Alpenvorland (17), Alpen (18)

Sollten Sie schon einen wunderschönen Naturgarten haben, lassen Sie sich auszeichnen.

Lassen Sie Ihren Naturgarten oder Ihre naturnah begrünte Fläche prämieren.

Durch das Anlegen eines naturnahen Gartens leisten Sie einen großen Beitrag zur Förderung der biologischen Vielfalt im Siedlungsraum. Das gilt für Privatleute ebenso wie für Institutionen, Firmengelände oder Kommunen. In unserem Projekt möchten wir dies deutschlandweit belohnen. Die Prämierung von Firmengelände haben wir in Kooperation mit der Heinz Sielmann Stiftung entwickelt und führen diese auch gemeinsam durch. Je nachdem, welche Kriterien Ihr Garten bzw. Ihre Fläche schon erfüllt, können Sie eine Naturgarten-Prämierung in Bronze, Silber oder Gold erreichen oder Ihren Garten als „Grüne Oase, auf dem Weg zum Naturgarten" bewerten lassen. Diese Anerkennung motiviert vielleicht auch Ihre Nachbarn zum Mitmachen!

Voraussetzung ist, dass der Garten, Ihr Balkon oder Ihr Firmengelände überwiegend mit einheimischen Wildpflanzen gestaltet ist und beim Anlegen der Fläche auf die Förderung der biologischen Vielfalt geachtet wurde. In die Bewertung fließen die Vielfalt der Pflanzenarten und Lebensräume ein, die schonende Pflege ohne Mineraldünger und Gifte und die ästhetische Gestaltung. Auch begrünte Fassaden, Regenwasserspeicher und natürliche Baumaterialien wie Steine und Holz spielen eine Rolle. Die Auszeichnung soll die Pionierarbeit derjenigen würdigen, die naturnah und umweltfreundlich gärtnern und diese Idee weitertragen.

(Quelle: TGTA)

Prämierter Garten Frank Reh

Prämierter Garten Jutta Wegener

Expertin

Unsere wunderbare Zusammenarbeit mit Christa begann vor 15 Jahren bei der „Essbaren Stadt Andernach". Christa war vom ersten Moment unserer langjährigen Zusammenarbeit mit „Natur im Garten" eine lebendige, inspirierende Netzwerkerin, der keine Mühen zu viel sind, der Natur im Garten wieder ein Zuhause zu geben.

Gärtnern in Zeiten des Klimawandels

Europäische Bewegung für Artenvielfalt & Klimawandelanpassung

Seit dem Jahr 2012 ist die „European Garden Association – Natur im Garten International" eine Plattform für naturnahes und ökologisches Gärtnern

„Natur im Garten" ist eine europäische Bewegung für ökologische Gestaltung und Pflege von Privatgärten, öffentlichen Grünflächen und Schul- bzw. Kindergartengärten.

Die Grundidee von „Natur im Garten" ist das Gärtnern mit der Natur. Naturnahe Gärten sind Wohlfühloasen und Entspannungsorte für uns Menschen. Aber nicht nur das: Sie bieten Lebensraum für die Tier- und Pflanzenwelt. Kernkriterien sind die Pflege der Gärten und Grünräume ohne chemisch-synthetische Dünger und Pestizide sowie ohne Torf. Es wird großer Wert auf die ökologische Gestaltung, die Förderung der Vielfalt und auf Klimawandelanpassung gelegt. Ob Wildblumenwiese, Kräuterrasen, Blütenmeer, Teich, Wildstrauchhecke oder Bäume – naturnahe Gärten begeistern nicht nur durch die Schönheit von Blumenpracht und Tierwelt, sie leisten einen wichtigen Beitrag zur Biodiversität und Klimawandelanpassung. Für viele Tier- und Pflanzenarten sind besonders kleine, naturnahe Flächen wichtige Rückzugs-

orte. Gärten naturnah zu gestalten, verbindet den Garten mit dem Umweltschutz – der Zusammenhang dieser beiden Themen wird begreifbar und wir können Nachhaltigkeit direkt vor unserer Wohnzimmertür leben. Damit sind Gärten und Grünräume Teil der Lösung der dringendsten Herausforderungen unserer Gesellschaft: Die Förderung der Artenvielfalt und die Klimawandelanpassung.

„Natur im Garten" berät Hobbygärtner und -gärtnerinnen, Gemeinden, Schul- bzw. Kindergartengärten, Schaugärten sowie Betriebe und bietet ein breites Bildungsprogramm an. Mit dieser Idee startete „Natur im Garten" 1999 in Niederösterreich. Mittlerweile wird das Beratungs- und Bildungsangebot in Österreich, Deutschland, Tschechien, Liechtenstein, Südtirol, in der Schweiz und der Slowakei angeboten und ist damit eine europäische Bewegung geworden. Mit der „Natur im Garten"-Plakette werden Gärten ausgezeichnet, die die Kriterien von „Natur im Garten" erfüllen. Die „Natur im Garten"-Schaugärten zeigen die Vielfalt der Gestaltungsmöglichkeiten auf und beweisen, dass ökologisches Gärtnern funktioniert. Zahlreiche Gemeinden pflegen ihre Grünflächen ökologisch. „Natur im Garten" ist damit ein breites Netzwerk von Partnerbetrieben, Schaugärten, Gemeinden sowie Gartenplaner und -planerinnen, welches das Bewusstsein für naturnahes Gärtnern der breiten Bevölkerung vermittelt.

Christa Lackner ist Geschäftsführerin der Initiative „Natur im Garten", Matthias Wobornik Stellvertreter
https://www.naturimgarten.at/internationale-aktivit%C3 %A4ten/verein-european-garden-association.html
https://diegartentulln.at/de/home

Christa Lackner ist Geschäftsführerin der Initiative „Natur im Garten", Matthias Wobornik Stellvertreter

Ein natürliches Vorzeigeprojekt

DIE GARTEN TULLN – die „Natur im Garten"-Erlebniswelt – hat sich seit ihrer Eröffnung im Jahr 2008 zu einem einzigartigen Vorzeigeprojekt in Europa entwickelt. Sie hat bereits über 3 Millionen Gartenfans aus aller Welt angelockt. Die konsequent ökologische Pflege der Schaugärten ist mittlerweile beispielgebend für viele Gartenschauen im In- und Ausland.

Auf dem gesamten Areal halten sich die Gärtnerinnen und Gärtner streng an die Kriterien von „Natur im Garten": Verzicht auf chemisch-synthetische Pestizide, Verzicht auf chemisch-synthetische Dünger und Verzicht auf Torf.

Standortgerechte und abwechslungsreiche Bepflanzung, natürliche Düngung mit Kompost, Förderung der Nützlinge und biologische Mittel zur Pflanzenstärkung sind weitere wichtige Zutaten auf dem Weg zu einem stabilen und gesunden Ökosystem im Garten.

DIE GARTEN TULLN wurde als Dauereinrichtung konzipiert und nicht als kurzfristiges Großereignis. Der Wandel der Jahreszeiten, aber auch das Wachsen über die Jahre wird so für die Besucherinnen und Besucher zu einem unvergleichlichen Naturschauspiel.

DIE GARTEN TULLN ist nicht nur ein ökologischer Vorzeigebetrieb, sondern setzt auch in der Betreuung und der Begleitung ihrer Besucherinnen und Besucher, die bei allen Überlegungen im Mittelpunkt stehen, Maßstäbe. Nicht nur Gärtner sind ihr wichtig, sondern auch Kinder, Familien

Die Garten Tulln

Gemüsegarten Die Garten Tulln

Schaugarten

und Menschen mit besonderen Bedürfnissen.
Auch regionale Kooperationen und viele Partnerschaften in der grünen Branche sind ihr wichtig. Viele von ihnen sind auf der Gartenschau mit eigenen Gärten vertreten. Eingebettet in die Aulandschaft an der Donau und doch nahe dem Stadtzentrum von Tulln ist das Gelände in einen bezaubernd natürlichen Rahmen aus Blütenmeeren, Gräserinseln, Teichen und Spazierwegen gewebt. In 70 Schaugärten wird die Vielfalt des ökologischen Gärtnerns sichtbar.

DIE GARTEN TULLN ist auch Veranstaltungs- und Seminarort sowie ein Ort zum Feiern mit vielen Möglichkeiten von Besprechungsräumen mit Garten- und Aublick bis hin zur Veranstaltungshalle. Ergänzt wird das Angebot durch ein Restaurant und weitere Verpflegungsmöglichkeiten in den Gärten.

Botanischer Garten
DIE GARTEN TULLN ist Mitglied der Arbeitsgemeinschaft Österreichischer Botanischer Gärten. Zu ihren Aufgaben gehören auch der Aufbau und Erhalt von Pflanzensammlungen, der Erhalt seltener Pflanzen sowie Forschung und Lehre.

Umweltmanagement
DIE GARTEN TULLN ist EMAS-zertifiziert. EMAS steht für „Eco-Management and Audit Scheme" und ist ein freiwilliges Instrument der Europäischen Union, welche die kontinuierliche Verbesserung der Umweltleistungen unterstützt. Hierzu wird jährlich eine aktuelle Umwelterklärung erstellt.

Erlebnisorte

Den Garten gestalten

Innovative Gartenplanung

Naturgarten

Jeder kennt das, man ist nicht von Fach und hat eigentlich keinen „grünen Daumen“. Aber trotzdem muss der lebendige und klimagerechte Garten keine unlösbare Aufgabe sein. Die richtigen Pflanzen zu finden, die zu einem selbst und zum Standort passen, und dann das Ganze ästhetisch zu gestalten, ist heutzutage kein Hexenwerk mehr. Neue, innovative und leicht verständliche digitale Lösungen und Apps eröffnen auch dem Anfänger ganz neue Möglichkeiten. Das Motto lautet: „Gartenlust statt Gartenfrust – pflanz Dir Dein eigenes Gartenparadies“.

Pflanzenreich App

Expertin

Petra Pelz ist eine renommierte und ausgesprochen kreative Gartenplanerin, die immer wieder mit neuen Konzepten überrascht und mit der „Pflanzenreich"-App ein neues Gartentor geöffnet hat.
Petra kennen wir von ihren begeisternden Staudenpflanzungen auf der Bundesgartenschau Koblenz 2011.

Mit wenigen Klicks zur Pflanzplanung

Ich hatte schon lange die Idee, die Disziplin Pflanzplanung einfacher und niederschwelliger zugänglich zu machen und das ist mir jetzt mit der App „Pflanzenreich" gelungen. Drei Jahre lang habe ich daran getüftelt und jetzt ist sie so, dass sie nach draußen kann. Mit 3.500 Fotos

Staudenbeet in sanften Farben

und detaillierten Beschreibungen von Stauden, Gräsern, Rosen und Blumenzwiebeln hat die „Pflanzenreich"-App einen vernünftigen Grundstock, mit dem man gut und praktisch arbeiten kann.
Die Pflanzen lassen sich u. a. nach den Kriterien Lebensbereiche, Bodenfeuchte, Licht, Wuchshöhe, Blütenfarbe, Laubfarbe oder Blühzeit sortieren und filtern. Das, was gefällt, wird angeklickt und in eine Auswahlliste kopiert und danach spielerisch auf einem leeren Blatt zusammengefügt, bis es gefällt. Mit dieser Auswahlliste geht es zur Planungsseite. Dort befindet sich ein Gitternetz, das beliebig mit Feldern, Spalten und Zeilen erweitert und individuell beschriftet werden kann und sowohl Ideenboard als auch Einkaufsliste, Beet als auch Pflanzplan sein kann – ganz, wie es dem Nutzer der App gefällt.
Das Planungstool ist für Laien und Profis gleichermaßen geeignet. Es gibt Gartenbesitzern die Möglichkeit, ihr Beet umzugestalten. Und für alle sind die Pflanzen in der App ein Ideenpool und Inspiration, sich vielleicht einmal aus der Komfortzone hinauszuwagen und Neues auszuprobieren!

Als Landschaftsarchitektin, Buchautorin und Expertin für schöne Pflanz-Kombinationen plane ich seit 30 Jahren für nationale und internationale Gartenschauen, für öffentliche Projekte, aber auch für Privatkunden. Gerade im Privaten kenne ich die Fragen meiner Kunden.
Deshalb gebe ich jetzt mein Wissen in Vorträgen, Kursen und seit Kurzem auch in Online-Kursen, wie „Rosen-Allianz" und „Sonnenflut", weiter.
https://petra-pelz.com/pflanzenreich-app/

Petra Pelz,
Landschaftsarchitektin

Die Besten Tipps für den Garten beim Neubau

Sie bauen neu und freuen sich auf ein schönes Leben in Ihrem neuen Zuhause? Dann schenken Sie sich für das wirklich gute Lebensgefühl einen klimagerechten und lebendigen Garten.

Gartenplanung

Beginnen Sie am besten gleich mit der Planung Ihres naturnahen Hausgartens. Im Naturgarten können Sie sehr schnell ein kleines Paradies für Mensch und Tier schaffen, wenn Sie schon während der Bauphase mit verschiedenen Arbeiten beginnen.

Erste Schritte

Schon beim Hausbau sollten Sie darauf achten, dass der bei den Erdarbeiten anfallende Aushub gleich an die richtige Stelle im Garten kommt. Installieren Sie auch dann schon die notwendigen Elektro- und Wasseranschlüsse im Garten – so sparen Sie Geld, das Sie in eine gute Bodenverbesserung investieren können. Säen Sie als erstes eine Gründüngung aus, z. B. mit Phazelia, Sonnenblumen oder einer Blütenmischung. So verhindern Sie das Ausbreiten von Pionierpflanzen („Unkraut"). Bei einem gründlichen Check schauen Sie Ihr Grundstück von allen Seiten und im direkten Umfeld an und erkunden dabei nicht nur dessen Größe, sondern auch die Grundstücks- und Geländeform sowie die Bodenart: Ein sandiger Boden lässt sich nicht formen, Lehmboden dagegen lässt sich gut zu einer Wurst ausrollen. Verfolgen Sie die Lichtverhältnisse im Tageslauf; achten Sie besonders auf den Schattenwurf von Gebäuden und Bäumen.

Nehmen Sie auch den Bestand an vorhandenen Bäumen und Sträuchern auf, der erhalten bleiben soll. Überlegen Sie, wo Sie einen Zaun oder Sichtschutz zu bebauten Nachbargrundstücken oder Straßen benötigen oder wo ein Windschutz zu freien Feldflächen erforderlich ist. Auch Schuppen, Gartenhaus und Mülltonnenplatz müssen mit eingeplant werden. Legen Sie fest, welche Funktionsbereiche Ihr Garten haben muss: Wo ist der Eingang? Wo kann am Morgen gefrühstückt oder am Abend gegrillt werden, ohne jemanden zu stören? Wo spielen die Kinder? An welchen Platz kommt ein kleiner Obst- oder Gemüsegarten?

Beachten Sie bei all diesen Elementen die Sonnen- und Schattensituation. Obst und Gemüse lieben es sonnig, Menschen sollten lieber ein wenig den Schatten suchen. Auf dem Papier zeichnen Sie – möglichst maßstabsgetreu – alle vorhandenen oder noch geplanten Bauten ein, ergänzen dann Terrasse und Wege, anschließend Rasen und Hecken, Staudenbeete und Nutzflächen, Gartenteich und Trockenmauer.

Vergessen Sie auch Ihren Hausbaum nicht! – Mit Bäumen gestalten

Ohne Bäume wirkt ein Garten flach und monoton. Durch die vertikale Ausrichtung gibt ein Baum dem Garten Struktur und dreidimensionale Gliederung.

Er lenkt den Blick, betont oder kaschiert bestimmte Stellen und bringt Farbe in den Garten. Das Laub bietet mannigfaltige grüne, rot-orange und gelbe Töne im Herbst, es gibt Blüten in allen Farben für jede Jahreszeit und das Herbstlaub wird durch die Farben des Fruchtschmucks ergänzt.

Die Auswahl eines Baums ist eine langfristige Entscheidung, der richtige Baum am richtigen Ort kann uns ein Leben lang begleiten und zukünftigen Generationen Freude schenken.

Im Herbst beginnt die ideale Pflanzzeit für Gehölze und in Baumschulen ist um diese Jahreszeit das Sortiment in vollem Umfang verfügbar.

Einige grundlegende Überlegungen sollten geklärt sein, bevor man sich in der Baumschule einzelne Bäume zeigen lässt:

Wie viel Platz steht zur Verfügung, kann ich einen oder mehrere Bäume pflanzen?

Wie groß darf dieses Gehölz langfristig werden?

Welche Kronenform soll er haben, rund, oval, schirmartig, säulenartig?

Welchen Zweck soll der Baum erfüllen? Soll er Schatten-, Wind- oder Sichtschutz bieten? Möchten wir Früchte oder Nüsse ernten? Ist die dekorative Optik entscheidend, sind Blüten, Blattfarben oder dekorative Borke wichtig?

Soll es ein sommergrüner oder ein immergrüner Baum sein?

Wie sind Boden und Klima? Welche Bäume gedeihen unter diesen Bedingungen?

Die letzte Frage entscheidet meist über die Auswahl, denn hier spielen Geschmack und persönliche Vorlieben keine Rolle mehr.

Ihre Baumschule vor Ort kann Sie umfassend und kompetent beraten und Ihnen die Auswahl anhand von Beispielen erleichtern

Auswahl schöner Bäume für den Garten

Botanischer Name	Deutscher Name	Größe/Wuchs	Blüte/Frucht	Ansprüche
Acer opalus	Schneeball-Ahorn	breit-rundlich, 8–12 m	früh, gelb, später „Nasenflügel"	trockenheits- und hitzeverträglich auf allen Böden
Betula utilis 'Doorenbos'	Himalaya-Birke	breit-oval, aufrecht 8–10 (–15) m	grüngelbe Kätzchen, im Mai leuchtend weiße Borke!	unkompliziert auf fast allen Standorten
Cercis siliquastrum	Judasbaum	rund bis schirmförmig, 6–8 m	knallpink, vor dem Austrieb direkt an den Zweigen	hitze- und trockenheitsverträglich, gerne Kalkboden
Fraxinus ornus	Blumenesche	rund bis breit-oval, 6–8 (–10) m	duftend, cremeweiß, Mai-Juni	wärmeliebend und frosthart
Koelreuteria paniculata	Blasenbaum	locker, breit schirmartig 6–8 (–15) m	gelb, Juli-August, dekorative, trockene Samenkapseln	unkompliziert, hitze- und frostfest
Malus-Hybriden z. B. 'Evereste'	Zieräpfel	breit, aufrecht, locker, 4–6 m	rosa-weiß, April-Mai, Mini-Äpfel in allen Farben im Herbst	unkompliziert, für alle Standorte, freut sich über gelegentliches Wässern
Pyrus salicifolia 'Pendula'	Weidenblättrige Birne	knorrig-verzweigt, überhängend, 4–6 m, graues Laub	weiß, April, kleine grüne Früchte, Laub erinnert an Oliven	alle Böden, hitze- und trockenheitsverträglich, frosthart
Tilia cordata 'Rancho'	Winter-Linde	dicht, schmal-oval, 8–12 (–15) m	cremegelb, duftend, Juli	am liebsten in allen Gartenböden, nicht zu steinig und trocken

Natürlich gibt es noch viel mehr wunderbare Baumarten für alle Standorte und Ansprüche.

Hier finden Sie weitere Bäume:
„Kleine Laubbäume für Hausgarten und Grünanlagen“, LWG Bayern.
http://www.lwg.bayern.de/landespflege/gartendokumente/merkblaetter/076697/index.php

Obst im Garten

Altbekannte Obstarten, wie Apfel, Birne, Zwetschgen und Kirschen, werden heute als schwachwachsende Bäume und robuste Sorten angeboten. Probieren sie doch einmal die Aromenvielfalt alter Sorten oder neue Züchtungen wie rotfleischige, säulenförmig wachsende oder für Diabetiker geeignete Apfelsorten! Essbare, weiß blühende Mandeln, leuchtend orange Kakipflaumen oder anspruchslose Wildobstarten, wie Korallenölweide, Mispel oder Sanddorn, sowie pilzfeste Tafeltrauben und natürlich die leckeren Erdbeeren bieten immer was zu naschen!

Strategien für die Neuanlage von artenreichen, blühenden Gärten

Grundsätzliche Anforderungen an die Bepflanzung:

- Dicht pflanzen! Der Boden oder die Mulchauflage sollten ab dem 2. Jahr möglichst nicht mehr sichtbar sein.
- Nur standortgerechte, robuste und widerstandsfähige Pflanzen wählen: Wichtige Standortfaktoren sind Bodenart (Sand – Lehm), Besonnung (Schatten, Halbschatten, Sonne) und Feuchtigkeit (feucht bis trocken).
- Pflanzen mit verschiedenen Blühterminen pflanzen, damit immer eine Futterquelle vorhanden ist.
- Ungefüllte Sorten wählen bzw. solche, die gute Nektar- und Pollenlieferanten sind.
- Rückschnitt erst im Frühjahr, damit die Samenstände den Vögeln als Winterfutter zur Verfügung stehen und Insekten Überwinterungsmöglichkeiten haben.

Zuerst wird der Boden gelockert, besonders bei Neuanlagen müssen eventuelle Verdichtungen tiefgründig gelockert und 3–5 l Kompost/m² sowie gegebenenfalls 50–100 g Gesteinsmehl/m² eingebracht werden, um den Boden zu verbessern und biologisch zu aktivieren. Anschließend können z. B. Sträucher, artenreiche Stauden, Gräser und Bodendecker gepflanzt werden.

Themenhecken als lebendige Alternative zu Thuja oder Plastikzäunen:

Es gibt eine Fülle von pfiffigen Ideen, wie man den Garten durch abwechslungsreiche, frei wachsende oder geschnittene Hecken verschönern kann, die gut mit Hitze, Trockenheit und auch Kälte zurechtkommen und Nahrung und Unterschlupf für Vögel, Insekten und viele kleine Tiere bieten.

Bei dem folgenden Heckenpaket reicht ein Abstand von 1–2 Metern zwischen den Pflanzen. Die Pflanzen sind so gewählt, dass sie in den meisten normalen bis trockenen Gartenböden mit einem sonnigen bis halbschattigen Standort zurechtkommen.

Für Naturliebhaber: Die Schmetterlings- und Vogelhecke

Wer gerne Schmetterlinge und Vögel im Garten hat, kann mit einer Hecke viel mehr zum Erhalt der Artenvielfalt beitragen als mit Futterhäuschen oder Insektenhotel. Durch die Verwendung von hauptsächlich einheimischen Sträuchern ist nicht nur für Blüten gesorgt, sondern auch für Beeren und Samen sowie Futter für die Raupen der Schmetterlinge.

Insekten benötigen ein durchgehendes Futterangebot. Perioden ohne Blüten, sogenannte Trachtpausen, können ihnen schwer zu schaffen machen. Die trockenheitsverträgliche Steinweichsel *Prunus mahaleb* schließt Trachtlücken zwischen Schlehe und Weißdorn (Schlehe blüht aufgrund von Klimaveränderungen bis zu 30 Tage früher, Wildbienen sind dann oft noch nicht aktiv, sie können dann auf *P. mahaleb* ausweichen). Zwergmispel (*Cotoneaster*) und Feuerdorn (*Pyracantha*) blühen nach den Weißdornarten und verlängern so die Tracht und Flugzeit für Schmetterlinge und Wildbienen. So sind diese im Siedlungsraum eher unbeliebten Sträucher besser als ihr Ruf, es kommt nur darauf an, sie attraktiv zu kombinieren.

Deutscher Name	Deutscher Name	Größe	Blüte	Blütezeit
Acer campestre	Feldahorn	2–10 m	grün, gelb	April–Mai
Colutea arborescens	Blasenstrauch	2–4 m	gelb	Mai-Oktober
Cornus sanguinea	Bluthartriegel	3–5 m	weiß	Mai–Juni
Corylus avellana	Haselnuss	4–6 m	einhäusig, gelbe Kätzchen vor weiblichen Blüten	Januar/ Februar–März/ April
Ligustrum vulgare	Gewöhnlicher Liguster	2–4 m	weiß	Juni–Juli
Lonicera xylosteum	Rote Heckenkirsche	2–3 m	weiß-gelb	Mai–Juni
Rhamnus cathartica	Faulbaum, Kreuzdorn	2–8 m	gelbgrün, unscheinbar	Mai–Juni
Salix cinerea, Salix caprea, S. rosmarinifolia	Weide, versch. Arten	2–15 m	gelb, zweihäusig, Kätzchen nur an männlicher Form	März–Mai

Staudenbeete

Eine der erprobten vorgefertigten Staudenmischungen zu pflanzen, ist die einfachste Möglichkeit, ein attraktives Staudenbeet zu gestalten. Ursprünglich für öffentliche Grünflächen entwickelt, sind die für einen bestimmten Standort vorgesehenen Arten mit genau festgelegten Mengenanteilen und Stückzahlen pro Quadratmeter zusammengestellt. So können z. B. „Silbersommer", „Indian Sunset", „Pink Paradise" oder „Schattenglanz" in passender Menge für Ihre Gartengröße beim Staudengärtner bestellt werden. Eine aufwendige Planung entfällt, die Pflanzung erfolgt nach dem Zufallsprinzip mit 3–4 Pflanzen je qm. Die Zusammensetzung des Beetes ändert sich im Laufe der Jahre, da es sich um ein weitgehend selbstregulierendes System handelt. Was zählt, ist die Wirkung der Pflanzung als Gesamtbild, nicht das Überdauern einzelner Pflanzen. Der Pflegeaufwand ist gering, da sich schnell eine geschlossene Pflanzendecke bildet. 1 bis 2 Jätegänge pro Jahr und ein Rückschnitt genügen.

Rasen

Im Rahmen des Klimawandels, einhergehend mit einer zunehmenden Erwärmung, sommerlichen Dürrephasen und höheren Einstrahlungsintensitäten, entwickelt sich diese historisch bedingte Monopolstellung des Rasens mehr und mehr zu einem existenziellen Problem. Die genannten Faktoren setzen den flachwurzelnden Gräsern arg zu und die freie Verfügbarkeit an Beregnungswasser droht zu versiegen. Braune, ausgetrocknete Böden, verdorrte Grashalme und abgestorbene Rasenflächen werden zunehmen.

Umso mehr lohnt es sich, nach Alternativen für nicht gebrauchte Rassenflächen zu suchen. Neben dem aufwendigen und pflegeintensiven Zierrasen gibt es auch den Kräuterrasen und die Blumenwiese, und die unterscheiden sich in der Ökologie und in der Bearbeitungsintensität.

Kräuterrasen

Der würzig duftende Thymian wächst in flachen Polstern. Auf einer größeren Fläche ausgepflanzt, schaffen Sie nicht nur ein Paradies für Insekten, sondern auch eine Entspannungsoase zum Ausruhen und Meditieren. Geeignet sind Echter Thymian (*Thymus vulgaris*), Sand-Thymian (*Thymus serpyllum*) und Zitronen-Thymian (*Thymus * citriodorus*).

Neue Wege braucht der Garten

Für den Garten gibt es praktikable Lösungsansätze, möglichst viel Boden natürlich offen und unversiegelt zu belassen.

- Wege sollen nur so breit sein, wie unbedingt notwendig.
- Mit zunehmender Entfernung vom Haus werden die Wege deutlich schmaler und weniger aufwendig.

Manchmal genügt es auch, einzelne Trittsteine in Schrittlänge (60–70 cm) zu verlegen. Hierzu eignen sich auch Restbestände von Bodenplatten oder Steinen, die noch irgendwo vorhanden sind. Ein Mix von Steinen und Materialien steht hier für Individualität. Wichtig ist, dass der Grad der Versiegelung so gering wie möglich gehalten wird. Eine der größten Versiegelungsursachen ist der Stellplatz für die zunehmende Anzahl an Fahrzeugen. Auch hier gibt es Kompromisse, die eine Versickerung des Regenwassers ermöglichen und die Aufheizung verhindern. Rasengittersteine, helle Kies- oder Splittschüttungen oder Schotterrasen, in denen trittfeste Kräuter, Gräser oder Stauden wachsen, können ein gangbarer Kompromiss sein.

Haben Sie nun richtig Lust einen Naturgarten anzulegen und haben dazu noch Fragen?

Gerne unterstützen Sie die Mitarbeiter der Gartenakademie RLP und das Team von „Tausende Gärten – Tausende Arten".
http://www.gartenakademie.rlp.de/
https://www.tausende-gaerten.de/mitmachen/

Rechtliches

Jedes Neubaugebiet hat einen Bebauungsplan, fragen Sie deshalb bei Ihrer Gemeinde/Stadt nach, ob es Bepflanzungsvorgaben gibt.

Damit es eine harmonische Nachbarschaft gibt, sollten folgende Pflanzabstände unbedingt eingehalten werden:

Landesnachbarrechtsgesetz (LNRG) RLP

§ 47
Berechnung des Abstandes

Der Abstand wird von der Mitte des Baumstammes, des Strauches, der Hecke oder des Rebstocks bis zur Grenzlinie gemessen, und zwar an der Stelle, an der die Pflanze aus dem Boden austritt.

§ 45
Grenzabstände für Hecken*

Eigentümer und Nutzungsberechtigte eines Grundstücks haben mit Hecken gegenüber den Nachbargrundstücken – vorbehaltlich des § 46 – folgende Abstände einzuhalten:

1.	mit Hecken bis zu 1,0 m Höhe	0,25 m,
2.	mit Hecken bis zu 1,5 m Höhe	0,50 m,
3.	mit Hecken bis zu 2,0 m Höhe	0,75 m,
4.	mit Hecken über 2,0 m Höhe	einen um das Maß der Mehrhöhe größeren Abstand als 0,75 m.

Eigentümer und Nutzungsberechtigte eines Grundstücks haben mit Bäumen, Sträuchern und einzelnen Rebstöcken von den Nachbargrundstücken – vorbehaltlich des § 46 – folgende Abstände einzuhalten:

1. mit Bäumen (ausgenommen Obstbäume), und zwar	
a) sehr stark wachsenden Bäumen mit artgemäß ähnlicher Ausdehnung wie Bergahorn (Acer pseudoplatanus), Sommerlinde (Tilia platyphyllos), Pappelarten (Populus), Platane (Platanus x acerifolia), Roßkastanie (Aesculus hippocastanum), Stieleiche (Quercus robur), ferner Douglasfichte (Pseudotsuga taxifolia), Fichte (Picea abies), österreichische Schwarzkiefer (Pinus nigra austriaca), Atlaszeder (Cedrus atlantica)	4 m,
b) stark wachsenden Bäumen mit artgemäß ähnlicher Ausdehnung wie Hainbuche (Carpinus betulus), Vogelbeere (Sorbus aucuparia), Weißbirke (Betula pendula), Zierkirsche (Prunus serrulata), Kiefer (Pinus sylvestris), Lebensbaum (Thuja occidentalis)	2 m,
c) allen übrigen Bäumen	1,5 m;

2. mit Obstbäumen, und zwar	
a) Walnußsämlingen	4 m,
b) Kernobstbäumen, auf stark wachsenden Unterlagen veredelt, sowie Süßkirschenbäumen und veredelten Walnußbäumen	2 m,
c) Kernobstbäumen, auf schwach wachsenden Unterlagen veredelt, sowie Steinobstbäumen, ausgenommen Süßkirschenbäume	1,5 m;

3. mit Sträuchern (ausgenommen Beerenobststräuchern), und zwar	
a) stark wachsenden Sträuchern mit artgemäß ähnlicher Ausdehnung wie Alpenrose (Rhododendron-Hybriden), Haselnuß (Corylus avellana), Felsenmispel (Cotoneaster bullata), Flieder (Syringa vulgaris), Goldglöckchen (Forsythia x intermedia), Wacholder (Juniperus communis)	1 m,
b) allen übrigen Sträuchern	0,5 m;

4. mit Beerenobststräuchern, und zwar	
a) Brombeersträuchern	1,0 m,
b) allen übrigen Beerenobststräuchern	0,5 m;

Quelle: Landesnachbarrechtsgesetz (LNRG) RLP

Experten

Mit der Firma Kientzler in Gensingen verbindet uns eine lange Freundschaft, sowohl mit Vater Ludwig als auch mit Alexander. Hier werden immer wieder neue grüne Trends geboren.

Natur- und Klimaschutz im Garten beginnt bei der Pflanzenauswahl

Pflanzen erfreuen uns im Garten mit ihren farbenfrohen Blüten und ihrem stilvollem Blattwerk. Viele unserer heute im Garten verwendeten Pflanzen sind speziell für unser häusliches Umfeld selektiert und angebaut. Die Sorten sollen möglichst pflegeleicht sein und über einen langen Zeitraum attraktiv bleiben.

Auf der Suche nach immer neuen und verbesserten Pflanzensorten sichten wir in unserer Gärtnerei jedes Jahr über 1.000 potenzielle neue Pflanzensorten und bewerten diese auf ihre Eigenschaften als Zierpflanze im häuslichen Umfeld. Neben den klassischen Punkten wie Blühfreudigkeit, Gesundheit und Pflegebedarf rücken dabei in den letzten Jahren zwei neue Aspekte verstärkt in den Fokus: Der Nutzen für unsere Insektenwelt sowie die Hitzebeständigkeit der Pflanzensorten.

Gut für uns – Bienen, Schmetterlinge & Co.

Viele unserer blühenden Pflanzen können Bienen und anderen bestäubenden Insekten als Nektar- und Pollenlieferant dienen. Dabei werden einige Pflanzen, wie Salbei, Bidens oder der Strauchbasilikum, besonders zahlreich angeflogen und auch von Wildbienen besucht.

Dies findet zunehmend Beachtung in unseren Selektionsprozessen, was sich in der Entwicklung des „Gut für uns"-Programms widerspiegelt. Bei der Auswahl dieser Sorten wird ein besonderes Augenmerk auf die Präferenzen von Biene & Co. gelegt.

Der Elfenspiegel (*Nemesia*) ist beliebt als Balkon- und Kübelpflanze.

Kugelamarant (*Gomphrena*) mit Schmetterling

Schöne hitzebeständige Bepflanzungen schmücken im Sommer Terrasse und Balkon.

Schalen wie kleine Gärten zu gestalten, bringt auch auf kleinstem Raum die Natur in den Garten.

Hitzeprofis

Mit den warmen Sommertemperaturen gewinnt die Fähigkeit der Pflanzen, mit Hitze und Trockenheit zurechtzukommen, zunehmend an Bedeutung. Arten mit behaartem oder sukkulentem Blattwerk haben hier einen natürlichen Vorteil. Ebenso spielen die Größe und die Stellung der Blätter zur Sonne eine Rolle.

In den Züchtungs- und Selektionsprozessen berücksichtigen wir zunehmend die Toleranz gegenüber Hitze und Trockenheit. Unsere Hitzeprofis sind Spezialisten, die auch während längerer Trockenphasen gut gedeihen und den Garten attraktiv bereichern.

Alexander Kientzler, Kientzler Gartenbau GmbH & Co. KG
Der Stammbetrieb in Gensingen verfügt über eine Gewächshausfläche von 63.000 m² an zwei Standorten. Hier werden vornehmlich Stecklinge aus den Zweigbetrieben Costa Rica und Polen sowie privaten Mutterpflanzenquartieren in der Türkei, in Kenia oder Israel bewurzelt. Die bewurzelten Jungpflanzen werden an unsere Kunden in Deutschland, Österreich, Frankreich und der Schweiz geliefert. In Gensingen befinden sich die Hauptverwaltung und die Logistik mit etwa 120 Mitarbeitern und etwa 60 Saisonkräften.

https://www.kientzler.eu/

Experte

Heiko Hübscher ist der „König der Rosen"! Wie wir beide auch präsentiert er regelmäßig Gartenthemen beim ARD- und SWR-Fernsehen. Und er hat den Rosen ihren richtigen Platz im Garten gegeben!

Rosengarten Zweibrücken

Rosen begleiten uns die ganze Gartensaison mit herrlichen Düften und Farben.

Rosen gehören in jeden Garten und gelten als Klimawandelgewinner

Es gibt wohl kaum eine Gartenpflanze, der so sehr das Image als Diva anhängt, wie die Rose. Ist da was dran? Nöö! Bei richtiger Sortenwahl sind die modernen Gartenrosen richtig taffe Mädels. Die haben Gummistiefel und Lederhosen an, wenn es um ungünstige Witterungsumstände, ob Hitze, Trockenheit oder Regen, geht und strahlen uns dabei mit einer wunderschönen Blüte frech ins Gesicht. Zu dieser Blüte leitet uns günstigstenfalls sogar noch ein betörender Duft. Ich schreibe dies aus der männlichen Sicht, dies sei mir verziehen, steht die Rose doch historisch in der Gartenwelt immer noch als ein Sinnbild der Weiblichkeit.

Tipp 1: *Da wären wir auch schon beim wichtigsten Punkt der Rosenverwendung im Garten: die Sortenwahl! Egal wie gut die gärtnerische Arbeit im Garten auch gemacht wird, aus einer krankheitsanfälligen Rosensorte wird keine Garten-Queen. Rosensorten, die vollkommen ohne Pflanzenschutz auskommen: Wie finde ich sicher solche Sorten? Das ADR-Prädikat, Informationen unter www.ADR-Rose.de, ist eine erste Hilfe. Dazu kommt der Besuch eines Rosengartens im Spätsommer. Genau dann zeigen die Rosen all ihre Schwächen überdeutlich. Auch der Rosen-Laie kann diese dann problemlos erkennen und die echten Königinnen aus dem Sortiment herausfiltern.*

Rosen lassen sich sehr gut mit Stauden kombinieren.

Tipp 2: *Pflanzenschutz: Rosengärtner waren ohne Spritze mit Pestiziden kaum denkbar. Im Rosengarten Zweibrücken arbeiten wir seit über zehn Jahren vollkommen ohne Gifte. Blattläuse an Rosen? Kennen wir nicht. Durch die konsequente Förderung von Nützlingen, ob Vögel oder Insekten, und eine organische, naturorientierte Düngung können wir sowohl die beißenden und saugenden Lästlinge, als auch die wesentlich unangenehmeren blattschädigenden Pilze, wie zum Beispiel den Echten Mehltau, aus unseren Gärten weitgehend verbannen.*

Offenblütige Rosen sind sehr insektenfreundlich, hier die Sorte Libertas.

Tipp 3: *Arbeiten als Gärtner, denn der Gärtner sucht seiner Pflanze einen schönen, für sie günstigen Platz in seinem Garten. Rosen brauchen mindestens fünf Stunden Sonne am Tag. Besser acht Stunden, soll es eine echte Queen sein. Auch ein bisschen Wind tut der Rose gut. Stickig heiße Standorte mag sie überhaupt nicht. Der Boden muss tiefgründig sein, da die Damen die Wurzeln mindestens 80cm tief in frische Bodenbereiche treiben. Rosen möchten geschnitten und gedüngt werden. Der gesunderhaltende, fördernde Rückschnitt erfolgt im Frühjahr! Wie? Besuchen Sie einen Schnittkurs, das lässt sich am besten in der Praxis erlernen.*

Heiko Hübscher, Gärtnermeister, gärtnerischer Leiter des „Rosengarten Zweibrücken“, eine über 50.000 m² große Parkanlage, in der mehr als 60.000 Rosenstöcke von 2.000 verschiedenen Sorten arrangiert sind.

https://rosengarten-zweibruecken.de/

Rosensortenempfehlungen:

Strauchrosen:
Goldspatz, Kordes Rosen, 2011, gelb, ADR, Insektenweide
Global Water, Rosen Tantau, 2010, violett, Insektenweide
Hedi Grimm, Lens Rosen, 2005, weiß, Duft, Insektenweide
New Look, Noack Rosen, 2009, rosa, Insektenweide, ADR

Beetrosen:
Morning Sun, Rosen Tantau, 2016, orange, Insektenweide
Amaretto, Kordes Rosen, 2018, creme-rosa, ADR
Prague Castle, Poulsen Rosen, 2012, weiß, Duft, Insektenweide, ADR

Edelrosen:
Laudation, Noack Rosen, 2016, purpur, starker Duft
Oh Happy Day, Kordes Rosen, 2015, creme, ADR
Desirée, Rosen Tantau, 2018, rosa, starker Duft, ADR

Kleinstrauchrosen:
Bienenweide Rosa, Rosen Tantau, 2015, rosa, Insektenweide, ADR
Kesse Lippe, Noack Rosen, 2016, rot, Insektenweide, ADR
Weg der Sinne, Kordes Rosen, 2013, purpur, Duft, Insektenweide, ADR

Quelle: Heiko Hübscher

Rosen kann man mit allen Sinnen genießen.

Folgende Stauden haben es uns als Begleiter von »Hitze-Rosen« besonders angetan:

Aster pyrenaeus ‚Lutetia' – Pyrenäen-Aster
August-Oktober | 60–70 cm | violettrosa
Naturhafter Charme ist dieser Asternart eigen. Die breitbuschigen, etwas ausladenden Pflanzen schäumen geradezu über vor lilarosa Strahlenblüten. Trockenheit und Sonne können ihr wenig anhaben: Diese Aster braucht nur wenig Pflege und ist ein wahres Wuchswunder – über 100 Jahre ist sie alt und hat nichts von ihrer Vitalität eingebüßt.

Centranthus ruber ‚Albus' – Spornblume
Juni-September | 60 cm | weiß
Für sonnige Standorte ist sie eine Idealbesetzung. Die Pflanzen erreichen eine moderate Höhe, die sich zu vielen Rosen sehr gut kombinieren lässt. Rundliche Dolden aus sehr kleinen Blüten lassen sie leicht und flockig erscheinen; die Blütenwirkung ist diskret und dennoch unübersehbar. Ein echtes „Must-have" in jedem Rosengarten.

Ceratostigma plumbaginoides – Chinesischer Bleiwurz
August-Oktober | 25 cm | klar azurblau
Ausgesprochen wertvoller Spätblüher in einem herrlichen Blauton. Die kleinen Blüten kontrastieren auf das Schönste zur bald einsetzenden lebhaft roten Herbstfärbung des Laubes und sind ein unverwechselbares saisonales Highlight. Junge Pflanzen sollten vor Kahlfrösten geschützt werden. Mit der Zeit bildet die Pflanze Ausläufer und webt schöne geschlossene Teppiche.

Gaura lindheimeri – Prachtkerze
Juli-Oktober | je nach Sorte 40–100 cm | weiß und diverse Rosatöne
Eine sehr hübsche, fein und buschig aufgebaute Pflanze. Die Blüten erscheinen an drahtigen dünnen Stielen und bilden lockere Blütentrauben. Immer wieder treiben die Seitentriebe durch und bilden neue Knospen. Leider übersteht die Prachtkerze selbst auf durchlässigen Böden nicht jeden Winter. Dafür sät sie sich nicht selten selbst aus und kann bei günstigen Gelegenheiten selbst für Nachwuchs sorgen.

Inula ensifolia ‚Compacta' – Zwerg-Alant
Juli-September | 25 cm | strahlend gelb
Ein Dauerblüher für den Beetvordergrund. Die Pflanze liebt Sonne und Wärme und erfreut durch eine sommerlange Blütezeit. Es handelt sich um eine sehr gedrungen wachsende Auslese, die etwa halb so hoch wächst wie die Ausgangsart und daher auch für kleine Beete bestens geeignet ist.

Nepeta-Hybride ‚Blue Danube' – Katzenminze
Mai-Juli / August-September | 80–90 cm | violettblau
Diese von Fachleuten sehr hoch bewertete Sorte wurde 1998 in Österreich gezüchtet; kein Wunder, dass ihr Name übersetzt »Blaue Donau« lautet. Die Pflanzen sind standfest und wachsen aufrecht. Nach der ersten Blüte lässt sich auch ‚Blue Danube' wie die meisten anderen Katzenminzen bodentief zurückschneiden – so remontiert sie von Hoch- bis Spätsommer noch einmal.

Stipa gigantea – Riesen-Federgras
Juli-August | 60 cm (Blatthorst) – 180 cm (Blütenstiele) | glänzend goldgelblich
Vorzügliches Gras für Solitäreinsatz und in kleinen Gruppen, tänzelnd anmutende hohe Gräserblütenschleier, zuverlässiger Strukturierer auch größerer Beete und Gartenpartien, bis weit in den Herbst und Winter attraktiv.

Veronica spicata ‚Silberteppich' – Silberpolster-Ehrenpreis
Juni-Juli | 15 cm (Blattpulks) – 25 cm (Blütenkerzen) | leuchtend dunkelblau
Die silbrigen Blätter zeigen schon an, dass diese Staude einen durchlässigen, stark besonnten Standort liebt. Die ganze Saison über ziert das Laub durch Farbe und Struktur, einen echten Höhepunkt liefern aber die dunkelblauen Blütenähren, die juwelengleich zwischen den übrigen silbernen Pflanzenteilen aufleuchten.

Quelle Staudengärtnerei Gaißmayer GmbH & Co. KG

So kann Ihr trockenheits- und hitzebeständiger Garten aussehen, von Petra Pelz geplant.

Rasen? Geht auch anders!

Ein richtig „schöner grüner" Rasen gehört heute in unserem Land immer noch zu einem Garten dazu und ist mehr denn je zentrales Stilelement. Der Rasen gilt immer noch als Visitenkarte und Ausdruck von Lebensgefühl in einem. Fast immer werden sie sehr intensiv gepflegt, für die Bearbeitung steht eine große Vielfalt an elektrischen oder motorgetriebenen Maschinen und Geräten zur Verfügung, um die vielen Arbeitsgänge wie mähen, düngen, vertikutieren schnell zu erledigen.

Durch das veränderte Klima wird das Erhalten eines schönen englischen Rasens immer schwieriger und ergibt einen sehr schlechten CO_2 Fußabdruck. Trotz aller Bemühungen und des Einsatzes von kostbarem Trinkwasser zum Beregnen, ist der Rasen im Sommer oft vergilbt und unansehnlich. Bilanziert man die kohlenstoffbindende Wirkung der Rasenfläche mit den Klimafolgen ihrer Bearbeitung, unter Einbeziehung der Abgase von Rasenmäher, Laubsauger etc. und darüber hinaus auch der verwendeten Dünger inklusive deren klimarelevanten Abbauprodukte, z. B. Treibhausgasemissionen (Distickstoffoxid Lachgas), Eutrophierung, Ozonbelastung etc., dann kommen viele Studien und Untersuchungen zu folgendem Schluss:

- Die negativen, schädlichen Auswirkungen der Rasenbearbeitung übertreffen die positiven (Photosyntheseleistung der Rasenpflanzen) um ein Mehrfaches!

- Die Fähigkeit einer intensiv gepflegten Rasenfläche, Kohlenstoff zu binden, wird vom Treibhauspotenzial der Pflegemaßnahmen um ein Mehrfaches übertroffen.

So wird Rasen in unseren heißen, trockenen Sommern nie mehr aussehen.

Rasen extensiv ↔ intensiv

	Maßnahmen	Ökologische Auswirkungen
extensive Rasen-/Grünfläche	wenige Pflegemaßnahmen, geringer bis kein Einsatz von Wasser, Dünger, Pflanzenschutzmitteln	höhere ökologische Wertigkeit, geringer CO_2-Fußabdruck
intensiver, grüner, dichter Rasen	sehr viele Pflegemaßnahmen, hoher Einsatz an Dünger, Wasser, Pflanzenschutzmittel	geringe ökologische Wertigkeit, großer CO_2-Fußabdruck

Die Geschichte des Rasens oder: Wie kommt der Rasen eigentlich in den Garten?

Alles begann – zumindest rasentechnisch – bei unseren Gartenfreunden in Großbritannien. Dort entwickelte sich im 18. Jahrhundert eine neue Spielart der Gartenkultur. In den Landschaftsgärten um die herrschaftlichen Schlösser legte man intensiv gepflegte und gemähte „Pleasuregrounds" an, also Grasflächen für Sport und Spiel. Und dieser Trend breitete sich rasch in Europa und der ganzen Welt aus. Ein neues Statussymbol war geboren, und wer was auf sich hielt und sich das leisten konnte, der beschäftigte auch Dutzende von Arbeitern, die mit dem regelmäßigen Mähen des Rasens mit der Sense beschäftigt waren. Also, schon damals befand sich der Rasen ums Haus, wobei sowohl die Häuser als auch die Flächen deutlich größer waren.
Warum musste der Rasen damals schon so kurz getrimmt sein? Zum einen war es ein Stilelement der Landschaftsgärten und zum anderen war in den folgenden Jahren die Geburtsstunde der „Rasen-Sportarten", wie Tennis, Rugby, Fußball oder Cricket. Schon damals lagen also Rasen und Sport eng beieinander.
Da die Entwicklung rasch voranschritt und immer mehr Rasenflächen entstanden, erfand der Textilingenieur Edwin Beard Budding 1830 den Rasenmäher nach dem Vorbild einer Schneidemaschine in einer Weberei. Und da begann die Geschichte des Rasens und seiner Mäher, mittlerweile gibt es über 800 verschiedene Rasenmähertypen in Deutschland.
Wer allerdings die besonders in unseren Gärten so beliebte (und berüchtigte) Rasenkante erfunden hat, ist nicht bekannt...

Wer es also ernst meint mit seinem Rasen, der kann übers Jahr gesehen schnell auf 20, bei intensiver Pflege und höchsten Ansprüchen auch gut und gerne auf 40–50 Maßnahmen und Arbeitsgänge kommen! Nicht umsonst gilt der Rasen seit jeher als die aufwändigste Kultur im Garten, denn er will „regelmäßig seinen Gärtner sehen". Und hier liegt das Problem, denn alle diese Maßnahmen, genauer die Intensität der Pflegemaßnahmen, sind entscheidend für die ökologische Bewertung und den CO_2-Fußabdruck.

Statt Rasenstress den Rasen zur Entspannung nutzen, das gibt einen guten CO_2-Fußabdruck.

Rasenmäher-Technik & Ökologie

Auch die Wahl des Rasenmähers und insbesondere die Antriebsart haben einen Einfluss auf die Ökologie und Umwelt. Und die sind beträchtlich, denn es geht um Abgase, Lärm und die CO_2-Bilanz.
So sind Elektrorasenmäher – besonders beim Bezug von zertifiziertem Ökostrom aus regenerativer Erzeugung – umwelttechnisch besser zu bewerten als Benzinmäher.
Die meisten Rassenmäher mähen das Gras ab und sammeln es mit dem Grasfangkorb ein, von dort wird es bestenfalls zum Mulchen der Beete oder Kompostieren verwendet. Sehr oft landet es aber einfach in der grünen Tonne als Grün-„Abfall" und wird aus dem Ökosystem Garten entfernt.
Mulchmäher sind ökologisch weitaus besser zu bewerten als Rasenmäher mit Fangkorb. Deutlich positiv wirkt sich der Düngeeffekt aus, denn das kleingeschnittene Gras verbleibt auf der Fläche und wird von den Bodenlebewesen gefressen, zu Humus umgebaut und mineralisiert.

Darüber hinaus bieten Mulchmäher noch eine Fülle von ökologischen und pflanzenbaulichen Vorteilen:

- sichtbar dichtere Grasnarbe
- über 50 % Düngereinsparung möglich durch Rückführung des Grasschnitts
- Förderung des Bodenlebens durch die regelmäßige Zufuhr organischer Masse
- schneller und wendiger, da kein Fangkorb
- Ausleeren des Fangkorbes entfällt
- nie mehr „Wohin mit dem Grasschnitt?"
- geringere Verfilzung

- Es entsteht ein geschlossener Kreislauf, in dem die organischen Reste (Grasschnitt) dort bleiben, wo das Gras gewachsen ist.
- Durch diese regelmäßige Zufuhr von organischem Material steigt der Humusgehalt und je höher der Humusgehalt, umso mehr klimaschädliches CO_2 wird langfristig gebunden und umso mehr Bodenleben und Bodenbiodiversität!

Den besten CO_2-Fußabdruck bekommt man mit einem Handrasenmäher.

Ein flammendes Plädoyer für den Wandel!

Die Frage aller Fragen lautet: Muss es eigentlich unbedingt und überall ein aufwändiger, pflegeintensiver und umweltrelevanter Rasen sein? Die Frage wird man dann eindeutig mit „Ja" beantworten, wenn die Fläche für Sport und Spiel, für

Nicht benötigte Rasenflächen auch im öffentlichen Raum einfach wachsen lassen.

Kinder und Haustiere zum Toben, für Fußball oder Handball genutzt wird. Denn wir wissen, das alles gelingt nicht so gut auf einer Blumenwiese oder alternativen Rasenbepflanzungen, wie trittfestem Thymian oder anderen Stauden.
Doch was ist mit den übrigen Rasenflächen, die nicht für die aufgezählten Aktivitäten genutzt werden? Welche Flächen kann man extensivieren und im wahrsten Sinne des Wortes „pflegeleichter“, umwelt- und vor allem klimaschonender gestalten und damit der Natur wieder etwas zurückgeben?

Den Rasen neu denken!

Wie in der historischen Entwicklung ersichtlich, lagen die Rasenflächen von Beginn an um das Haus herum. Also ganz prominent im Mittelpunkt, vollsonnig, ohne störende Beschattungselemente. Bäume, Sträucher und Stauden wurden an der Peripherie gepflanzt, nicht zuletzt wegen der Beschattungs- bzw. Laubfallsituation.
Im Rahmen des Klimawandels, einhergehend mit einer zunehmenden Erwärmung, sommerlichen Dürrephasen und höheren Einstrahlungsintensitäten, entwickelt sich diese historisch bedingte

Den Rasen reduzieren, Stauden und Bäume pflanzen.

Monopolstellung mehr und mehr zu einem existenziellen Problem. Die genannten Faktoren setzen den flachwurzelnden Gräsern arg zu und die freie Verfügbarkeit an Beregnungswasser droht zu versiegen. Braune, ausgetrocknete Böden, verdorrte Grashalme und abgestorbene Rasenflächen werden zunehmen.
Umso mehr lohnt es sich, nach Alternativen für nicht mehr benötigte Rassenflächen zu suchen.

Beispiel 1:
Die Idee: Die Pflanzen wieder von außen nach innen bringen!
Anstatt die Pflanzen traditionell nur als Randelemente außen um den Rasen zu gruppieren, pflanzt man Bäume, Sträucher, Stauden u. a. ab jetzt in die Mitte rein. Ja, richtig gehört! Und ich weiß, das ist für manchen Rasenfreund unfassbar: Mittenrein in den Rasen Pflanzen setzen? Ganz genau!
So kann man sich mit Bäumen, Sträuchern, Stauden und anderen Pflanzen ein schönes vielfältig-blühendes „Wäldchen“ pflanzen. In der Mitte entsteht dann ein Sitzplatz und besonders an heißen Tagen lässt es sich hier gut aushalten im kühlenden Schatten der Bäume und Sträucher. Die kühlen die Umgebungsluft, produzieren Sauerstoff, legen CO_2 fest, schlucken Lärm und Staub und blühen und duften.
Und gerade in den jetzigen Zeiten ist es sinnvoll, fruchttragende Bäume und Sträucher zu pflanzen. Wie wäre es mit der leckeren, essbaren, weißblühenden Mandel? Oder mit einem Kakibaum, einem Granatapfel, einer Tafeltraube an der Pergola und im größeren Garten mit einer veredelten Walnuss oder einer Esskastanie (Marone)?

Beispiel 2:
Bestehende Rasenflächen extensivieren
Falls Sie noch Flächen haben, die Sie weniger intensiv bearbeiten wollen, dann gibt es da auch noch reichlich Potenzial. Denn neben dem aufwändigen und pflegeintensiven Zierrasen gibt es auch den Kräuterrasen und die Blumenwiese. Diese beiden unterscheiden sich in der Ökologie und in der Bearbeitungsintensität.

Einfach mal wachsen lassen, und es entsteht eine Vielfalt von Kräutern.

Tabelle: Vom Zierrasen zur Blumenwiese

	Zierrasen	**Kräuter- (/Blumen-) rasen**	**Blumenwiese**
Biodiversität/ Artenvielfalt	extrem gering	mittel	sehr gut
als Lebensraum geeignet	sehr gering	mittel	sehr gut
Pflegeaufwand	sehr hoch	mittel	sehr niedrig
Mähgänge	< 20 bis > 40	5–10 (4–6)	1–2
Düngung	sehr hoch	mittel-gering	gering-keine
benötigtes Mähgerät	Rasenmäher	Rasenmäher	(Rasenmäher), Sense, Freischneider, Balkenmäher
Schnittgut verbleibt	auf der Fläche	auf der Fläche/wird abtransportiert	wird abtransportiert
Anteil Blütenpflanzen	keine-wenig	wenig-mittel	sehr viel

Quelle: Gartenakademie RLP

Inseln im Rasen stehen lassen, das macht den Garten lebendig.

Sie können sich schrittweise über die Jahre herantasten und es lässt sich auch mit kleineren Flächen beginnen. Es lohnt sich auf jeden Fall, denn die Effekte für Klima und Natur sind unglaublich groß. Das Einstiegsszenario lautet:

nicht mähen – nicht düngen – nicht wässern!
Erst mal wachsen lassen!

Und schon zeigen sich im ersten Jahr etliche Blütenpflanzen, die man vorher noch nie gesehen hat – wie auch, wenn sie regelmäßig abgemäht worden sind! Doch das ist jetzt vorbei, denn die Zunahme von Blütenpflanzen kann man aktiv durch das Abmagern unterstützen.

Abmagern = Blüten fördern und Gräser schwächen!

Blütenpflanzen fördert man, wenn nur einmal im Jahr gemäht wird (Juli – Anfang August) und das Mähgut abtransportiert wird. Das nennt man „abmagern", denn mit dem Mähgut werden Nährstoffe abtransportiert. Und dann tritt ein altes Naturgesetz in Kraft, das da besagt: Je geringer die Nährstoffverfügbarkeit (insbesondere Stickstoff), desto mehr setzen sich die Kräuter durch und die Gräser ziehen sich zurück!

So gelingt es mit den einfachsten Mitteln, einen Rasen innerhalb weniger Jahre zu einer standorttypischen Blumenwiese umzuwandeln!

Schnell entwickelt sich auf einer abgemagerten Fläche eine Blumenwiese.

TIPP

Wenn Sie das Spektrum an Blütenpflanzen erweitern wollen, dann entfernen Sie im Rasen alle 5–6 m eine kleine Fläche von 50 x 50 cm Rasensoden. In den leicht gelockerten Boden eine heimische Wildblumenmischung einsäen, danach die Samen dünn mit Erde oder Sand abdecken. Auf gleiche Weise kann man natürlich interessante Wiesenkräuter und Stauden einpflanzen. Dasselbe gilt für Blumenzwiebeln, die sich zum Verwildern eignen, wie Schneeglöckchen, Krokus, Winterling, Goldstern, Blaustern und viele mehr.

Auch hier gilt die Methode „Einfach mal nichts tun", denn im Laufe der Zeit wird sich die Blütenvielfalt durch Samenanflug von selbst erhöhen!

Wenn schon mähen, dann so:

Am allerbesten – sowohl aus ökologischer als auch gesundheitsfördernder Sicht – ist der mechanische, muskelbetriebene Handrasenmäher. Er macht wenig Lärm, ist für kleinere Flächen unschlagbar flexibel und umweltschonend. Und das Allerbeste: Er bietet ein kostenloses und sinnstiftendes Fitnessprogramm bei frischer Luft im eigenen Garten!

Werner mit seinen Lieblings-Gartengeräten

Und wenn Sie den Aspekt der körperlichen Ertüchtigung in Verbindung mit einem Muskelaufbau noch perfektionieren wollen, dann empfehle ich Ihnen die gute alte Sense!

Die Wirkung ist sensationell und vor allem schnell spürbar: Denn spätestens am nächsten Tag hat man Muskelkater an Stellen, wo man eigentlich gar keine Muskeln vermutet hat …

Die Feinmotorik wird auch trainiert, denn der Bewegungsablauf verlangt einiges an Konzentration.

Weniger Jäten, nur echte Beikräuter entnehmen

Für viele ist jede unbekannte Pflanze ein „Unkraut". Aber Unkraut ist eigentlich ein Unwort, dass wir aus unserem Wortschatz streichen sollten. In der Naturgärtnerei spricht man vom Beikraut. Es ist eine Pflanze, die die Funktion der geplanten Pflanzfläche beeinträchtigt. So zum Beispiel die Ackerwinde, die frisch gepflanztes Gehölz überwuchern würde, sodass es eingehen kann. Oder die gelbblühende Färberkamille vom Nachbarbeet, die sich in das blau-rosa blühende Magerbeet ausgesät hat.

In naturnahen Gärten ist Veränderung erwünscht und wird gefördert. Pflanzen dürfen wachsen, blühen und sich aussäen. Hier passt der Begriff „Begleitgrün" ganz gut. Spontan auftauchende Pflanzen werden erst gejätet, wenn man erkennen kann, welche es sind. Dann kann unter Umständen entschieden werden, dass sie nicht in das Beetkonzept passen.

Anstatt alle unbekannten Pflanzen zu jäten, ist es also wichtiger, die Bewohner des Gartens kennenzulernen und dann jedes Mal neu zu entscheiden, ob sie bleiben dürfen oder nicht.

Ohne Moos nichts los

Moos wächst nur dort, wo Gräser und Stauden aufgrund der Standortbedingungen schlecht wachsen. Das ist oft an schattigen Stellen im Rasen der Fall, vor allem im Winter.

Moosextrakt:

50 g getrocknetes Moos/1 l Wasser. Damit einen Kaltwasserauszug machen und einen Tag lang ziehen lassen, filtern, unverdünnt anwenden. Oder: 50 g getrocknetes Moos und 0,1 l Alkohol 30 % auf 20 l verdünnen. Alternativ ein zylindrisches Gefäß zu einem Viertel mit Moos befüllen, anschließend (Regen-)Wasser bis zum Rand auffüllen, 1 Tag ziehen lassen und filtern. Unverdünnt anwenden.

Grundsätzlich können fast alle Moosarten verwendet werden, aus Umweltschutzgründen sollte man das Rasenmoos nehmen. Die Torfmoose sind in Deutschland geschützt. Am wirkungsvollsten sind außer Torfmoos Lebermoos und Laubmoos. Sie dienen als Abwehrmittel gegen Schädlinge wie Schnecken (direkt auf die Pflanzen spritzen), vorbeugend antimikrobiell und fungizid gegen Echten Mehltau an Rosen, Grauschimmelfäule an Blumen, Erdbeeren, Paprika, Salat, Tomaten und Wein oder Kraut- und Knollenfäule der Kartoffeln sowie Blatt- und Fruchtfäule der Tomaten und Falschen Mehltau an Weintrauben. Bei Befall alle paar Tage Spritzung mit der vierfachen Menge wiederholen, vorbeugend alle paar Wochen anwenden. Gegen Schnecken nach jedem Regen zusätzlich.

Moos schadet dem Rasen nicht, es ist nur ein Zeichen dafür, dass die Rasenpflanzen schlechte Bedingungen haben. Im Sommer verschwindet das Moos meist von selbst.
Moos ist ein hochinteressanter Lebensraum, in dem viele Urtierchen, wie Pantoffeltierchen, Rädertierchen oder Bärtierchen, leben. Naturgärtner legen Moosgärten gerne an Stellen an, wo „sonst nichts wächst" – was aber nicht so einfach und eher die höhere Schule des Naturgärtnerns ist. Moos hat keine Wurzeln und wächst nur dort, wo es wirklich nicht überwuchert wird. Außerdem lieben Vögel Moos als Nestbaumaterial und arrangieren die Moospolster immer wieder anders. Über einen Moosgarten, der von selbst entsteht, kann man sich also nur freuen. Zudem kann man ein wirksames Pflanzenschutzmittel aus Moos herstellen.

Experten

Herbert Ritthaler ist seit vielen Jahren unser Ansprechpartner für alle besonderen Obstarten.

Jede grüne Insel, egal ob im Siedlungsraum oder in der Landschaft, ist heutzutage von vielfachem Wert. Wir Gärtner arbeiten mit schönen Pflanzen, ebenso wie mit fruchttragenden und wilden – und immer mit Boden: Von diesem Know-how wollen wir weitergeben, so viel wir können, damit viele Leute – jeder in seinem Bereich und nach seinen Möglichkeiten – viele grüne lebendige Inseln schaffen …
Gärten sind erweiterter Wohnraum – aber lebendig: Wir können stolz sein, wenn wir diesen Lebensraum mit vielen Mitbewohnern teilen! Von ein paar Fraßlöchern im Laub geht kein Blütenstrauch kaputt, aber aus den Raupen werden wieder Schmetterlinge geboren. Laub und Grasschnitt sind kein Müll, sondern ergeben super Humus und beleben den Boden. Ist Rasenmähen wirklich so oft nötig oder ein „Mille-Fleur-Muster" nicht reizvoller?
Uns Menschen gefällt Abwechslung, wie sie halboffene Landschaften bieten: Sonne und Schatten, verschiedene Farben und Formen. Warum dann monotone Grassteppen? Gepflegte Natur im Garten ist nicht mehr Arbeit, sondern weniger – es bleibt Muße, sie mit allen Sinnen zu erfahren und zu erleben. Vielfalt zulassen und Lebensqualität gewinnen!

Baumschule Ritthaler, Hütschenhausen
Nach ihrem Slogan „Gärten in Harmonie und Vielfalt" arbeiten die Gärtner der Baumschule Ritthaler in Hütschenhausen bereits seit 1990. Ihre nähere Umgebung bedienen sie mit einer bunten, sortenreichen Pflanzen-Auswahl für jeden Geschmack und jeden Standort. Das Obst-Sortiment ist eines der üppigsten in Europa und wird weit gestreut über einen Online-Shop … In die Zukunft geht es als Genossenschaft, welche den Betrieb übernimmt.
https://shop.baumschuleritthaler.de/

Neue Wege braucht der Garten

Derzeit ist ein Trend hin zu breiten, versiegelten Wegen, üppig dimensionierten Sitzflächen und großen, betonierten und gefliesten Stellplätzen für den Pool feststellbar. Addiert man dazu noch die Stellplätze für Autos und weitere Geräte, dann kommt einiges zusammen. Und zwar genau dort, wo eigentlich Pflanzen im Vordergrund stehen sollten. Denn eigentlich ist der Boden Standort und Lebensraum für Menschen, Tiere und Pflanzen. Doch in Deutschland werden jede Sekunde 15 Quadratmeter fruchtbarer Boden versiegelt, das summiert sich zu einer Fläche von mehr als 100 Fußballfeldern – jeden Tag.

Für den Garten gibt es praktikable Lösungsansätze, möglichst viel Boden natürlich offen und unversiegelt zu belassen.

Grundsätzlich gilt:

- Wege sollen nur so breit sein, wie unbedingt notwendig.
- Mit zunehmender Entfernung vom Haus werden die Wege deutlich schmaler und weniger aufwendig.

Das bedeutet in der Praxis, für vielbenutzte Hauptwege in Hausnähe reicht eine Breite von 1,2–1,5 m meist völlig aus, seltener benutzte kleinere Wege und Pfade kommen problemlos mit 60–80 cm

Rasenweg

Gemulchter Weg

aus. Hier können oft auch Trittsteine oder Rasen- und Mulchwege als gestalterisches Element mit einem hohem Versickerungspotenzial eingesetzt werden. Das Gleiche gilt auch für Natursteinpflaster mit breiten Fugen, in die eine Fugenmischung aus trittfesten Kräutern und Gräsern eingesät werden kann.

Schmale, weiche Wege, von Pflanzen umsäumt, auf denen man die Pflanzen mit Blüten und Früchten auf Augenhöhe wahrnehmen kann, das gibt erst das richtige Gartengefühl. Und das geht am allerbesten mit einem weichen Grasweg, den man während des Sommers am liebsten barfuß begeht. Der Weg lässt sich einfach gestalten, indem man ab und zu mal mit dem Rasenmäher drüber fährt. Manchmal genügt es auch, einzelne Trittsteine in Schrittlänge (60–70 cm) zu verlegen. Hierzu eignen sich auch Restbestände von Bodenplatten oder Steinen, die noch irgendwo vorhanden sind. Ein Mix von Steinen und Materialien steht hier für Individualität. Wichtig ist, dass der Grad

Weg zu unserem Haus mit Kopfsteinpflaster

Helle Kiesschüttung

der Versiegelung so gering wie möglich gehalten wird.
Eine der größten Versiegelungsursachen ist der Stellplatz für die zunehmende Anzahl an Fahrzeugen. Auch hier gibt es

Kompromisse, die eine Versickerung des Regenwassers ermöglichen und die Aufheizung verhindern. Rasengittersteine, helle Kies- oder Splittschüttungen oder Schotterrasen, in denen trittfeste Kräuter, Gräser oder Stauden wachsen, können ein gangbarer Kompromiss sein.

Trittfeste Stauden

Duftpflanzen als Rasenersatz (trittfest bzw. begehbar)			
Dt. Name	**Bot. Name**	**Standort**	**Blütenfarbe**
Teppich-Silberraute	Artemisia assoana	Sonne	
Kamillearten: Englische Rasenkamille Römische Rasenkamille	Chamaemelum nobile (= Anthemis nobilis) -Arten Ch. nobile *'Treneague'* Ch. nobile *v. ligulosa*	Sonne bis Schatten (hier jedoch wesentlich lang- samer. wachsend)	 keine Blüte, weiß
Minze-Arten kriechende oder Teppich-Poleiminze korsische Minze	Mentha-Arten M. pulegium ssp. repens, M.p. nanum M. requienii	Sonne bis Halb- schatten	 weiß, rosa violett
Teppich-Verbene Summer-Pearls	Phyla nodiflora	Sonne bis Halb- schatten	weiß
kriechendes Bohnenkraut	Satureja repanda	Sonne	weiß
Thymianarten: Garten-Thymian Kümmel-Thymian Lavendel-Thymian Polsterthymian Quendel Sandthymian Steppenthymian Zitronenthymian kriechender, Zitronen-Thymian	Thymus-Arten: T. vulgaris, T. praecox Minor, T. herba-barona T. mastichino T. praecox ssp. Articus T. serphyllum T. serpyllum T. pannonicus T. herba-barona v. citriodorus T. x serphyllum.	Sonne	weiß, rosa-, violett-lila- Töne

Quelle: Gartenakademie RLP

Wenn Sie Ihren Rasen wachsen lassen, können Sie sich zusätzlich über die vielfältige Verwendung der Kräuter im Rasen freuen. Das Gänseblümchen etwa kann im Salat verwendet werden. Am besten schmecken die jungen Blättchen aus dem Inneren der Rosette. Auch die Blüten sind essbar. Die Knospen sowie die nur halb geöffneten Blüten schmecken angenehm nussartig, die geöffneten Blüten dagegen leicht bitter, wodurch sie sich vorrangig als Salatbeigabe eignen. Sauer eingelegt werden Knospen manchmal als Kapernersatz verwendet.

Gänseblümchen sind eine leckere Salatbeigabe.

Verwendung als Heilpflanze

Gänseblümchenblüten werden volksheilkundlich als Heilmittel bei Hauterkrankungen, bei schmerzhafter oder ausbleibender Regelblutung, Kopfschmerzen, Schwindelanfällen und Schlaflosigkeit verwendet. Auch zur Hustenlösung wird das Gänseblümchen angewandt, was in erster Linie auf den Gehalt an Saponinen zurückzuführen ist. Eine Wirksamkeit in diesen Anwendungsgebieten ist nicht belegt. Als Teedroge sind die Blüten des Gänseblümchens (*Flores Bellidis*) gebräuchlich, für die homöopathische Verwendung wird aus der frischen Pflanze eine Urtinktur gewonnen.

Quelle: Wikipedia

Heimisches Holz im Garten

Holz wird in vielfältiger Form im Garten eingesetzt. Als Baum- oder Zaunpfahl, Terrassenbelag, fürs Garten- oder Gerätehaus, für Möbel oder eine Pergola. Als Baustoff bringt Holz ein natürliches Flair in den Garten. Allein in Deutschland wachsen jährlich 100 Mio. Festmeter dieses nachwachsenden Rohstoffes nach. Neben den vielen Wohlfahrtswirkungen (Sauerstoffproduktion, Luftreinigung, Freizeitwert u. v. a.) des Waldes ist die Fähigkeit, Kohlendioxid aufzunehmen und langfristig zu speichern, in den letzten Jahren besonders in den Fokus gerückt. Also so gesehen die allerbesten Voraussetzungen für den Einsatz dieses ökologischen Baustoffes im Naturgarten, oder?

Warum ist Holz heute eigentlich grün?

Haben Sie sich schon einmal gefragt, warum das Holz im Baumarkt eigentlich grün schimmert?
Die heute übliche Methode, Holz vor pilzlichem Verderb und Schädlingen zu schützen, ist die Kesseldruckimprägnierung. Hierbei werden Stoffe unter hohem Druck in das Holz gepresst, die eine Fäulnis unterbinden sollen.

Fäulnis unterbinden heißt im Klartext: Die natürlich im Boden lebenden holzzersetzenden Mikroorganismen (hauptsächlich Pilze) werden durch diese Stoffe (Fungizide) abgetötet – entweder direkt im Umfeld eines Baumpfahles oder durch Auswaschung von Gartenhaus, Schuppen etc.

Das sind u. a. schwermetallhaltige Salze und eine Vielzahl anderer umweltgefährdender Stoffe. Die grüne Farbe entsteht durch die Beigabe von Chrom (Chromverbindungen gelten als giftig und erbgutschädigend) und Kupfer (giftig für Regenwürmer).

Ein Teil dieser Bestandteile entweicht im Laufe der Jahre in die Umwelt, ein weiterer wird vom Regen ausgewaschen und landet im Gartenboden!
Kesseldruckimprägniertes Holz darf deshalb auch nicht in Kleinfeuerungsanlagen verbrannt werden, sondern muss als Sondermüll entsorgt werden!

Es geht auch anders!

Viele Gartenfreunde sehen die Kesseldruckimprägnierung als eine unwürdige Degradierung dieses einzigartigen Naturstoffes Holz an. Bevor man Holz verbaut, sollte man sich Gedanken machen, an welcher Stelle die Probleme auftreten. Beim Baumpfahl ist es beispielsweise die Zone ca. 5 cm unter bzw. über der Erdoberfläche. Ursache ist hier die wechselnde Feuchte, die dem Holz zusetzt. Das kann in vielen Fällen leicht verhindert werden. Aber dafür muss man doch nicht den ganzen Pfahl mit umweltrelevanten Stoffen behandeln!

Staketenzaun aus Esskastanienholz in unserem Garten

Heimische Hölzer verwenden

Gute Alternativen zu imprägnierten Hölzern sind gerbstoffhaltige, fäulnisresistente heimische Holzarten. Hierzu gehören beispielsweise die Edel- oder Esskastanie (*Castanea sativa*) sowie die Robinie (*Robinia pseudoacacia*). Sie gehören zu den wenigen Holzarten der Resistenzklasse 1–2 (sehr dauerhaft bis dauerhaft), das bedeutet, sie können ohne Imprägnierung im Außenbereich verwendet werden. Darüber hinaus haben beide auch eine große ökologische Bedeutung als wichtige Bienenweide- und Honigpflanzen.

Holzschaukel aus Akazie

Konstruktiver Holzschutz

Grundsätzlich gilt:
Ein intelligenter, konstruktiver Holzschutz kann auf umweltgefährdende Imprägnierverfahren im Garten verzichten. Geeignete, gerbstoffreiche Hölzer in Verbindung mit konstruktiven Schutzmaßnahmen sind die Lösung.

Durch wenige Modifikationen bei der Konstruktion lässt sich ein dauerhafter Schutz erzielen. So kann man Zaunpfähle oben anschrägen, damit Regenwasser schneller abläuft, oder mit einem kleinen Holz-/Blechdach versehen. Um den Bodenkontakt zu vermeiden, können Pfähle in Metallschuhe oder Einschlaghülsen eingepasst werden, so wird der Erdkontakt vermieden. Stärkere Zaun-

Pfahldach

pfähle oder Eckpfähle für Pergola/Gartenhaus kann man in Betonringe setzen, die dann mit grobem Splitt aufgefüllt werden. So entsteht eine stabile Verankerung, durch die Drainageschicht mit dem Splitt bleibt der Pfahl immer trocken und lange haltbar.

Pfahl in Ring und Schotter

Natürliche Imprägnierverfahren

Neue Verfahren zur Verbesserung der Haltbarkeit von Holz erobern derzeit den Markt. Beim „Thermoholz-Verfahren" wird Holz durch eine Wärmebehandlung haltbar gemacht. Mit dieser Methode erhalten etwa heimische Esche oder Buche eine vergleichbare Haltbarkeit wie das tropische Bangkirai-Holz. Durch die hohen Temperaturen dunkelt das Holz nach und ähnelt auch in der Optik den Tropenhölzern.

Beim sogenannten Dauerholz-Verfahren erfolgt die Konservierung und Haltbarmachung durch eine vollständige Durchtränkung des Holzes mit Paraffinöl. Dieses Verfahren schützt das Holz vor Nässe, Fäulnisbildung, Insekten und Pilzen.

Experte

Bei einer Gartenreise nach Schleswig haben wir Dirk Krüger auf Nordstrand kennen gelernt. Er hat seinen ehemaligen landwirtschaftlichen Familienbetrieb in eine ökologische Mehrgenerationen-Oase verwandelt.

Der Hardenhof auf Nordstrand

Nirgendwo zeigt sich die Natur ursprünglicher und gewaltiger als an der See. Einen Garten zwischen den Meeren zu gestalten heißt, Vergänglichkeit und Veränderung als Chance zu begreifen.
Um es in den Worten Goethes zu schreiben: „Es geht vorüber, eh ich's gewahr werde, und verwandelt sich, eh ich's merke."
Wir alle, die wir das Privileg haben, einen Balkon, Garten oder ein Haus zu gestalten, sollten uns auch der ökologischen Ver-

Kreative Bank aus heimischem Holz

antwortung bewusst werden. Oft können wir mit wenig Aufwand eine Fassade oder ein Dach begrünen, einen Strauch pflanzen, der Blüten und später Früchte trägt, und somit Lebensraum schaffen für Insekten und Vögel. Auf dem ehemaligen landwirtschaftlichen Betrieb war es schon immer unser Ziel als Familie, die Entstehung eines Gartens zu fördern, der ökologisch und pflegeleicht zum Genießen einlädt.
Wege, Hecken, Baumbestand, Gartenobjekte, Weidenbruch, Teiche, Sielzug, Sitzplätze und Gartenzimmer bieten in ihrer Veränderung immer neue Möglichkeiten zur Gestaltung und Inspiration.
Dies ist wohl auch die entscheidende Quelle für mich als Tischler, immer neue natürliche Gartenprodukte zu entwickeln, die eine ökologische Bereicherung darstellen und sich harmonisch in die Landschaft einfügen. Meine Materialien und Produkte: organisch, Cottage, Massivholzzaun, Massivholz, Lärche, Lärchenholzzaun, Weidenflechtzaun, Flechtzäune, Design, Ökozaun, Robinienzaun, Haselnusszaun, naturbelassen, Lärchenholz.
***Tipp:** Wildnis zu tolerieren ist pflegeleichter, als Schottergärten anzulegen!*
Zäune, Mauern und Hecken markieren die Grenzen des Gartens, unterteilen ihn, bilden einen Hintergrund oder setzen einfach einen optischen Höhepunkt. Die äußere Begrenzung sorgt für Abgeschlossenheit und Schutz. Schutz vor Wind, vor Tieren, vor zu viel Sonne oder einfach vor allzu neugierigen Blicken. Ein Zaun sollte in die Umgebung passen. Die Zaunelemente des Hardenhofes sind aus natürlichen und haltbaren Materialien, die sich harmonisch in eine Landschaft oder einen Garten einfügen. Der Werkstoff selbst kommt aus einem Sägewerk in Schleswig-Holstein, welches die Stammware aus Deutschland und Dänemark bezieht. Hierdurch wird grundsätzlich einem Raubbau an der Natur und ökologischen Schäden durch lange Transportwege entgegengewirkt.

Stabil und beständig

Eine stabile handwerkliche Verarbeitung von Baumkanten mit teilweisem Rindenbesatz auf einem massiven Lärchenholzrahmen lässt hier ein sehr robustes und haltbares Produkt entstehen. Dies ist eine qualitativ überlegene, ästhetische und individuelle Alternative zu den

Schöner Zaun mit Klettergerüst für Rosen

Vogelhäuschen auf Stehlen

Holzzaunelemente in der Werkstadt

Windschutz für einen schönen Sitzplatz im Garten.

meisten auf dem Markt befindlichen Produkten. Das verwendete Lärchenholz aus heimischen Gefilden ist bekannt für seine hohe Witterungsbeständigkeit. Die silbergraue Patina, die im Laufe der Jahre entsteht, ist erwünscht.

Flexibel und kreativ

Durch die zahlreichen Variationsmöglichkeiten mit den vielen liebevollen Details erhalten sie hier eine weitere Möglichkeit, in Ihrem Garten oder auf Ihrer Terrasse kreativ zu sein und einen geschützten Raum zu schaffen. Die Kombinationsmöglichkeiten mit Weiden, Holzskulpturen, Eisen und Laternen im Zusammenspiel mit der Formenvielfalt und den verschiedenen Höhen lassen hier wahre Zaunkunstwerke entstehen, die ihre Betrachter in den Bann ziehen.

Sozial und nachhaltig

Die Fertigung der Zaunelemente erfolgt in der Region und in Kooperation mit Werkstätten, in denen Menschen mit Behinderungen arbeiten. In Begleitung von qualifizierten Tischlermeistern in gut ausgestatteten Werkstätten entstehen so hochwertige Zaunelemente – hergestellt in Schleswig-Holstein.

Der Hardenhof auf Nordstrand
Dirk Krüger Petersen

https://www.hardenhof.de/

Der Selbstversorgergarten

Das Thema Selbstversorgung mit Obst und Gemüse im eigenen Garten ist gerade jetzt besonders aktuell!

Denn bisher waren wir gewohnt, dass alle Regale im Supermarkt zu jeder Tageszeit immer komplett mit den ausgesuchtesten Obst- und Gemüsearten üppig gefüllt sind – und das jeden Tag frisch aus der ganzen Welt. Doch spätestens seit der Corona-Pandemie und dem Krieg in der Ukraine müssen wir feststellen: Wir sind hochgradig abhängig von internationalen Krisen, durch Lieferketten und Lieferanten auf der ganzen Welt. Und das spüren wir, nicht nur beim Speiseöl. Doch durch den Anbau von Obst und Gemüse im eigenen Garten kann jeder aktiv etwas dagegen tun. Aber wie ging das nochmal? Welche Sorten soll ich anpflanzen? Wie muss ich den Boden vorbereiten? Wie kultiviere und schütze ich die Pflanzen?

Um die Nachfrage nach Informationen und praktischen Handlungsanweisungen zu befriedigen, haben wir diese Thematik schon seit Jahren im Programm, mit dem Hintergrund der Ernährungssicherheit und der Frage: Was wäre, wenn?

Ernte aus dem eigenen Garten ist das Leckerste, was es gibt.

Beispiel: Ankündigung eines Web-Seminares mit der Rhein-Zeitung Koblenz am 3. Mai 2022

Nichts ist schöner als eigenes Gemüse vom Sämling bis hin zur Ernte zu begleiten und dann später köstlich für den Teller zuzubereiten!
Mit ein paar kleinen Tricks schafft es jeder, seine eigene Ernte einzufahren, auch ohne großen Garten! Welches sind die einfachsten Gemüsesorten?
Welche Obstarten sind unkompliziert über einen langen Zeitraum zu lagern? Dazu gibt es Sorten- und Anbauempfehlungen und einen Ausblick auf neue Obst- und Gemüsearten für den Garten. Und wer keinen Garten hat, der gärtnert einfach auf Balkon oder Terrasse. Neue Obst-, Gemüse- und Kräutersorten und kreative Ideen für diesen Bereich werden ebenfalls vorgestellt.

Ein fantastischer CO_2-Fußabdruck: Mit dem Rad das eigene Gemüse transportieren.

Der Platz ist da

Die Fläche der Gärten in Deutschland wird auf knapp 1 Mio. Hektar (1 Hektar = 10.000 m^2) geschätzt. Der größte Teil davon ist mit Zierpflanzen und Rasen bepflanzt und die größten Flächen nehmen immer die Rasenflächen ein. Des Weiteren um den Rasen flankierende Bäume, Sträucher und Stauden. Der Anbau von Obst und Gemüse findet nur auf einem kleinen Teil der Fläche statt. Hier ist also reichlich produktives Potenzial vorhanden, vor allem wenn man die Rasenflächen mit einbezieht.

Und wenn der Platz limitiert ist, dann gibt es immer noch die Möglichkeit von Hochbeeten.

Hochbeete kann man in verschiedenen Höhen bauen.

Hochbeete – kleine Gärten mit viel Ertrag

Hochbeete werden immer beliebter und es ist ganz eindeutig die bequemste und effektivste Art, viel leckeres Gemüse für die Küche zu ernten.

Bauanleitung

Wird das Hochbeet auf dem Erdboden errichtet, müssen Sie als unterste Lage einen engmaschigen Draht gegen Wühl-

Ein Hochbeet aus Haselnussstickel

Alte Apfelgroßkisten eignen sich hervorragend als kleines Hochbeet.

mäuse vorsehen. Ansonsten kommen uns die Wühlmäuse beim Ernten zuvor, für Wühlmäuse ist ein Hochbeet ohne Drahtschutz ein gedeckter Tisch.

Am besten hebt man den Boden bis in 40 cm Tiefe aus, dann kann die Erde später wieder als Deckerde genommen werden. Nun kann man schon mit dem Befüllen beginnen. Zuerst wird grobes Holz geschichtet, danach grobe Gartenabfälle oder geschreddertes Baumschnittholz. Nun kommen Pflanzenstrünke, Staudenabfall, Zweige, Papier und Pappe, gewendete Rasensode, Häckselgut, also alles, was beim Frühlingsputz im Garten anfällt. Es folgen Grobkompost und anschließend 30 cm Deckerde, die mit Fein-Kompost und Steinmehl verbessert ist. Nun einmal richtig wässern. Fertig ist der Aufbau des Hochbeets.

Nun hat ein Hochbeet ja einen begrenzten Raum, sodass Sie sich beim Pflanzen ein paar Gedanken machen sollten.

Gerade wenn Sie gerne Frisches aus dem Garten über die Jahre ernten möchten, pflanzen Sie Obst und Gemüse, welche mehrjährig und multifunktional sind.

Was bedeutet multifunktional? Ein kleines Beispiel:

Johannisbeeren als Hochstamm brauchen nicht viel Fläche, bieten bei hoher Sonneneinstrahlung leichten Schatten, bringen leckere Beeren und die Blätter lassen sich zu einem gesunden Tee verarbeiten. Genauso ist es mit Erdbeeren. Hier sollte man unbedingt remontierende (das bedeutet, dass diese Sorten immer wieder neue Blüten bilden und Früchte tragen) Sorten wählen – diese tragen die ganze Saison.

Mangold kann man die ganze Saison über ernten.

Sortenempfehlung: Erdbeeren remontierend, ‹Ostara› oder ‹Viva Rosa›; Johannisbeere, rot, Jonkheer von Tets, Hochstamm; Johannisbeere, schwarz, Titania, Hochstamm.

Genauso gibt es auch mehrjähriges Gemüse, welches unkompliziert, einmal gepflanzt, viele Jahre gute Ernten bringt.

Hier ein paar Beispiele für mehrjähriges Gemüse:

Artischocken, Bärlauch, Brunnenkresse, Knollenziest, Meerkohl, Meerrettich, Rhabarber, Sauerampfer, Schnittknoblauch, Winterheckenzwiebel.

Nun kombinieren wir die Gemüseauswahl mit Pflanzen, die regelmäßig geerntet werden können, dazu zählen der Mangold und Pflücksalate sowie Erbsen.

Am Rand gepflanzte, hängende, leckere mediterrane Kräuter, bringen das Aroma des Sommers mit auf den Tisch.

Kriechendes Bohnenkraut, Kümmelthymian, Lavendel, Minze, Rosmarin kriechend, Teppich-Poleiminze und Vietnamesischer Koriander sind eine richtig gute Randbepflanzung.

Ab Mitte Mai lädt das Hochbeet dazu ein, passend zu den Kräutern, mediterrane Genüsse zu pflanzen.

Artischocken sind nicht nur lecker, sie sind auch sehr bei allen Insekten beliebt.

Cherrytomaten für das Hochbeet

Für das Hochbeet haben sich die kleinen Feinen bewährt, wie aromatische Topf-Chili, Cherrytomaten, Mini-San Marzano-Tomaten und Mini-Auberginen.

Voraussetzungen

Bevor es ans Pflanzen geht, macht es Sinn, sich im Vorfeld noch einige Gedanken zu machen. Natürlich muss die Pflanze zum Standort passen, das bedeutet aber auch im Umkehrschluss, nicht jede Pflanze passt auf jeden Standort. Am besten helfen hier gebietstypische Beratungsempfehlungen oder ein Erfahrungsaustausch mit dem Gartennachbarn. Von elementarer Bedeutung ist jedoch die Fähigkeit der ausgewählten Pflanzen, mit Krankheiten und Schädlingen, aber auch mit dem Klimawandel umzugehen. Deshalb gilt – bei allen Pflanzen im Garten – die universelle Empfehlung:

In den Garten gehören nur robuste, widerstandsfähige, tolerante oder resistente Sorten!
Und natürlich am besten in Bio-Qualität.

Expertin

Wir kennen Batya von ihren wunderschönen Biogartenmessen, die wir sehr gerne besuchen. Hier erlebt man eine unglaubliche Vielfalt und trifft tolle Gärtner.
Batya Simon: „Das Thema Biogarten soll in Deutschland über die Biogartenmesse ein markantes Gesicht bekommen."

Idee und Zielsetzung der Biogartenmesse

„Wir holen Bio in den Hausgarten zurück": Diese Aussage der Initiatorin der Biogartenmesse bringt die Zielsetzung sehr gut zum Ausdruck. Bislang war „bio" vor allem beim Einkauf von Nahrungsmitteln ein Thema. Doch mindestens genauso wichtig ist es, wo die Pflanzen für unsere Gärten herkommen. Denn nur, wenn auch die Pflanzen ökologisch verantwortungsvoll kultiviert werden, sind unsere Gärten rundum nachhaltig.

Vielfältige Pflanzen in Bio-Qualität

Mit der bundesweit einzigen Gartenmesse mit ausschließlich zertifizierten Biogärtnereien möchte Batya Simon das Thema „Biogarten" einer breiten Öffentlichkeit nahebringen. Das eigene private Grün ökologisch nachhaltig zu bewirtschaften ist einfach. Mit 930.000 ha Fläche an Haus- und Kleingärten können wir die Naturschutzfläche in Deutschland (1,1 Millionen ha) nahezu verdoppeln und kleine Trittstein-Biotope schaffen.

Auf der Biogartenmesse gibt es von den Biogärtnern immer eine sehr gute Beratung.

Biopflanzen im Klimawandel

Zum nachhaltigen Gärtnern gehört in Zeiten des Klimawandels umso mehr die standortgerechte Auswahl der Pflanzen. Das Bild unserer Gärten wird sich in Zukunft wandeln. Hinzu kommt: Pflanzen aus dem konventionellen Anbau werden unter optimalen Standortbedingungen zu einem schnellen Wachsen genötigt. Biopflanzen hingegen dürfen bei zertifizierten Bio-Gartenbaubetrieben langsam wachsen und somit eine höhere Widerstandsfähigkeit u. a. gegen Wetterextreme entwickeln.

Zertifizierte Biopflanzen sind also insgesamt robuster und somit auch weniger anfällig für Krankheiten und Schädlinge, auch bei länger

Zu den Pflanzen und ihren Früchten gibt es auch Verarbeitungstipps.

andauernden Hitzeperioden. Daher sind Pflanzen aus dem bio-zertifizierten Anbau bei ökologischer Bewirtschaftung des eigenen Gartens nicht wegzudenken. Kaufen Sie Ihre Pflanzen beim bio-zertifizierten Gartenbau!

Die Auswahl auf der Biogartenmesse ist beeindruckend.

2013 gründete Batya-Barbara Simon die bundesweit einzige Biogartenmesse mit ausschließlich zertifizierten Bio-Gartenbaubetrieben – die Viridea-Biogartenmesse gem. UG.
In der familieneigenen Gärtnerei großgeworden, studierte sie nach verschiedenen Ausbildungen als Gärtnerin und Floristin später Landschaftsarchitektur. Seit weit über zehn Jahren entwirft und gestaltet Batya-Barbara Simon Gärten und Freiräume mit dem Schwerpunkt biologischer Gartenbau.

Im Einzelnen unterscheidet man:

- **Widerstandsfähigkeit**: Keine genetische Resistenz oder Toleranz, es kommt aber dennoch zu einem geringeren Krankheitsbefall wie bei Vergleichssorten. Ursache dafür ist z. B. oft ein festeres und härteres Pflanzengewebe, das ein Eindringen der Schaderreger in die Pflanze erschwert.
- **Toleranz**: Nicht vollständig immun gegen eine bestimmte Schädigung, aber die Schäden sind in der Regel so gering, dass sie tolerierbar sind und ein Einsatz von Pflanzenschutzmitteln nicht notwendig ist.
- **Resistenz**: Immunität gegen die entsprechende Schaderregerinfektion, d. h. ein Befall findet nicht oder nur minimal statt. Weder Wachstum noch Ertrag werden groß beeinträchtigt.

Damit kann man einen großen Teil des Themas Pflanzenschutz schon als erledigt abhaken, denn schorf-/mehltauresistente Apfelsorten, pilzwiderstandsfähige Tafeltraubensorten (PIWIS) oder ADR-Rosen kann man im Garten ohne klassische Fungizide kultivieren!

Von daher lohnt sich ein genauer und prüfender Blick auf das Etikett der Pflanze, denn hier werden solche Merkmale erwähnt. Mittlerweile ist das Angebot an solchen vitalen und weniger anfälligen Sorten stark ausgeweitet worden und in allen Versandkanälen verfügbar. Deshalb ist es nicht nachvollziehbar, dass immer noch – oft aus Unkenntnis – teilweise sehr anfällige Sorten gekauft und gepflanzt werden, die dann einen erhöhten Pflanzenschutz-Aufwand verlangen. Und mal ganz ehrlich, wer hat denn noch Lust, im Sommer mit einer Pflanzenschutzspritze durch sein Gartenparadies zu laufen und umweltrelevante Mittel auszubringen?

Und wer dann noch auf den teilweise zu hohen Einsatz von Mineraldüngern verzichtet und stattdessen jährlich 5 l/m^2 garteneigenen Kompost ausbringt, der hat die besten Voraussetzungen geschaffen für gesunden Boden und gesunde Pflanzen. Und mehr als die Hälfte des Pflanzenschutzes ist erledigt!

Gemüse selbst anbauen

Verschiedene Untersuchungen haben ergeben, dass für bei annähender Vollversorgung für 1 Person eine Gemüsefläche von rund 40–50 m^2 und eine Beerenobstfläche von rund 30 m^2 zu veranschlagen sind.

Weit mehr als 1.000 traditionelle Gemüsesorten stehen laut Bundesministerium für Ernährung und Landwirtschaft auf der Roten Liste der vom Aussterben bedrohten Kulturpflanzen in Deutschland. Bei einem solchen Rückgang geht nicht nur die biologische Vielfalt in der Landwirtschaft und auf unseren Tellern verloren, sondern auch ein reicher Kulturschatz.

Dekorativer Selbstversorgergarten

Die gute Nachricht: Mangold, Pastinaken, bunte Karotten oder Erdbeerspinat – alte Gemüsesorten sind derzeit wieder angesagt. Auch wenn viele Sorten nicht im Geschäft erhältlich sind, so kann man sie teilweise auf Wochenmärkten, bei Bio-Anbauern und Direktvermarktern finden. Zudem stammen alte Sorten häufig aus regionaler Erzeugung, wovon die Umwelt profitiert (kurze Transportwege). Regionales Gemüse spart Transportwege, optimal ist der Anbau im eigenen Garten oder auf dem Balkon. Es fallen weder Transportwege noch Heizkosten an – und frischer geht es nicht.

Wenn Sie Saatgut selbst vermehren möchten, achten Sie darauf, keine F1-Sorten zu kaufen. Aus ihnen kann man keinen Samen gewinnen, da es sich um gezielte Kreuzungen handelt, deren selbstgezogene Nachkömmlinge meist viel schwächer sind und nicht das Aussehen der Mutterpflanze haben. Sie sind somit zur Weitervermehrung im eigenen Garten nicht geeignet.

Eigenes Saatgut aus dem Garten oder von der Nachbarschaft hat den Vorteil, dass es sich genetisch an seine Umwelt angepasst hat und mit den Bedingungen vor Ort sehr gut zurechtkommen. Dasselbe gilt für alte Sorten, die regional vermehrt werden.

Diese sind sehr wertvoll für den umweltgerechten Anbau, da diese für den regionalen Anbau optimal hinsichtlich des Bodens, Klimas und der Wasserversorgung an die Regionen angepasst und sehr ertragreich waren. Viele dieser Sorten wurden meist über Generationen hinweg in einer Familie oder innerhalb eines Dorfes weitergereicht und waren Grundlage der meist „typischen" Gerichte.

Expertin

Danni und das Team LA'Bio unterstützen uns schon sehr lange bei vielen Mitmach-Aktionen mit außergewöhnlichen Kräutern.

Nachhaltiges Gärtnern wird immer beliebter. BIO ist kein Trend, sondern eine Selbstverständlichkeit!
Mangelndes Vertrauen in die Nahrungsmittelkette bringt immer mehr junge Familien dazu, selbst Gemüse und Kräuter anzubauen. Nachdem wir kürzlich selbst Nachwuchs bekommen haben, bin ich hier ebenso viel stärker sensibilisiert.

Lieblings-Gartentipps

Mischkulturen pflanzen ist die einfachste Methode, den Schädlingen Einhalt zu gebieten. Schädlinge sind in der Regel auf eine bestimmte Art spezialisiert, manchmal gehen zum Beispiel Läuse nur an eine Sorte und lassen die andere (rotblättrige) Sorte der gleichen Art in Ruhe. Daher ist Vielfalt im Garten mein Credo. Bunt gemischt, wie in der Natur, so ist mein Garten. Diese Erfahrung macht auch Anfängern das Gärtnern leichter.

Kräuter von LA'BiO!

Mein Geheimtipp als Expertin im Bereich Bio-Kräuter und Gemüse: Je bunter der Garten, desto glücklicher die Erde...

Ausgewogene Ernährung ist auch ein Schlüssel zur Gesundheit. Wir sollten viel mehr auf unsere Gefühle achten: Worauf habe ich jetzt Hunger, was lacht mich im Garten besonders an? Je mehr Vielfalt im Garten zu finden ist, desto mehr hat mein Körper die Chance, Antworten auf diese Fragen zu finden. Bei Freunden konnte ich Ziegen beobachten, wie selektiv diese auf einem naturbelassenen Grundstück ihre Nahrung auswählten. Jede Ziege hatte ihre eigenen Vorlieben. Ja, wir sollten uns mehr Vorbilder der Natur zu eigen machen!

Insiderwissen aus dem Bereich Gärtnern ohne Torf

Viele kennen das Verhalten ihrer Pflanzen im Torfsubstrat. Die Veränderung zur torffreien Erde erfordert auch eine Veränderung meines Gieß-Verhaltens. Pflanzen in torffreier Erde sollten früher gedüngt und regelmäßig gegossen werden. Der etwas höhere Pflegeaufwand lohnt sich in Bezug auf Klimaschutz!

Team LA'BiO!

Schon gewusst? Was Insekten im Kräuter- und Gemüsegarten so tun…

Bienen stehen im Fokus des Interesses. Das ist gut so, aber zu einseitig. Die Vielzahl der Insekten braucht einen lebendigen und gesunden Garten! Insekten sind oft wahre Spezialisten, jedes Insekt hat seinen Platz in der Natur, wir kennen viel zu wenig von diesen Zusammenhängen. Auch Wespen sind nützlich und helfen bei der Bestäubung der Pflanzen und sichern unsere Ernte.
Schöne Grüße aus Auwel-Holt, dem Tor zum Gartenbau.

Danny van Leuven, Agrarbetriebswirtin, führt gemeinsam mit ihrem Bruder die Biogärtnerei Rankers in Straelen am Niederrhein, wo unter der Marke LA'BiO! feinste Kräuter und Gemüse ausschließlich für den Fachhandel produziert werden.
https://labio.de/

Den Boden mit Pflanzen vorbereiten: Gründüngung

Neben einer guten Humusversorgung (3–5 % und mehr) ermöglicht die Einsaat einer Gründüngung eine weitere Optimierung und biologische Belebung des Bodens. Das bedeutet, es werden bestimmte Pflanzen mit günstigen Eigenschaften eingesät, nach dem Wachsen werden die noch grünen Pflanzenteile in den Boden eingearbeitet. Das ergibt ein dickes Plus an organischer Masse und damit ein zusätzliches 5-Sterne-Festmenü für die Bodenlebewesen.

Warum Gründüngung?

- Anreicherung des Bodens mit Humus (verbleibende Wurzeln, verrottende Grünmasse)
- Verbesserung der Bodenstruktur
- organisch gebundene Nährstoffe werden eingebracht
- tiefgreifende, biologische Bodenlockerung durch die Wurzeln
- Schutz des Bodens vor Verschlämmung, Verkrustung und Erosion
- Förderung von Nützlingen

Sonnenblume

Gründüngung bleibt über den Winter und deckt den Boden ab.

Wicken

Eine Gründüngung kann im Garten vielfältig genutzt werden. Empfehlenswert ist sie beispielsweise nach dem Hausbau, wenn der Boden mit schweren Maschinen verdichtet wurde. So ist die Kulturmalve mit ihrer dicken Pfahlwurzel in der Lage, aktiv Bodenverdichtungen bis zu 60 cm Tiefe aufzubrechen. Neben den anderen vielfältigen Vorzügen noch eine Bodenlockerung kostenlos dazu! Aber auch zwischen Beerensträuchern und Obstbäumen und besonders im Gemüsegarten auf freien Beeten eignet sich die Kulturmalve als Vor- und Nachkultur.

Die Auswahl der Gründüngungspflanzen richtet sich nach der Bodenart, dem gewünschten Aussaattermin und der Familienzugehörigkeit (beachtenswert bei Gemüsepflanzen, wenn es um die Kulturfolge geht).

„Schönhagener Bienenweide"
Ziermischung einjähriger Blütenpflanzen mit besonderem Nektar- und Pollenangebot für Honigbienen, Wildbienen und viele weitere Insekten. Die Blüte beginnt schon wenige Wochen nach der Aussaat und reicht bis in den Herbst. Diese Mischung hat eine gute Wirkung als Gründüngung. Werden mit ihr eingesäte Flächen erst im Folgejahr abgeräumt und etwas durchgeharkt, begrünen sie sich erneut. Enthält Phazelia, Buchweizen, Senf, Saflor, Koriander, Lein, Ölrettich, Sonnenblume, Kornblume, Ringelblume, Schwarzkümmel, Schopfsalbei, Malve, Dill, Borretsch und Klatschmohn. Nur bei geringer Aussaatstärke kommen alle Arten zur Blüte.

Beispiele für geeignete Gründüngungspflanzen		
	Gründüngungspflanze	**Saatgutbedarf in g/100 m²**
Korbblütler	Sonnenblumen	400
Leguminosen	Wicken, Felderbsen, Lupinen, Kleearten (z. B. Weißklee, Gelbklee)	1.700 1.700 2.500 150–300
Kreuzblütler	Lihoraps Senf Ölrettich	200 200 300
Wasserblattgewächse	Phazelia	150

Quelle: Gartenakademie RLP

„Phazelia Hohe Feinblättrige"
Beliebte Gründüngung, die zugleich Bienen- und Schmetterlingsweide ist, die Schattengare fördert und normalerweise über Winter abfriert. Zur Familie der Wasserblattgewächse gehörend, ist sie nicht mit anderen Kulturpflanzen verwandt und gilt deshalb als fruchtfolgeneutral, ist aber anfällig für Sklerotinia. Sie sollte daher am besten im Wechsel mit Gräsern (z. B. Rauweizen, Roggen als Gründüngung) und nicht als Vorfrucht von anfälligen Kulturen wie z. B. Salat, Möhren oder Kartoffeln angebaut werden.

„Hohe Tagetes"
Zur Bodengesundung für Flächen mit Nematoden. Wird 60–70 cm hoch. Leuchtende Blütenpracht.

Quelle: Dreschflegel GbR

„Phazelia Hohe Feinblättrige"

Am Anfang ist das Saatgut

Eine wunderschöne Idee ist es, eigenes Saatgut zu tauschen oder zu verteilen. Im Gartencenter Kremer/Lennestadt steht ein „Saatgut-Tausch-Schrank".
Hier können die Kunden ihr eigen erzeugtes Saatgut mit anderen Interessierten tauschen. Eine tolle Idee zur Förderung der Biodiversität!

Eigenes Saatgut immer dunkel und trocken aufbewahren.

Saatgut natürlich beizen

Ganz kurz erklärt: Beizen soll den aufkeimenden Samen vor allen Schädigungen schützen.
Bei Bio-Samen werden z. B. Baldrian, Gesteinsmehl, Extrakt aus Pechnelkensamen und Schachtelhalmtee als Beize eingesetzt.

Bei konventionellen Samen sind es chemische Pflanzenschutzmittel. Bienenforscher haben durch das chemische Beizen eine Veränderung des Flugverhaltens der Bienen festgestellt, dieses wirkt sich sehr schlecht auf den Stock aus.

Tipps zum Selbstbeizen

Hausmittel zum Beizen von Saatgut: 100 g grüne Blätter oder Wurzeln von Meerrettich einen Tag lang in 1 l Wasser einweichen, dann den Auszug durch ein Sieb geben und unverdünnt das Saatgut 15 Min darin baden. Gegen Auflaufkrankheiten. Schachtelhalmbrühe oder Knoblauchtee können gegen Bakterien- und Pilzkrankheiten eingesetzt werden. Kürbisgewächse wie Gurken, Kürbis, Melone oder Zucchini ca.24 Stunden in Milch einlegen. Nach der Saatbeizung den Samen auf saugfähigem Papier trocknen und sofort aussäen oder den feuchten Samen mit trockenem Sand mischen und ebenfalls sofort aussäen.

Keimprobe machen

Es ist ganz unterschiedlich, wie lange die Samen haltbar sind. Die Samen einiger Pflanzen haben nur eine geringe Haltbarkeit von 1–2 Jahren, danach keimen immer weniger der ausgesäten Samen. Andere haben jedoch eine bedeutend längere Lagerfähigkeit von 4 oder 5 Jahren, während der noch eine akzeptable Keimfähigkeit vorhanden ist. Darüber hinaus ist die Haltbarkeit von Samen abhängig von den Lagerbedingungen. Ideal ist eine trockene Lagerung bei Temperaturen unter 10 °C und Luftabschluss. Sollten Sie noch Restbestände haben, bei denen der Verdacht besteht, dass sie zu alt sind, empfiehlt sich ca. 4 Wochen vor der Aussaat eine Keimprobe zu machen: Bei unter 50 % Keimfähigkeit lohnt sich die Aussaat nicht mehr!

Wie mache ich eine Keimprobe?

Eine Keimprobe ist recht einfach: Man nimmt eine flache, saubere Schale, die mit gut angefeuchtetem Küchenpapier oder Ähnlichem ausgelegt wird. Bei Bohnen und Erbsen kann man auch sauberen Sand nehmen. Darauf kommen die genau abgezählten Samen. Die Schale wird anschließend mit einer Glasplatte oder transparenten Folie abgedeckt und immer feucht gehalten. Nun wartet man z. B. bei Bohnen, Erbsen, Radieschen und Rettich 10 Tage, bei Gurken, Kürbis, Porree und Tomaten ca. 14 Tage, bei Möhren und Spinat ca. 3 Wochen und beginnt dann mit der Auszählung. Sind weniger als 50 % aufgegangen, hat eine Aussaat keinen Zweck und man kauft frisches Saatgut.

Anzuchtsubstrate

Man kann spezielle Anzuchterden kaufen, das Anzuchtsubstrat muss unbedingt nährstoffarm sein, Wasser gut speichern können, aber trotzdem durchlässig sein. Haben Sie alte Pflanzerde aus dem Balkonkasten, können Sie diese im Backofen eine Stunde bei 80 °C sterilisieren.

Aussaat

Als Faustzahl bei der Samenabdeckung gilt: Samendicke ist Abdeckdicke. Und damit sich danach alles weiter gut entwickelt, ist eine gleichmäßige Bewässerung wichtig. Sind die Samen gekeimt, sind Licht und Temperatur ein wichtiger Faktor, um starke Pflanzen zu bekommen.

Sie werden merken, dass das oft gar nicht so einfach ist, deshalb mit Tomaten/Auberginen/Paprika und allen leckeren

Gemüsen nicht zu früh mit der Anzucht beginnen. Anfang April sind die ersten Laubblätter sichtbar, dann wird in Töpfe oder Pikierschalen pikiert (vereinzelt). Danach wieder für genügend Wasser, Licht, Wärme und Platz sorgen. Steht die Auspflanzung an den endgültigen Standort bevor (das ist meistens nach den Eisheiligen) müssen die Pflanzen durch Temperatursenkung und Belüftung abgehärtet werden. Und nun können sie im Garten wachsen und fruchten.

Altes Wissen neu entdeckt: das Mistbeet

Gemüsepflanzen und Blumen selbst anziehen, ist „in", und so macht Gärtnern wieder so richtig Spaß. Wer seine Pflanzen nicht über die ganze Wohnung verteilt kultivieren will, kann auf eine gute Alternative zurückgreifen: das Mistbeet. Das ist eine der ältesten Formen, um Bioenergie zu nutzen. Eigentlich ist es ein Frühbeet, das mit einer Mistpackung geheizt wird. Ein Frühbeet wird 40 cm tief ausgehoben, eine feste Umrandung gebaut und dann mit Mist bestückt. Die Seitenbretter sollten mindestens 3 cm stark sein, sonst ist der Kasten nicht ausreichend isoliert. Die Fenster des Kastens sollten nach Süden geneigt sein, um die Sonnenkraft voll zu nutzen. Die niedrige Seite des Kastens hat eine Höhe von mindestens 25 cm und die hohe Seite 40 cm. Doppelkästen, bei denen die Fenster zu beiden Seiten hin geneigt sein sollen, platzieren Sie am besten in Nord-Süd-Richtung, damit auch hier die Sonnenenergie bestens ausgenutzt wird.

Um eine optimal wärmende Wirkung zu erzielen, nimmt man, wenn möglich, „heißen" Mist. Von alters her ist bekannt, dass es heißen und kalten Mist gibt. Rinder- und Schweinemist gehören zu den kalten und Pferde-, Esel- und Schafsmist zu den heißen Mistarten. Die wärmende Wirkung von Pferdemist wurde früher im Winter für Ställe und Unterkünfte genutzt.

Es muss natürlich frischer Mist sein, denn nur der Verrottungsvorgang bringt uns die Wärme. Geben Sie den Mist mithilfe einer Mistgabel ganz locker in den Kasten und treten Sie ihn dann ganz fest. Nun gießen Sie viel Wasser auf den Mist, denn die Bakterien lieben es feucht. Dann geben Sie eine 10 cm dicke Schicht Komposterde darüber. Anschließend legen Sie die Fenster auf. Der Kasten ruht nun fünf Tage. Während dieser Zeit setzt eine intensive Verrottung ein, bei der viel Ammoniak frei wird. Dieser würde Pflanzen und Samen abtöten. Nach fünf Tagen lüftet man das Mistbeet und die Aussaat oder Bepflanzung kann beginnen. Sie können nun wie in einem normalen Frühbeetkasten arbeiten, nur eben viel früher. Bis –6 °C hält der gepackte Kasten aus, wenn es kälter wird, müssen Sie die Fenster abdecken.

Kleines Mistbeet

Wer noch früher anfangen will oder der Witterung nicht ganz traut, kann auch die Seitenwände von innen noch mit Mist schützen. Alternativen für fehlenden Mist: Grünschnitt oder sonstige frische Abfälle auf das Laub schichten.

Aussaatzeiten im Mistbeet

Februar: Artischocken, Gartenkresse, frühe Kohlsorten (Kohlrabi, Blumen-, Rot-, Weiß-, Wirsingkohl, Brokkoli), Kopfsalat Maikönig oder anderer Salat, Petersilie, Porree, Radieschen, Rettiche, Schnittlauch, Sellerie, Speiserüben, Winterblumenkohl. Außerdem Astern, Scheinmohn, Steinkraut.
Ab März: Auberginen, Basilikum, Chinakohl, Gurken, Kerbel, Kopfsalat, Majoran, Melonen, Paprika, Salatrauke, Spinat, Tomaten. Außerdem Balsaminen, Lobelien, Löwenmäulchen, Nelken, Prachtscharte, Sonnenblumen, Sonnenhut, Strohblumen, Tagetes, Zinnien.
Soweit die Pflanzen nicht im Warmbeet verbleiben sollen, kann man die Samen gleich in kleine Töpfchen aussäen und diese in die Deckerde versenken. Genaue Bezeichnung nicht vergessen!

Sobald im Herbst alles abgeerntet ist, kann Feldsalat ausgesät werden. Kopfsalat, im September ausgepflanzt, und ausgesäte Radieschen reifen noch heran. Bei Radieschen beachten: Temperaturen möglichst 10–12 °C, bei höheren Temperaturen über 15 °C spezielle Sorten verwenden. Kopfsalat ab 11 °C. Immer lüften, sofern es möglich ist. Endivie, Sellerie und Zuckerhut können ab 10 °C eingeschlagen und bis zum Winter geerntet werden. Auch Klebschwertel/Ixia und Winterastern können im Warmbeet überwintern. Mit Matten, Laub usw. bei Frost das Wintergemüse schützen, bei Temperaturen über 0 °C lüften.

Die Mischung machts ...

Bei der Mischkultur geht es um die Frage, welche Gemüse man nebeneinander anbaut – denn im Hobbygarten wachsen für gewöhnlich mehrere Arten in überschaubaren Mengen im selben Beet. Um diesen Platz optimal auszunutzen, ist es sinnvoll, Arten zu kombinieren, die nicht miteinander konkurrieren, oder – noch besser – sich sogar unterstützen. Damit sich Ihre Gemüsepflanzen nicht ins Gehege kommen, sollten Sie beispielsweise berücksichtigen, wie tief die Pflanzen wurzeln und wie breit sie wachsen. Zwischen breitwachsenden Tiefwurzlern wie Kürbissen fühlen sich mitteltief wurzelnde, in die Höhe strebende Gewächse wie Mais oder Bohnen wohl. Lücken können Sie gegebenenfalls immer mit Flachwurzlern wie Salaten schließen. Damit schafft man auch eine natürliche Beschattung. Diese ist wichtig für das Mikroklima, verhindert zu hohe Temperaturen im Beet und schützt die Pflanzen an sonnigen Tagen vor Verbrennungen.

Hügelbeet mit Mischkultur

Kunterbunt & Miteinander

Doch auch die Schönheit dieser Anbauform ist in meinen Augen wichtig. So macht Gemüseanbau auch im Ziergarten Spaß.

Ein gut durchdachtes, kunterbuntes Miteinander ist wieder in den Garten eingezogen. Nie zuvor gab es solch eine Vielzahl an hochattraktiven Gemüsen

Mischkultur mit Grünkohl

wie heute. Ob der Schnittsalat ‚Redlo' mit seinen intensiv rot gefärbten Blättern, die attraktiv gezackt sind, oder der Eichblattsalat ‚Navara', rot, welcher eine traumhaft schöne Farbe und zarte Blätter hat, sich bunt zwischen den Ringelblumen tummeln oder der rote, gelbe, grüne Mangold mit purpurnen, goldenen und schneeweißen Adern und Stielen sich auf freundlichste Weise mit der Kapuzinerkresse verbindet, alles ist erlaubt und gewünscht. Chinesische Nelken, die ein- bis zweijährig sind, und Bartnelken gleichen rosarot schwebenden, runden Blütenpopos und blühen duftend von Mai bis zum Frost, wenn Sie ihnen einen sonnigen lufttrockenen Platz zuweisen. Diesen Standort lieben auch viele mediterrane Kräuter und so leben in netter Gemeinschaft auf dem locker durchlässigen Boden Rosmarin, Salbei und Currykraut mit den Nelken. Noch farbenprächtiger und schmackhafter wird es, wenn man sich an dem ornamentalen Küchengarten des Renaissance-Schlosses Villandry an der Loire ein Vorbild nimmt. Nicht an der Form des Gartens, sondern an der gekonnten Kombination der schönsten Gemüse mit Blumen. Ein blauer Lauch, der standfeste Herbstlauch Herbstriesen ‚Alcazar' mit dem dramatischen Rot und dem puscheligen Hellgrün der Möhre ‚Krakow', sehr reich an Karotin, allein das ist schon für das Auge ein Genuss. Bedeckt man die

Ein schöner Garten in lebendiger Mischkultur von Bäumen, Stauden, Kräutern und Gemüse.

leeren Flächen zudem mit *Petunia × atkinsiana* (Hängepetunien) ist der Garten zu einem Kunstwerk geworden.
Oder wie es Karl der Große in seiner um 800 erlassenen Landgüterverordnung „Capitulare de villis“ beschrieb, dass sich das Schöne mit dem Nützlichen verbinden soll, denn was schön war, diente dem Herrgott und der Seele. Gleichzeitig rief es den Segen herab auf Obst, Gemüse und Kräuter, die man so notwendig zum Leben brauchte.
Weise Worte, wohl gesprochen! Denn wo Blumen und Kräuter üppig blühen, finden sich automatisch reichlich Insekten ein und befruchten vielfältiges Obst und Gemüse, was für uns das Gartenparadies auf Erden ist.

Artischockenblüte

Tabelle Mischkultur

Pflanze	Bei-/Unterpflanzung von	Wirkung
Basilikum	Tomaten, Gurken, Kohl	gegen Mehltau und weiße Fliege
Bohnenkraut	Bohnen	gegen schwarze Bohnenlaus, Duftstoffe fördern das Wachstum und verbessern das Aroma der Bohnen
Borretsch	insektenbestäubten Pflanzen, z. B. Gurken, Zucchini	lockt Insekten an
Brennnessel	Obstbäumen und Sträuchern	gegen Blattläuse, fördert die allgemeine Gesundung
Buchweizen	Sellerie	macht Kali aus dem Boden für Sellerie verfügbar
Dill	Möhren, Rote Bete, Kohl	fördert Keimfähigkeit der Möhren, Duftstoffe halten Schädlinge ab
Eberraute	Kohl oder als Beeteinfassung	gegen Kohlweißling (durch abwehrende Duftstoffe)
Hafer	Dicke Bohnen	gegen schwarze Bohnenlaus
Kapuziner-kresse	Jungbäumen	gegen Läuse, fördert die allgemeine Gesundung
Kerbel	Salat	gegen Läuse

Pflanze	Bei-/Unterpflanzung von	Wirkung
Knoblauch	Erdbeeren, Rosen	bakterizide und fungizide Wirkung
Lavendel	Rosen	gegen Ameisen und bedingt gegen Läuse
Meerrettich	Pfirsich, Kirsche	gegen Kräuselkrankheit und Monilia
Pfefferminze	Wein	gegen Mehltau
Rettich	Porree	gegen Lauchmotte
Ringelblume	Kartoffeln, Kohl	gegen Nematoden (Wurzelälchen), Drahtwürmer, erhöht den Ernteertrag, fördert die Bodengesundheit
Tagetes	Tomaten, Kohl, Kartoffeln und Erdbeeren	gegen Nematoden, Viren und weiße Fliege
Wermut	Johannisbeeren	schützt vor Säulenrost
Zwiebel und Schalotte	Erdbeeren und Möhren	gegen Pilzkrankheiten und Spinnmilben, bedingt gegen Möhrenfliege

Quelle Gartenakademie RLP

Mischkultur Mangold und Kapuzinerkresse, hilft gegen Blattläuse am Mangold.

Beikräuter sind eine arbeitsfreie Bereicherung im Gemüsegarten

Vogelmiere, Löwenzahn, Giersch, Brennnessel, Gänseblümchen und Sauerampfer wachsen völlig unkompliziert im Garten. Diese Wildkräuter schmecken nicht nur besser als gewöhnliche Einheitsware aus dem Supermarkt – sie sind auch besonders reich an Vitaminen, Spurenelementen und sogenannten sekundären Pflanzenstoffen. Wenn man erst mal angefangen hat, den Speiseplan mit diesen Delikatessen zu bereichern, kann man nicht mehr davon lassen.

Löwenzahn und Gänseblümchen

Wir lieben frische Kräuter aus dem Garten und dieses Jahr (2022) explodieren die Pflanzen im Garten und in der Kräuterspirale regelrecht. Das sollten Sie nutzen, um regelmäßig zu ernten. Ernten Sie immer in der Mittagssonne, dann sind die Kräuter vom Morgentau abgetrocknet und der Anteil an ätherischen Ölen am höchsten. Da man große Ernten bei den Kräutern nicht immer direkt verwerten kann, können Sie vieles an Gesundheit und Geschmack für den Herbst und Winter haltbar machen.

Zuerst gibt es eine einfache Möglichkeit für viele Kräuter. Hierzu hängt man sie an einem schattigen luftigen Ort auf, hierfür eignen sich vor alle Kräuter, die mitgekocht werden.

Das sind z. B. Majoran, Oregano, Thymian, Beifuß oder Liebstöckel und diese bindet man auch am schönsten gleich zum französischen Kräuterstrauß zusammen, diesen hängt man beim Kochen ins Essen und holt ihn später wieder raus, so hat man keine kleinen harten Pflanzenteile im Essen, dafür aber natürlich das herrliche Aroma des Kräuterstraußes.

Möchten Sie Kräuter zur späteren Verwendung als Tee trocknen, werden sie in Packpapier gewickelt und kopfüber aufgehängt. Sie sollten an schattigen Orten ohne starke Fremdgerüche bis zu 2 Wochen trocknen. Lassen sich die Blüten zwischen den Fingern leicht zerbröseln, kann man sie in dunkle Gefäße umfüllen und innerhalb eines Jahres aufbrauchen. Hierfür gibt es tolle Rezepte.

Mischen Sie doch mal:

- Ringelblume mit Verbene, das wirkt verdauungsfördernd und tut gut nach einem schweren Essen.
- Kamille-Pfefferminztee ist ein wunderbarer Schlaftrunk.
- Brennnesseltee entgiftet und entwässert.
- Zitronenmelisse eignet sich hervorragend als Eistee.

Die getrockneten Kräuter eignen sich nicht nur hervorragend als Tee, sondern auch als Badezusatz oder als duftende Säckchen mit natürlichem Aroma.

Kräutersäckchen hängt man unter den Wasserhahn und lässt das heiße Wasser darüber laufen. Befüllen kann man die Säckchen mit Lavendelblüten, Kamillenblüten, Rosmarinspitzen, bei extremem Schwitzen nimmt man einfach noch Salbei dazu.
Da Pfefferminze stark wuchert und große Ernten bringt, kann man Säckchen mit Pfefferminze füllen, das ist ein natürliches Mittel gegen Übelkeit, perfekt fürs Auto und Flugzeug, wenn man unter Reisekrankheit leidet.

Aber es gibt natürlich noch unendlich viele weitere Möglichkeiten, Kräuter zu nutzen und zu konservieren. Zum Beispiel lassen sich viele Kräuter einfach einfrieren, das ist besonders geeignet für Petersilie, Schnittlauch, Basilikum, Thymian, Estragon, Melisse und Dill. Gewaschen und gehackt werden die Kräuter in einer Eiswürfelschale eingefroren, anschließend können die gefrorenen „Kräuterwürfel" zur weiteren Lagerung in eine Dose umgepackt werden. Petersilie lässt sich auch gut als ganzer Strauß einfrieren. Das hört sich jetzt erstmal merkwürdig an, aber das ist ein pfiffiger Trick. So funktioniert er: Petersilie waschen und gut abtrocknen lassen und in einem Beutel einfrieren. Den Beutel mit der gefrorenen Petersilie mehrmals auf die Arbeitsplatte aufschlagen. Die Petersilienblättchen brechen von den groben Stängeln, nun hat man gehackte Petersilie ohne Messer. ☺

Und zum Schluss das Multitalent der Kräuter: der Lavendel. Schon im Namen Lavendel steckt das lateinische Wort „lavare", das heißt waschen. Den frischen Duft, welcher das Gefühl von Sauberkeit vermittelt, nutzen Menschen seit Jahrhunderten, um das Gefühl von Sauberkeit und Reinheit zu erzeugen. Doch der Lavendel galt viele Jahrhunderte auch als Pest-/Cholera- und Teufelvertreibungsmittel. Das hat auch einen wahren Hintergrund, denn die antiseptischen, bakteriziden und antiviralen Eigenschaften des Lavendelöls schützen vor Ansteckung.

Gesundheit

Die ätherischen Öle des Lavendels wirken über die Atemwege gegen Stress, Migräne, zur Stimmungsaufhellung und bei Schlafstörungen.
Also nutzen wir die getrockneten Blüten in Duftsäckchen, Tees und in herrlichen Nachtischen.

Ein schöner duftender Platz im Garten.

Ewiges Gemüse anbauen

Ja, es gibt sie auch bei den Gemüsearten. Gemeint sind die mehrjährigen Kulturen, die man nicht jährlich neu pflanzen muss. Also die man wie bei den Obstgehölzen mehrere Jahre nutzen kann, obwohl es sich um krautige Pflanzen, also Stauden, handelt. Und das hat natürlich viele Vorteile, denn man muss sich keine Gedanken machen, wie man den Boden vorbereitet, wo man die Pflanzen herbekommt bzw. wann man aussät und auspflanzt. Das alles macht bedeutend weniger Aufwand und trägt mit zur Entschleunigung bei. Denn die Pflanzen, die man unter dem Überbegriff „Ewiges Gemüse“ zusammenfasst, sorgen selbst dafür, dass sie im Frühjahr wieder austreiben. In Abwandlung zum Matthäus Evangelium 6,26 könnte man sagen: „Sie säen nicht und ernten doch!“

Eine altbekannte Gemüsepflanze ist der Ewige Kohl, synonym auch ewiger Baumkohl, Strauchkohl oder Tausendköpfiger Kohl genannt: Hierbei handelt es sich um einen Blattkohl, der einen langen Stängel (ähnlich Rosen- oder Grünkohl) ausbildet. Im Gegensatz zu den anderen Kohlarten kommt er fast nie zur Blüte, d. h. die Vermehrung geschieht natürlicherweise vegetativ über Absenker. Der ewige Kohl erlebt gerade eine Renaissance, sodass mittlerweile schon verschiedene Sorten im Handel sind, wie grünblättrige ('Daubenton's Green'), grün-blaue, blau-violette ('Taunton Deane') oder panaschiert weiß-grün gestreifte Sorten ('Chou de Daubenton panaché', 'Variegata'). Die bringen Farbe in den Garten, nicht nur ins Gemüsebeet, und machen sich auch besonders gut in den Stauden.

Ewiger Kohl, panaschiert weiß-grün gestreifte Sorte ('Chou de Daubenton panaché', 'Variegata')

Herkunft und Verwendung

In Deutschland ist er regional (z. B. in der Eifel) schon sehr lange bekannt und geschätzt, dorthin gelangte er aus dem angrenzenden Belgien. Sein Ursprung wird auf den englischen Kanalinseln (Jersey, Guernsey) vermutet. Botanisch wird der Ewige Baumkohl als *Brassica oleracea* var. *acephala* (zu dem auch die Zierkohle gehören) oder *Brassica oleracea* var. *ramosa* bezeichnet.

Die Pflanzen schätzen einen frischen und nährstoffhaltigen Gartenboden, sind für eine organische Abdeckung (mulchen) und regelmäßige Kompostgaben (Starkzehrer) dankbar und gelten als ausgesprochen winterhart bis –15 °C.

Daneben glänzt der ewige Kohl mit einem langen Erntefenster. Denn die leckeren Blätter, die in Salaten auch roh verzehrt werden können, sind über die gesamte Vegetationsperiode immer frisch zu ernten.

Eine Vielzahl von Kohl reichert im Winter die Speisekarte an.

Der Kohl als Baum: Baumkohl

Der Ewige Baumkohl *Brassica oleracea* var. *acephala*

Wer mal etwas Besonderes ausprobieren will, macht aus dem Kohl einen Baum. Dazu erntet man die unteren Seitentriebe ab und bindet den Strunk an einen Pfosten. So können die Pflanzen eine imposante Höhe von über 1 m erreichen. Die traditionelle Anbauform ist die Buscherziehung, bei der die Pflanze zur Anregung des Neuaustriebes regelmäßig auf ca. 30 cm zurückgeschnitten wird. Ein Zusammenbinden wie bei Stauden fördert den kompakten Wuchs und macht die Pflanze stabiler.

Will man jedoch den Aspekt der „Ewigkeit" in den Vordergrund stellen, dann schneidet man ihn nicht. So verzweigt er sich stärker und herunterhängende Triebe bewurzeln sich bei Erdkontakt. Aus diesen Absenkern entstehen dann immer wieder neue Pflanzen und der Eindruck des „ewigen" Wachstums, welches aber doch begrenzt ist: Je nach Standort auf etwa 5 bis 10 Jahre.

Beispiele für mehrjährige Gemüsearten

Artischocke (*Cynara scolymus*)	Geerntet werden die Blütenknospen, bis zu 4 Jahre beerntbar.
Wilde Rauke, Rucola (*Eruca vesicaria* ssp. *sativa*)	Robust, winterhart, schmeckt angenehm nussig.
Rhabarber (*Rheum rhabarbarum*)	Ein Klassiker in jedem Garten, extrem erfrischend, kann mehr als 8 Jahre wachsen.
Ewiger Kohl (*Brassica oleracea* var. *ramosa*)	Langlebiger Blattkohl, kann während der gesamten frostfreien Zeit geerntet werden.
Knollenziest (*Stachys affinis*)	Sehr aromatisch, überwintert in der Erde und treibt im Frühjahr wieder aus, vgl. Topinambur.
Topinambur (*Helianthus tuberosus*)	Die „Indianerkartoffel", auch Erdbirne oder Erdapfel genannt, kam 1610 nach Europa und war ein wichtiger Kohlehydratspeicher, der später von der Kartoffel ersetzt wurde. Robust, für Insekten attraktive Blüte.
Bärlauch (*Allium ursinum*)	Liebt schattige Plätze unter Bäumen.
Luftzwiebel (*Allium × proliferum*)	Nutzbar sind die unterirdischen Knollen und die Luftzwiebeln. Vermehrung durch Ableger.
Winterheckenzwiebel, Lauchzwiebel (*Allium fistulosum*)	Winterhart, horstartiger Wuchs, alle oberirdischen Teile essbar, hält 10 Jahre.
Weißbunter Giersch (*Aegopodium podagraria* ,Variegata')	Blätter, Spross und Blüte essbar, als Salat, Pesto oder Gemüsebeilage.

Expertin

Bigi hat für mein (Heike) erstes Buch alle Bilder gemacht, wir hatten eine sehr schöne Zeit. Ich war begeistert, mit welch klarem Blick Bigi die schönsten Motive findet und aufnimmt.

Mein Motto: Ohne Plan, aber bunt soll es sein

Nach und nach habe ich an verschiedenen Ecken angefangen, Blumenbeete oder -rabatten anzulegen. Ganz simpel mit Mulchmaterial, alten Heu- oder Silageballen. Damit decke ich größere oder kleinere Grün- oder erdige Flächen einfach ab. In den Mulch kommen Pflanzlöcher, in die ich einzelne Stauden, wie z. B. Lupinen, Iris, Gartensalbei, Färberkamille, Frauenmantel, Schafgarbe etc., einpflanze. Um die Stauden herum

Die Kühe von Bigi auf dem Weg zur Weide.

Lupinen im Mulchbeet

Überall auf dem Hof gibt es Blühinseln.

schmeiße ich immer noch ein paar Ringelblumensamen oder setze vorgezogene Sommerblumen: Sonnenblumen, Zinien oder Astern.
Mit dem Mulch erspare ich mir das kräftezehrende Umgraben und der Mulch ist nach ein paar Monaten verrottet, gut fürs Bodenleben und ich kann darunter einfach weitere Staudenableger setzen. Die Blumenrabatten vergrößern sich so ganz simpel, fast von selbst.
Alles, was gut auf den Flächen wächst, wird weitervermehrt, geteilt und dann versetzt. Zu Beginn der Anlage nehme ich als Lückenfüller oft unterschiedliche Pfefferminzen: die krause Minze oder die seltenere, weiß-bunte Ananasminze oder die ganz klassische. Von den Minzen kann man schnell Ableger machen, sie wachsen überall gut und schnell an und durchwurzeln den Boden für die nachfolgenden Stauden. Minzen sind hübsch anzuschauen und duften wunderbar, wenn man mit den Händen darüber streicht. Wenn sie blühen, freuen sich die Bienen über die späte Futterquelle.
Meine Blumenbeete sind meine Oasen und wir alle lieben diese bunten Überraschungsecken am Hof sehr.

Bigi Möhrle ist Fotografin, am liebsten Blumen und Natur oder Kühe, und Bäuerin auf dem Gullerhof (Bioland Milchviehbetrieb). Ihre Liebe gilt den Blumen und den Kühen. Am Hof möchte sie überall verteilt bunte Blühecken haben, für die Insekten, für ihre Familie und für ihre Feriengäste.

www.bigimoehrle.de
www.gullerhof-glottertal.de

Und wenn wir dann unsere Botschaft vom nachhaltigen Gärtnern auf dem Bio-Beeter-Podest erzählt haben, sind wir rundum glücklich.

Eigenes Obst anbauen

Was gibt es Schöneres, als eigenes Obst im Garten zu kultivieren. Und das über einen möglichst langen Zeitraum von den ersten Erdbeeren im Mai bis zu den späten Apfelsorten oder Kiwi. Bei guter Auswahl und Verteilung der einzelnen Obstgehölze hat man dann fast jeden Tag immer etwas zu naschen und kann sich seine Handvoll Früchte ernten – frischer geht es nicht!

Dazu kommt ein großes und vielfältiges Angebot an alten und neuen Sorten und Arten, die speziell für den Garten gezüchtet wurden. Das Spektrum erstreckt sich von den „Klassikern" Kernobst (Apfel, Birne, Quitte), Steinobst (Kirschen, Pflaumen, Aprikosen, Pfirsiche) und Beerenobst (Erdbeeren, Johannisbeeren, Stachelbeeren, Brombeeren) über die anspruchslosen und robusten Wildobstarten bis hin zu neueren Arten wie Granatapfel, Kakipflaume, essbare Mandeln, Indianerbanane, Korallenölweide und viele mehr. Neben den robusten, neuen, alten sowie heimischen Arten und Sorten begrüßen wir auch gerne die Neuankömmlinge aus aller Welt, wenn sie

Eigenes Ernten ist die schönste Belohnung für das Gartenjahr.

sich hier problemlos integrieren und das Spektrum bereichern. Neben den grundsätzlichen Anforderungen (wenig anfällig, robust, widerstandsfähig oder resistent) kommt jetzt noch das Kriterium klimaangepasst dazu.

Obstarten und Sorten

1. Die bisherige grundsätzliche Empfehlung „wenig anfällig, robust, widerstandsfähig oder resistent" ist zu ergänzen durch „klimaangepasst, trockenheitsverträglich, hitzeverträglich".
2. Alte, gebietstypische, heimische Regionalsorten stehen ganz oben auf der Empfehlungsliste. Darüber hinaus müssen wir jetzt aber auch Erfahrungen sammeln mit Arten/Sorten aus anderen Regionen und Klimazonen Europas und der ganzen Welt! Viele der infrage kommenden Pflanzen stehen in den warmen Regionen ja schon in den Gärten: Wärmeliebende Pflanzen wie Feigen und Pfirsiche wachsen und fruchten mittlerweile auch außerhalb der klassischen Weinlagen.

Ähnliches gilt für Granatapfel und Kakipflaume, beide sind bedingt winterhart. Zum Vergleich: Die essbare, weißblühende Mandel, einst Synonym für die warme, geschützte Weinbergslage, wird jetzt in den Niederlanden oder England kultiviert.

Schon seit einigen Jahren werden Selektionen der Chinesischen Dattel (*Ziziphus*

Granatapfelbäume sind für kleine Gärten geeignet.

Feigen wachsen gut an trockenen, heißen Standorten. Gerne können Sie Feigen an die Hauswand pflanzen.

Verschiedene Kaki-Sorten bereichern den Garten mit ihren leuchtend-orangen saftigen Früchten.

jujuba), der Essbaren Ölweide (*Elaeagnus multiflora*) oder Oliven angeboten mit einer sehr guten Frosthärte für das Freiland.

Das Angebot wird täglich größer, deshalb lautet die Devise: ausprobieren! Neben einer vorhandenen Frosthärte sollten die Pflanzen möglichst robust sein und möglichst ohne/mit ganz wenig Pflanzenschutzaufwand zu kultivieren sein. Darüber hinaus sollten Früchte/Samen einen ökologischen Nutzen für die Tierwelt haben.

3. Stärkere Unterlagen = weniger Aufwand, weniger Trockenstress
   Schwachwachsende Unterlagen sind mittlerweile Standard im Garten. Neben den obstbaulichen Vorteilen werden sie auch den immer kleiner werdenden Gärten gerecht. Je schwächer die Unterlage, desto größer ist aber die Anfälligkeit bei Stress, z. B. Trockenstress. Wo möglich, können stärker wachsende Unterlagen mit großkronigen Bäumen Trockenstress vermindern und die Vitalität fördern.

4. Sämlinge und Wildobst: robust und anspruchslos
   Sämlinge wachsen langsam und wurzeln tief, sind also besser gewappnet gegen Trockenheit. So zeigten 100-jährige Rieslingreben an der Mosel auch in den Trockenjahren 2018–2020 keine Trockenschäden! Und es gibt ja auch noch reichlich größere Gärten und Flächen, die etwas mehr Struktur gut gebrauchen können. Große Bäume werfen große Schatten, ein Mega-Thema der Zukunft.

Die essbare Korallenölweide ist lecker und hitzestabil.

Möglich werden dadurch völlig neue Gartenbilder: Dort, wo früher der monotone, pflegeaufwändige Rasen war, stehen jetzt großkronige Bäume, Sämlinge, Walnuss, Edelkastanie, essbare weißblühende Mandel, Wildapfel, Wildkirsche, Sträucher wie die Mispel, Kornelkirsche, Wildrosen, Felsenbirne und darunter, sozusagen im Parterre, können Strauchbeeren angebaut werden.

5. Natürliche Beschattung der Früchte
   Im Erwerbsobstbau ist es Usus, die Früchte hauptsächlich an der Peri-

Alter Baum mit hoher Schattenwirkung

pherie der Krone zu platzieren, um einen hohen Lichtgenuss, eine gute Ausfärbung und möglichst viele wertgebende Inhaltstoffe der Früchte zu generieren. Durch den Sommerschnitt stellt man die Früchte zusätzlich noch sonnenexponiert und entfernt die umgebenden Blätter. In Zukunft wird sich der Schnitt im Garten ändern, die Früchte werden wieder mehr unter dem schützenden Dach der Blätter heranwachsen. Dadurch ist die Gefahr von Sonnenbrand weitestgehend gebannt, auch vor leichten Hagelschlägen bietet das Blätterdach einen gewissen Schutz.

Anbauempfehlungen

Wer Obst im Garten anbaut, will gerne schnell und problemlos viele leckere Früchte ernten und möglichst wenig Aufwand betreiben, vor allem für Pflanzenschutz-Maßnahmen. Diese einfach zu handhabenden Kulturen machen einfach mehr Freude und bringen schnelle Erfolge.
Und dazu gehört das Beerenobst, weshalb die Beeren in jeden Garten gehören. Die Früchte sind von süß bis herrlich erfrischend feinsäuerlich und gelten alle als gesunder Jungbrunnen mit vielen wertgebenden Inhaltsstoffen.

Herausheben möchten wir die Herbsthimbeere, die robust ist und über einen sehr langen Zeitraum blüht und fruchtet. Die Vorteile: Wachsen, blühen und ernten in einem Jahr. Im kommenden Frühjahr kann dann alles bodennah abgeschnitten werden. Die Pflanze ist sehr robust, es ist kein Gerüst notwendig! Es gibt einen geringeren Befall durch die Kirschessigfliege (gelbe Sorten). Erntezeit ist von Juli bis zum ersten Frost!

Auch die Stein- und Kernobstarten bringen eine unglaubliche Vielfalt in den Garten. Mittlerweile gibt es sehr viele gegen Pilze robuste, widerstandsfähige und resistente Sorten mit hervorragenden Geschmackseigenschaften. Lediglich die Obstmade (Apfelwickler, Pflaumenwickler) trübt hier die vollkommene Freude, da es besonders in den warmen Regionen (Weinlagen) zu einer Vielzahl angestochener Früchte kommt. Doch auch damit kann man leben:

Angestochene und abgefallene Früchte gibt man nicht auf den Kompost (denn dann könnten die Wickler im nächsten Frühjahr wieder bequem auf die Bäume fliegen), sondern in eine Wanne mit Wasser. In einem Zeitraum von 3 Wochen lösen sich die Früchte auf, der Schädling lebt ab und es entsteht eine nährstoffreiche Pflanzenjauche. Und die kann man wunderbar zum stärkenden Gießen aller Gartenpflanzen benutzen. So kann man einen Nachteil in einen Vorteil umwandeln und hat einen Mehrwert erzielt. Und wenn der Schaden am Apfel klein ist und ohne Fäulnis, dann kann man ruhig mal einzelne Früchte ausschneiden, wie die Großmutter das früher gemacht hat.

Früchte der Kornelkirsche

Ausgesuchte Obstarten für den Garten

Gut geeignet für den Garten der Zukunft sind die Wildobstarten, denn sie sind anspruchslos und daher leicht zu kultivieren und kommen auch mit ungünstigeren Standorten sehr gut klar. Aufgrund ihrer großen Vitalität und einem starken Wurzelwachstum gedeihen sie auch auf schlechteren Standorten. Zu Wildobst bzw. Wildfrüchten zählt man Pflanzen, die bisher weitestgehend ohne züchterische Bearbeitung in ihrem Ursprungszustand vorhanden sind. Deshalb haben sie auch noch ihre ursprüngliche Robustheit und Widerstandfähigkeit gegenüber Krankheiten und Schädlingen, was sie natürlich für eine Nutzung im Garten sehr interessant macht.

Neben dem Zier- und Nutzwert haben alle Wildobstarten einen hohen ökologischen Wert, da sie der heimischen Tierwelt ein breites und abwechslungsreiches Nahrungsangebot bieten.

Obstart	Geeignete Sorten (Auswahl)	Vorteile
Speierling (*Sorbus domestica*)	'Sossenheimer Riese' (bekannteste Sorte im Handel)	– Gilt als einer der schönsten, aber auch seltensten Bäume in Deutschland. – Nahe Verwandte: Vogelbeere (*Sorbus aucuparia*), Elsbeere (*Sorbus torminalis*) Mehlbeere (*Sorbus aria*) und der Zwergmispel (*Sorbus chamaemespilus*)

Obstart	Geeignete Sorten (Auswahl)	Vorteile
Mispel (*Mespilus germanica*)	Großfruchtige Sorten sind 'Nottingham', 'Holländische Großfrüchtige', 'Macrocarpa', 'Bredase Reus', 'Kurpfälzer Mispel' (Früchte ohne Frost genießbar), Wildform	– dekorativer Strauch, robust, selbstfruchtbar, cremeweiße Blüten, attraktive, gold-braune Früchte mit typischer Kelchform, – nach Frosteinwirkung genießbar
Schwarzer Holunder (*Sambucus nigra*)	'Haschberg', 'Mammut' 'Samyl', 'Sampo', 'Samdal' (frühreifend im August), Wildform	-- nährstoff- und feuchtigkeitsliebend, üppiger Blütenschmuck
Kornelkirsche (*Cornus mas*)	'Jolico', 'Kasanlaker', 'Schumener' 'Titus', 'Devin', 'Schönbrunner Gourmetdirndl', Wildform	– robust und anspruchslos, attraktive Bienenweide, Zierwert und Fruchtgehölz
Weiße Maulbeere (*Morus alba*)	z. B. 'Laciniata', Wildform	– gutes Vogelnist- und -nährgehölz

Strauch, 1–2 m Höhe	Großstrauch, bis 6 m Höhe	Baum, 10–20 m Höhe
geringer Standraumbedarf (1–5 m²)	mittlerer Standraumbedarf (5–20 m²)	hoher Standraumbedarf (30–50 m²)
Zierquitte, *Chaenomeles*-Arten, Apfelbeere (*Aronia*), Arktische Brombeere, Fruchtrose	Feige, Felsenbirne, Holunder, Mispel, Sanddorn, Schlehe, Weißdorn, Kirschpflaume (Myrobalane), Wilde Heckenrose	Mehlbeere, Eberesche, Esskastanie, Elsbeere, Maulbeere, Speierling

Quelle: Gartenakademie RLP

Wildobstarten für kleinere und größere Gärten

Der Speierling
Eine vom Aussterben bedrohte Kulturpflanze

Der Speierling gilt als der „Buckelwal unter den Bäumen". Und das trifft zu, denn sowohl der Buckelwal als auch der Speierling sind einzigartig, aber leider vom Aussterben bedroht!

Das Gute vorweg: Den Speierling zu erhalten ist einfacherer, man muss nur reichlich Bäume pflanzen – auch und gerade im Garten!

Der Speierling (*Sorbus domestica*) gilt als einer der schönsten, aber auch seltensten Bäume in Deutschland, der in ganz Europa geschätzt wird. Bekannt wurde er durch die Beigabe zum Apfelwein zur Verbesserung von Geschmack und Haltbarkeit. In vielen Regionen Deutschlands standen einst große, alte, eindrucksvolle und landschaftsprägende Bäume in der Flur. In den letzten Jahrzehnten ist der Bestand dieser imposanten Obstart mit den typischen Blüten und dem Fruchtschmuck leider stark zurückgegangen.

Der selten gewordene Speierling gilt als schönster Laubbaum Europas.

Botanische Einordnung

Sorbus domestica gehört zur Familie der Rosengewächse (Rosaceae), Unterfamilie Spiraeoideae. Nach der neuen Nomenklatur, basierend auf molekulargenetischen Untersuchungen, wurde die Unterfamilie erweitert und umfasst nun auch die früher als eigene Unterfamilie geführten Kernobstgewächse mit der Bezeichnung Sub-(bzw. Unter-)tribus Pyrinae. Die Gattungsbezeichnung ist Mehlbeeren (*Sorbus*) mit der Artbezeichnung Speierling. Sowohl Gattungsname (Mehlbeere → weiche Konsistenz des Fruchtfleisches für die Verarbeitung bzw. den Genuss) als auch der Artname (Speierling → roh nur schwer verdaulich bzw. schwer genießbar) geben erste Hinweise auf eine mögliche Verwendung.

Nahe Verwandte, weil ebenfalls der Gattung *Sorbus* zuzurechnen, sind die Vogelbeere (*Sorbus aucuparia*), die Elsbeere (*Sorbus torminalis*), die Mehlbeere (*Sorbus aria*) und die Zwergmispel (*Sorbus chamaemespilus*).

Verbreitung

Der wärmeliebende Baum verbreitete sich von 9.000–8.000 vor Christus von Frankreich ausgehend bis nach Südwest-Deutschland und gilt in Europa als urwüchsig.

Die Verbreitung dieses ursprünglichen Wildbaumes und zugleich Kulturpflanze erstreckt sich über weite Teile Europas, im Osten bis auf den Balkan und zur Krim,

Speierling in einer Streuobstwiese

darüber hinaus bis in den Nordwesten Afrikas. In Eichenmischwäldern auf kalkhaltigen, schweren Böden wachsen wilde Speierlinge oft zusammen mit der nahe verwandten Elsbeere (*Sorbus torminalis*). Einzelstehende Exemplare erreichen eine Höhe von bis zu 15 m mit der typischen weitausladenden Krone. Der größte Stammdurchmesser wurde bei einem Baum im Frankfurter Raum mit 140 cm gemessen, das größte bekannte Exemplar steht mit einer imposanten Höhe von 31 m in Baden-Württemberg. Leider ist der Bestand seit vielen Jahren rückläufig, denn die natürliche Verjüngung ist trotz ausreichender Samenbildung unzureichend (die Samen unterliegen einer starken Keimhemmung und werden besonders von Nagetieren sehr geschätzt). In der Baumschule lässt er sich nur schwer vermehren. Folglich werden kaum noch Bäume dieser imposanten Obstart mit den typischen Blüten und dem Fruchtschmuck angeboten und gepflanzt. Die birnen- oder apfelförmigen Früchte können zu Marmelade, Mus oder Konfitüre verarbeitet werden und eignen sich darüber hinaus zur Herstellung von Destillaten und Likören.
Damit der Speierling nicht vollständig aus der Landschaft verschwindet, sollten in größeren Gärten oder Streuobstwiesen wieder neue Bäume gepflanzt werden. Die bekannteste Sorte ist ‚Sossenheimer Riese'.

Die Mispel (*Mespilus germanica* L.)

Die Mispel (*Mespilus germanica* L.) gehört mit die meisten heimischen Obstarten zu den Rosengewächsen (Rosaceae). Wie Apfel, Birne und Quitte ist sie in die Unterfamilie der Kernobstgewächse (Maloideae) eingeordnet und bildet dort die Gattung der Mispeln. Wegen ihrer außergewöhnlichen Blüte und Optik der Früchte sowie der besonderen Verwendungsmöglichkeiten ist sie aber eine besondere Attraktion im Garten. Entgegen ihres botanischen Namens stammt die Mispel nicht

Mispel mit Früchten und später Blüte

aus Deutschland, sondern ist in Vorderasien bis in Höhenlagen von etwa 1.000 m beheimatet. Die Verbreitung in Mitteleuropa lässt sich auf eine Einwanderung aus Asien bzw. Verwilderungen der früher häufig angebauten Kulturmispeln zurückführen. Über Griechenland gelangte sie schließlich um Christi Geburt nach Rom und von dort mit den Römern zu uns nach Deutschland. In diesem Klima entwickelte sie sich so gut, dass sie letztendlich den botanischen Artnamen „germanica" erhielt. Neben der bei uns heimischen *Mespilus germanica* werden im Handel auch Früchte der immergrünen Japanischen Woll-Mispel (*Eriobotrya japonica*) mit dem Namen „Loquats" angeboten, die zwar auch zu den Rosengewächsen gehört, aber nur entfernt verwandt mit unserer Mispel ist. Diese Früchte sind ohne Frosteinwirkung genießbar und werden auch in Südeuropa angebaut, allerdings sind die Bäume nicht frosthart.

Wuchs

Mispeln wachsen in der Natur strauch- oder baumartig, bei der Verwendung geeigneter Unterlagen und angepasster Schnittmaßnahmen lassen sie sich gut als Baum erziehen. Dann sind sie dem Habitus von Quitten ähnlich, jedoch mit breiter ausladender Krone. Sie eignen sich auch gut als Kübelpflanzen. Mispeln erreichen an sonnigen Standorten eine Größe von 3–5 m in Höhe und Breite, lassen sich aber durch Schnitt sehr gut auch kleiner halten.

Blüte und Frucht

Mispeln blühen sehr spät (Ende Mai bis Anfang Juni) und sind selbstfruchtbar. Charakteristisch und von hohem Zierwert sind die etwa 4 cm großen cremeweißen Blüten.

Sehr attraktiv sind die außergewöhnlichen, gold-braunen Früchte mit ihrer typischen Kelchform. Die Fruchtgröße schwankt zwischen 2–3 cm bei Wildarten und 5–7 cm bei großfrüchtigen Sorten oder bei Verwendung von starkwachsenden Unterlagen. Bei genauerer Betrachtung der Frucht kann man sich durchaus vorstellen, warum sie im Volksmund auch „Hundsärsch" genannt werden! Botanisch gesehen handelt es sich hierbei aber um Scheinfrüchte, sogenannte „Sammelnussfrüchte", mit 2–5 rötlichen Kernen.

Die großen Blüten der Mispel sind eine attraktive Bienenweide.

Bei näherer Betrachtung mag man verstehen, warum die Früchte im Volksmund auch „Hundsärsch" genannt werden!

Die Früchte zeichnen sich durch hohe Gehalte an Gerbstoffen (Phenole, Pektine) aus, die einen adstringierenden Geschmack bedingen, weshalb man sie erst nach Frosteinwirkung ernten sollte, denn dann werden sie weich und fruchtig und sind genießbar.

Über die Jahre haben sich auch einige Sorten herausgebildet, die Vermehrung der Pflanze erfolgt über Samen, Steckhölzer oder Wurzelschnittlinge. Gelegentlich werden sie auch auf Weißdorn, Quitte, Birne oder ausgesuchte Mispelunterlagen veredelt.

In früheren Zeiten war die Mispel ein wichtiger Fruchtbaum in Kloster- und Bauerngärten, in den letzten Jahrzehnten ist sie aber stark in Vergessenheit geraten. Neben ihrem außergewöhnlichen Blüten-, Blatt- und Fruchtschmuck bietet sie ein breites Spektrum an Verwertungsmöglichkeiten wie z. B. zur Herstellung von Marmeladen, Gelees und Säften oder Mispel-Likör bzw. -Brand. Auf jeden Fall ist die Mispel im Garten ein echter Hingucker! Deshalb sollte man durch eine Pflanzung von Mispeln im Garten oder in Streuobstwiesen zur Erhaltung dieser alten Kulturpflanze beitragen.

Neue Walnüsse braucht das Land!

Walnussbäume gehörten von je her zu den landschaftsprägenden Bäumen vieler Regionen in Rheinland-Pfalz und Deutschland. Am Anfang eines Ackers oder Weinbergs stehend, haben sie die Feldfluren gegliedert und Struktur gegeben. Die Bäume waren den Bauern und Winzern früher heilig, keiner hat sich gewagt, Nüsse unberechtigterweise zu sammeln, dafür sorgte schon der Feldschütz. Während der Erntearbeiten an heißen Sommertagen boten die imposanten Laubkronen Schatten für Menschen und Zugtiere bei der Rast.

Mit ihrem festen, grünen Laub ist die Walnuss ein guter Schattenspender.

Und im Herbst wurden die leicht zu erntenden und einfach zu lagernden Früchte schonend „gedengelt“ und sorgfältig aufgelesen. Ernährungsphysiologisch haben sie über viele Jahrhunderte einen wichtigen Beitrag geleistet und den regional oft kargen Speiseplan mit wertvollen Fetten und Ölen bereichert. Und da die Bäume – einmal angewachsen – recht anspruchslos sind und sogar auf einen Schnitt verzichten können, haben sie den Besitzern über viele Jahre nur Vorteile gebracht.

Diese Idylle hat sich gravierend verändert: Im Rahmen des Strukturwandels in der Landwirtschaft mit immer weniger Betrieben wuchs die Größe der Ackerflächen im gleichen Maße wie die der Maschinen. Und damit standen die großen Walnussbäume im Weg und wurden gefällt, für Ersatzpflanzungen war dann kaum noch Platz, allenfalls partiell in den Feldgehölzpflanzungen bei der Flurbereinigung.

Diese Entwicklung hat dazu beigetragen, dass heute in vielen Regionen – besonders mit intensiver Landbewirtschaftung – nur noch wenige, aber alte und betagte Bäume anzutreffen sind. Diese sind meist sogar ordnungsgemäß kartiert und oft mit einem Schild versehen mit der Aufschrift „Geschützt“, was grundsätzlich lobenswert ist. Nur leider können Stürme nicht lesen und so werden nach jedem Sturmereignis etliche dieser beeindruckenden Baum-Methusalems entwurzelt und dann stillschweigend entfernt, nachgepflanzt wird in den meisten Fällen nicht.
Und das Fehlen großkroniger Bäume wirkt sich aus, denn sie haben der Landschaft in Stadt und Land Raum und Struktur gegeben.

Immer mehr alte Walnussbäume sterben in der Landschaft ab und werden nicht ersetzt. Umgestürzter Baum.

Wohlfahrtswirkungen der Walnuss

Bäume bieten aufgrund ihrer großen Blattoberfläche eine Vielzahl von positiven Auswirkungen für Mensch, Umwelt und Natur, zusammengefasst unter dem Begriff „Ökosystemleistungen“:

- Sauerstoffproduktion
- Kühlung des Kleinklimas
- CO_2-Festlegung
- Walnuss = der ideale Schattenspender
- Lärm- und Staubreduktion
- Blüte/Früchte
- Nutzholz

Der Walnuss kommt hier als landschaftsprägender, stark wachsender und wurzelnder Klima- und Zukunftsbaum eine besondere Bedeutung zu. Deshalb sollte sie bei Pflanzungen im Garten, im freien Feld, in der Streuobstwiese und auf kommunalen Flächen wieder mehr gepflanzt werden.

Eigentlich gelten die Walnüsse als sehr gesund und robust und benötigen im freien Feld oder Garten keinerlei Pflanzenschutzmaßnahmen. In den letzten Jahren haben sich jedoch 2 Probleme entwickelt, die zu den viel zitierten „schwarzen Nüssen" führen:

Marssonina-Krankheit:
Durch diese Pilzerkrankung können die schwarzen Flecken auf Blättern und Früchten verursacht werden. Sie kann witterungsbedingt in manchen Jahren stärker auftreten.
http://www.dlr.rlp.de/Internet/global/themen.nsf/se_quick/F92F145D06852EADC1257004003AA375?OpenDocument

Walnussfruchtfliege (*Rhagoletis cerasi*):
Es handelt sich hierbei um eine Verwandte der Kirschfruchtfliege, die 2004 erstmals in Deutschland gefunden wurde. Die Eier werden – wie bei der Kirschfruchtfliege – in das heranreifende Fruchtfleisch (grüne Hülle) gelegt, der Reifungsfraß führt dann zur Fäulnis und der typischen schwarzen Verfärbung.
https://www.gartenakademie.rlp.de/Internet/global/themen.nsf/0/3D65DBE728D59CBAC12575AD004F51F8/%24FILE/Walnuss.pdf

Welche Walnuss ist die richtige?

Ab Ende Oktober/Anfang November beginnt die Pflanzzeit und die Baumschulen bieten neue Bäume in hervorragenden Qualitäten an. Darunter sind auch gegen Pilz- und Bakterienkrankheiten widerstandsfähige, robuste und weniger anfällige Sorten dabei. Deshalb ist jetzt die richtige Zeit zum Pflanzen, neben der Walnuss natürlich auch viele weitere Bäume und Sträucher, heimische robuste Wildobstarten genauso wie historische Obstsorten. Denn wenn wir auch in naher Zukunft diese wundervollen und imposanten Bäume als Schattenspender, Sauerstoffproduzent, CO_2-Speicher und Fruchtproduzent in Garten und Flur haben wollen, müssen wir jetzt unbedingt pflanzen!

Zur Reduktion der Bakterien- und Pilzerkrankungen sollten robuste und weniger anfällige Sorten ausgewählt werden. Bei der Walnussfruchtfliege ist zu erwarten, dass sich – ähnlich wie beim Buchsbaumzünsler – über die Jahre natürliche Feinde und Gegenspieler etablieren, die den Befallsgrad wieder auf ein akzeptables Niveau reduzieren. Bis dahin sollte man Früchte mit schwarz-fauler Hülle mitsamt den darin lebenden Larven mit einem Druckstrahler gründlich säubern. Nach guter Trocknung stellt man dann fest, dass die meisten Nüsse und besonders die Samen unversehrt sind.

Informationen zu Anbau und Pflanzung von Walnüssen sowie Hinweise zu robusten und widerstandsfähigen Sorten finden Sie auf der Internetseite der Gartenakademie RLP:

Walnüsse unterscheiden sich je nach Sorte in Form und Größe.

Walnusssorten (Auswahl)

Sorte	Austrieb	Nussgröße	Ertrag	Gesundheit
Franquette	spät	mittelgroß	hoch und konstant	wenig krankheitsanfällig
Mars	spät	mittelgroß bis groß	hoch und regelmäßig	sehr robust gegenüber Krankheiten
Parisienne	spät	gut	schwankend	resistent gegen Krankheiten
Moselaner Walnuss (Nr. 120)	mittelspät	groß bis sehr groß	ausgeglichener Ertrag	witterungsabhängig empfindlich gegen Krankheiten
Geisenheim 26	spät	mittelgroß	hoch, regelmäßig	sehr robust gegen Krankheiten
Weinheimer Walnuss (Geisenheim 139)	mittelfrüh	mittelgroß	bei geeignetem Standort reiche und regelmäßige Ernte	gering spätfrostgefährdet, robust
Kurmarker Walnuss (Nr. 1247)	mittelfrüh bis früh	mittelgroß	unregelmäßig	spätfrostgefährdet
Wunder von Monrepos	sehr spät	groß, aromatisch	sehr ertragssicher	sehr widerstandsfähig gegen Krankheiten

Quelle: Gartenakademie RLP

Inzwischen gibt es auch einige regionale Ölmanufakturen (z. B. Wasgau Ölmühle u. a., Adressen finden sich im Internet), die auch Lohnpressungen anbieten, sodass man Walnussöl aus eigenen Nüssen pressen kann.

Edelkastanie

„Die Kastanie ist des südlichen Klimas bester Zeuge". So begeistert von der Region seiner Sommerresidenz, der Villa Ludwigshöhe bei Edenkoben, zeigte sich schon damals König Ludwig I. von Bayern. Die Pfalz gilt als das größte zusammenhängende Gebiet von Kastanienwäldern in Deutschland und damals wie heute sind die Hänge des Pfälzer Waldes „mit von süßen Früchten bedeckten Kastanienbäumen" bewachsen.

In den Weinbauregionen spielten Kastanien einst eine wichtige Rolle als kohlehydratreiche Nahrung. Lange Zeit waren sie als „Arme-Leute-Essen" oder „Brot des Waldes" verschrien. Heutzutage erleben sie eine Renaissance, besonders in der Zeit der Weinlese oder auf Weihnachtsmärkten, wo sie geröstet einen betörenden Duft verströmen. Neuer Wein und Kastanien sind eine unschlagbar leckere Kombination, darüber hinaus hat auch die gehobene Gastronomie die Frucht entdeckt und bietet eine Fülle kulinarischer Kostbarkeiten, wie z. B. Kastanienbrot, Kastaniensaumagen, Kastaniengemüse zu Wildgerichten, Kastanienhonig und vieles mehr, an.

Aufgrund ihres typischen Aussehens mit oder ohne Fruchthülle haben Esskastanien in der Pfalz regional unterschiedliche Namen, z. B. Keschde, Kescht, Käschde, Eßkeschde, zahme Keschde, Edelkeschde.

Schon Johann Wolfgang von Goethe schätzte die Frucht sehr und ließ sich zu einem Gedicht inspirieren:

An vollen Büschelzweigen,
Geliebte, sieh nur hin!
Laß Dir die Früchte zeigen
Umschalet stachelig grün.

Sie hängen längst geballet,
still, unbekannt mit sich,
ein Ast der schaukelnd wallend
wiegt sie geduldiglich.

Doch immer reift von Innen
Und schwillt der braune Kern,
er möchte Luft gewinnen
und säh die Sonne gern.

Die Schale platzt, und nieder
Macht er sich freudig los;
So fallen meine Lieder
Gehäuft in Deinen Schoß.

Junger Esskastanienbaum mit sehr gutem Fruchtansatz

Botanik

Die Edelkastanie (*Castanea sativa*) gehört zur Familie der Buchengewächse, die essbaren Früchte sind botanisch gesehen Nüsse, weshalb sie auch zum Schalenobst eingeordnet werden. Übrigens, die Edel- oder Esskastanie ist nicht verwandt mit der Rosskastanie (*Aesculus hippocastanum*), deren Früchte früher zur Behandlung bestimmter Pferdekrankheiten eingesetzt wurden – daher der Name „Ross-“ oder „Pferdekastanie“.

Die Bäume können eine stattliche Höhe von bis zu 25 m erreichen, eine botanische Besonderheit ist der typische Drehwuchs der Stämme. Der diploide Baum ist einhäusig getrenntgeschlechtlich, d. h. männliche und weibliche Blüten sitzen auf einem Baum an den Sprossenden diesjähriger Triebe. Die weißlichen männlichen Blüten sind deutlich erkennbar als 10–15 cm lange Kätzchen, etwas darunter sitzen die weiblichen Blüten, gut wahrnehmbar an der schon früh ausgebildeten stacheligen Fruchthülle.
Ähnlich wie die Rebe blühen Kastanien spät (Juni/Juli), sodass sie so vor Frost geschützt sind. Die Bestäubung erfolgt durch den Wind, besonders aber durch die Honigbiene, sodass Wanderimker ihre Völker gerne gezielt in Kastanienbestände stellen, um den geschätzten Kastanienhonig zu erzeugen.

Um einen ausreichenden Fruchtertrag zu gewährleisten, sollten verschiedene Sorten gepflanzt werden, denn als weitere botanische Besonderheit herrscht häufig eine sogenannte „Protandrie" (Vormännlichkeit) vor: d. h. zwischen dem Aufblühen der männlichen und weiblichen Blüten können bis zu 2 Wochen vergehen! Von der Blüte bis zur reifen Frucht kann man eine Zeit von 100–120 Tagen veranschlagen.

Die weißlichen männlichen Blüten sind deutlich erkennbar als 10–15 cm lange Kätzchen.

Unterschied Kastanie – Marone?

Gerade von den Weihnachtsmärkten kennt man den Begriff Maronen oder Maroni. Obwohl sie derselben Art angehören und in der Verwendung gleich sind, gibt es doch einige Unterschiede:

Kastanie	Echte Maronen
in Deutschland wildwachsend	typische Frucht der Mittelmeerländer, oft plantagenmäßiger Anbau
2–3 kleinere Samen in einer Fruchthülle	in jeder Fruchthülle nur 1 besonders großer Samen
Schale dunkler	Schale heller, rehbraun
Haut schwerer abzutrennen	leicht zu schälen
Frucht flacher	Frucht ei-/herzförmig

Boden und Standort

Die Kastanie bevorzugt saure bis schwachsaure Böden (pH-Werte 4,5–6,0), auf kalkhaltigen, alkalischen Böden können Chlorosen an den Blättern auftreten. Um dies zu verhindern, sollten Böden mit einem höheren pH-Wert regelmäßig mit einer Torf- oder Rindenauflage versehen werden, um den pH-Wert geringfügig abzusenken. Des Weiteren verträgt sie keine Staunässe sowie Bodenverdichtungen. Die Frostempfindlichkeit ist mit der des

Reife Esskastanien

Apfels vergleichbar, aufgrund der späten Blüte im Juni sind diesbezüglich aber keine Schäden zu erwarten.

Verwendung

Wie die Walnuss der typische Baum des Rheingrabens darstellt, ist die Esskastanie der charakteristische Laubbaum des Haardtrandes. Die Bestände grenzen unmittelbar an die alten, steilen Weinbergslagen. Schon immer wurde das Holz aufgrund seines hohen Gerbstoffgehaltes geschätzt und zwar als Unterstützungsmaterial im traditionellen Weinbau vor der Einführung von Metalldrähten (Kammertbau), als Weinbergspfähle (Stickel) oder für Fässer, Bau- und Möbelholz sowie als Gerbeextrakt. Sehr beliebt ist das Holz immer noch für den Lawinenverbau, weil es unter den hochalpinen Bedingungen am längsten durchhält. Im Obstbauversuchsbetrieb des DLR Rheinpfalz wurden vor mehr als 10 Jahren wieder versuchsweise Kastanienpfähle für das Unterstützungsgerüst und auch als Hagelnetzstangen mit bestem Erfolg eingesetzt. Viele Obstbauern haben diese Idee aufgegriffen, günstige Pfähle mit hervorragender Haltbarkeit direkt beim Förster in der Region einzukaufen.

Esskastanienholz im Weinberg

Sorten

Kleine Sortenübersicht

Bei den in der Pfalz wachsenden wilden Kastanien am Haardtrand handelt es sich um ein heterogenes Sortengemisch. An erster Stelle sind Sorten zu nennen, die gegen den gefürchteten Kastanienrindenkrebs resistent sind. Dieser hat in den USA die Bestände einer anderen Kastanienart, nämlich *Castanea dentata* fast völlig vernichtet.
Obwohl unsere heimische *Castanea sativa* eigentlich als wenig anfällig gilt, wurde diese Krankheit erstmals auch in der Pfalz gefunden.
International hat man versucht, die resistente japanische *Castanea crenata* einzukreuzen. Das Ergebnis sind resistente Hybridsorten wie z. B. die französischen ‚Marigoule' und ‚Marsol'.
Schöne große, hellbraune Früchte bringen auch die Standardsorten ‚Tisenser' aus Südtirol und ‚Ecker' aus Österreich. Daneben gibt es Sorten aus Tschechien, Rumänien und Ungarn.

Esskastanien

Die Esskastanie ist der charakteristische Laubbaum des Haardtrandes.

Esskastanienbäume sind landschaftsprägende und typische Bäume des Haardtrandes mit imposantem Blüten- und Fruchtschmuck. Bei guten Standortbedingungen können die Bäume sehr alt werden, bestes Beispiel ist der „dicke Keschdebaam“ in Dannefels mit einem Stammumfang von sage und schreibe 8,60 m und einem geschätzten Alter von 600 Jahren! Wer Kastanien pflanzen will, sollte auf ausreichenden Standraum, entsprechende Böden und eine funktionierende Bestäubung achten.

Casta nea: die keusche Frucht

Die „keusche Frucht“ wird von dem Edenkobener Historiker **Franz Schmidt** eindrucksvoll beschrieben:

Nach einer alten römischen Sage sei Göttervater Jupiter kein Kind von Traurigkeit gewesen und den göttlichen, halbgöttlichen oder auch nicht göttlichen Frauen sehr zugetan. Er verliebte sich in eine Waldnymphe namens Nea. Doch sie ließ ihn schnöde abblitzen. Jupiter jedoch bedrängte sie umso heftiger, bis sich Nea, besorgt um ihre Unschuld, das Leben nahm. Daraufhin verwandelte Jupiter sie in einen Baum. Dieser Baum hatte den Namen Casta – Nea (die keusche Nea / lat. casta=keusch) und daraus wurde das heutige Wort Kastanie.

Quelle: **Die keusche Frucht**, Verlag Hörner/Mauer, Offenbach, ISBN:-Nr.: 3–937329–20–1

Heimische Essmandeln

Mandeln (*Prunus dulcis*) erfreuen sich in Weinbaugebieten wie der Pfalz größter Beliebtheit, sowohl als Straßenbegleitgrün als auch im Garten.

Alter Mandelbaum am Weinberg

Aufgrund ihres frühen Blühtermins von Januar bis April gehören sie zu den am frühesten blühenden Obstgehölzen und vermitteln bei sonnigem Wetter die ersten Frühlingsgefühle mit ihren weiß-rosafarbenen Blütenblättern. Deshalb sind Blütenfarbe, Blühtermin und Kronenform die wichtigsten Parameter für die Auswahl der Bäume. Von untergeordneter Bedeutung ist für viele Gartenfreunde die Tatsache, dass bestimmte Sorten schöne Früchte bilden und sehr aromatisch schmecken.

Im Obstbauversuchsbetrieb des Dienstleistungszentrums Ländlicher Raum Rheinpfalz (DLR) in Neustadt/W. wurden verschiedene Mandelsorten auf ihre Verwertungseignung geprüft. Doch zuvor ein kleiner Einblick in die Botanik.

Mandeln botanisch gesehen

Die essbaren Mandelsorten blühen immer weiß und bieten Insekten reichlich Nektar und Pollen.

Botanisch gesehen gehören die Mandeln zum Steinobst und nicht zum Schalenobst, obwohl der Aufbau beispielsweise mit der Walnuss vergleichbar ist. Essbar ist der Samen (Kern), der von einer steinharten Samenschale umgeben ist (Stein). Die außenliegende grün-graue, lederartige Fruchtschale reißt bei der Reife teilweise auf und muss entfernt werden (entweder manuell oder durch Überbrühen mit heißem Wasser). Die meisten Mandelsorten sind selbststeril und benötigen einen Befruchter, hierzu eignen sich auch Pfirsichsorten mit bestem Erfolg.

Man unterscheidet innerhalb der Art *Prunus dulcis* (dulcis, lat. = süß) verschiedene Unterarten, von denen allerdings nicht alle essbar sind.

Die **Bittermandel *P. dulcis* var. *amara*** gilt als Wildform und ist als Ausgangsform

für die Kulturmandelsorten anzusehen. Wie der Name schon sagt, schmecken die Früchte bitter, was auf ein cyanogenes Glycosid mit Namen Amygdalin zurückzuführen ist. Bittermandeln enthalten etwa 3 bis über 5 % Amygdalin, davon kann während des Verdauungsprozesses die giftige Blausäure abgespalten werden. Typisch sind eine harte Schale und der bittere Samen (Kern). Sie sind sehr robust und meist kernecht, spalten aber auf.
Die **Süß- oder Steinmandel *P. dulcis* var. *dulcis*** hat nur geringe Gehalte an Amygdalin und ist deshalb für den Verzehr geeignet. Typisch sind eine harte Schale und ein süßer Samen. Beispiele: ‚Kleine vollkernige Süßmandel', ‚Ferragnes' etc.
Die **Krach- oder Knackmandel *P. dulcis* var. *fragilis*** ist eine weitere Unterart der Süßmandel mit dünner Schale, die mit den Fingern zerdrückt werden kann. Die Namensgebung fragilis (lat.) = zerbrechlich gibt hier einen deutlichen Hinweis. Beispiele: ‚Große Prinzessmandel', ‚Dürkheimer Krachmandel' etc.

Mandelbaum mit sehr gutem Ertrag

Ebenfalls von Bedeutung sind die Hybriden (Kreuzungen) zwischen Mandel und Pfirsich mit dem Namen **Mandelpfirsich *Prunus* × *amygdalopersica***. Beispiel: ‚Perle der Weinstraße', eine der schönsten Ziermandeln.

Kulturhinweise

Mandeln sind wärmeliebend und ansonsten recht anspruchslos. Sie kommen gut mit Trockenheit zurecht und bevorzugen kalkreiche Böden. Wie alle Steinobstarten verträgt sie keine Staunässe. Neben sortenechten Bäumen werden sie hauptsächlich auf mittelstark wachsende Unterlagen wie St. Jul. A oder GF 677 veredelt.

Je nach gewählter Veredlungsunterlage können Obstbäume unterschiedliche Größen und Ausmaße erreichen. Die Unterlage prägt die vegetativen und generativen Eigenschaften eines Baumes deutlich, z. B.

- die Größe und Wuchsstärke sowie den Platzbedarf des Baumes
- einen frühen Ertragsbeginn
- die Fruchtgröße und -farbe
- die Regelmäßigkeit des Ertrages
- sowie die Widerstandsfähigkeit gegen Frost, Krankheiten (z. B. Feuerbrand, Krebs, Triebsucht) und Schädlinge (z. B. Blutlaus, Wühlmäuse)

Mandeln gelten als schnittverträglich, sollten aber zum Schutz vor eindringenden Pilzen nur im belaubten Zustand direkt nach

Reife Mandel

der Ernte geschnitten werden, ähnlich wie Aprikosen oder Süßkirschen. Hier ist die Wundverheilung schneller und die Gefahr von Infektionen ist deutlich niedriger. Geerntet wird, wenn sich die ersten Fruchtschalen zu öffnen beginnen. Diese entfernt man am besten sofort, weil sie sich dann noch gut vom Stein lösen lassen (später trocknen sie auf dem Stein auf und sind kaum noch abzubekommen).
Ähnlich wie bei Walnüssen ist das konsequente und sofortige Trocknen besonders in feuchten Erntejahren wichtig, um Verderb zu vermeiden.

Gelagert werden sollten sie wie alle Obstarten bei möglichst kühlen Temperaturen (1–5 °C) und erhöhter Luftfeuchte (ca. 70 %), um den Schwund zu reduzieren.

Inhaltsstoffe, Verwendung

Mittlerweile weiß man viel über den Gesundheitswert von Nüssen und insbesondere der Mandeln. In Amerika besitzen Mandeln einen „qualified health claim" (qualifizierter Gesundheitsanspruch), sind in der Ernährungspyramide aufgeführt und gelten daher als empfehlenswertes Lebensmittel. Mehrere nationale und internationale Gesundheitsorganisationen empfehlen daher eine tägliche Aufnahme von 25 g Nüssen oder Mandeln.
Der Gesundheitswert der Mandel war 2006 sogar Gegenstand eines internationalen Symposiums der deutschen Gesellschaft für Ernährung, durchgeführt an der Universität Stuttgart-Hohenheim. Neben dem hohen Vitamin E-Gehalt als wertvolles Antioxidans und der Bedeutung für den Stoffwechsel stand die präventive Wirkung in Bezug auf Herz-Kreislauf-Erkrankungen im Fokus der Teilnehmer. Das Fazit der Wissenschaftler lautet:
„Zusammenfassend lässt sich sagen, dass Vitamin E-reiche Lebensmittel, wie Mandeln, durch ihre günstigen Inhaltsstoffe vor koronaren Herzerkrankungen schützen können und zu einer gesunden Ernährung beitragen." [1)]
Daneben besitzen sie ein gutes Verhältnis von einfach und mehrfach ungesättigten Fettsäuren, sekundären Pflanzeninhaltsstoffen wie Phytostyrole, Flavonoide, Phenolsäuren, Vitamin E, Vitamin B-Komplex, Folsäure, Biotin sowie die Mineralstoffe Magnesium, Kalium, Calcium und Spurenelemente.

[1)] Quelle: DGE-Kongress 2006, Universität Hohenheim, Stuttgart, Werner Ollig, Gartenakademie Rheinland-Pfalz

Darüber hinaus ist das Holz der Mandel hart und schwer, der Stamm ist leicht drehwüchsig (vgl. Esskastanien) und daher für Schnitzarbeiten geeignet und als Brennholz gleichermaßen geschätzt.

Sorten (Auswahl)

Ferragnes (INRA R 486 A)

Herkunft INRA (Bordeaux, F), sehr späte Blüte, reift Ende September Befruchter: Ferraduel, mittel- bis starkwachsend, sehr ertragreich, großfruchtig, dünne Schale. Resistent gegen Monilia, späteste Reife der drei französischen Sorten.

Ferraduell (INRA R 485 A)

Herkunft: s. o., sehr späte Blüte, reift Ende September, Befruchter: Ferragnes mittelstark- bis starkwachsend, Ertrag sehr gut, sehr fruchtbar, großfruchtig, oval, hartschalig, Kern breit, sehr gute Qualität, gute Frosthärte, resistent gegen Monilia.

Ferrastar (1034349 COV-Nr. 1227)

Herkunft: s. o., Blüte sehr spät, reift Mitte September, Befruchter: Feragnes, Feralise, aufrecht und starkwachsend, ertragreich, Frucht groß, dicker und breiter Samen (2007 die größten Früchte und die früheste Reife der drei französischen Sorten).

Prinzessmandel

Herkunft: Weinstraße, mittelstark- bis starkwachsend, kleinfruchtig, weißblühend

Mandelkerne: Essbar sind die vitalstoffreichen und leckeren Samen.

Keilfruchtmandel

Herkunft: Neustadt/Weinstraße, schwach- bis mittelstark wachsend, ausladend, Blüte zartrosa.

Kleine vollkernige Süßmandel

Herkunft: Neustadt /Weinstraße, stark und aufrecht wachsend, rosa blühend.

Palatina

Neu im Sortiment ist die ertragreiche und großfrüchtige Pfälzer Fruchtmandel Palatina, ein Zufallssämling, gefunden in Freinsheim in der Pfalz. Die Sorte blüht weiß mit einem zartrosa Hauch, ist selbstfertil und eine echte Krachmandel, d. h. sie lässt sich leicht mit den Fingern öffnen.

Beurteilung von Süßmandelsorten (Auswahl) am DLR Rheinpfalz

Sorte	Länge x Breite in cm	Stein-gewicht in g	Samen-gewicht in g	Anmerkungen
Ferragnes	4 x 2,5	41,1	16,3	optisch sehr schön, mild-aromatisch
Ferraduell	4 x 2,5	47,8	13,5	optisch sehr schön, mild aromatisch
Ferrastar	4 x 3	52,9	15,7	optisch sehr schön, etwas trocken, mild aromatisch
Prinzessmandel	2,5 x 2	27,9	7,1	Früchte und Samen sehr klein, hart, aromatisch
Keilfruchtmandel	4 x 2	28,6	13	angenehmer Geschmack, aromatisch, dünnschalig, leicht zu knacken
Palatina	4 x 2,5	41	13,0	dünnschalig, leicht zu knacken, sehr aromatisch
Kleine vollkernige Süßmandel	3,5 x 2,5	46,8	7,8	knackig, anfangs pelzig, sonst sehr aromatisch, dünne Schale, kleine Samen

Von den französischen Sorten gehören Ferragnès (ungefähr 60 %) und Ferraduel (ungefähr 30 % der Produktion) zu den wichtigsten Sorten in Frankreich. Sie sind auch bei vielen Baumschulen in Deutschland erhältlich. Andere Sorten haben meist nur eine regionale Verbreitung.

Das bleibt festzuhalten

Mandeln erfreuen sich besonders in den wärmeren Weinbauregionen Südwestdeutschlands einer großen Beliebtheit als Frühjahrsblüher. Eine untergeordnete Rolle spielt die Verwertung der Früchte. Das ist eigentlich schade, denn neben dem typischen Mandelaroma haben es die Samen im wahrsten Sinne des Wortes in sich: „Eine Portion von 28 g Mandeln lie-

Mandelbäume sind wunderschöne Frühjahrsblüher.

fert 160 kcal und trägt mit 6 g Protein, 6 g Kohlenhydraten, 14 g hochwertigem Fett und 7,4 mg Vitamin E zu einer gesunden Ernährung bei [1].
Auch vom Habitus (Wuchs) sind Mandeln für kleinere Gärten geeignet. Essbare Süßmandeln sind für diejenigen Obstfreunde geeignet, die neben der Freude an einer reichen und frühen Blüte auch im Winter noch einen gesunden Knabberspaß aus dem eigenen Garten möchten. Mit der neuen Sorte Palatina ist jetzt eine weitere heimische Krachmandel aus der Region im Handel.

Probieren Sie es aus und überraschen Sie doch einmal Ihre Familie, Freunde und Bekannte mit Mandeln aus dem eigenen Garten statt Cashewnüssen vom anderen Ende der Welt!

Alte Obstbäume, die einen lebenslang begleiten, sind für mich etwas ganz Besonderes. Ein Baumfreund.

Experten

Wir kennen die Familie Kremer von Vorträgen, die wir im Gartencenter gehalten haben. Das Konzept des ökologischen Gartencenters hat uns von Anfang an begeistert.

Naturgartencenter Kremer – die Inspiration für Natur und Klimagärtnern

Dass das Thema Natur und Garten nicht nur im Namen des Gartencenters eine tragende Rolle spielt, zeigt neben der Produktauswahl des Naturgartencenters die Idee dahinter. Schon lange war ein neues Gartencenter am Standort Lennestadt, seit 1905 Stammsitz des Unternehmens, geplant. Ein grünes, nachhaltiges Ausflugsziel für die ganze Familie sollte es werden, ein echtes Erlebnis für große und kleine Gärtner. Immer mit dem Bezug zur Natur und Pflanzenwelt. Auf den Punkt gebracht hat es der Sohn des Geschäftsführers Alexander Kremer: „Papa, du

Naturgartencenter Kremer

musst einfach mal etwas Neues erfinden. Mach doch ein Naturgartencenter. Ihr seid doch die Natur-Talente".

Und so war die Vision eines völlig neuen Einkaufserlebnisses geboren, aus der schnell ein fester Plan wurde.

Den Spatenstich zum großen Bauprojekt gab es im August 2019. Nur 8 Monate danach, im April 2020, konnte das Naturgartencenter eröffnen und ist eben dieses kleine, grüne Ausflugsziel im Sauerland geworden. Neben den unterhaltsamen Elementen ist Kremer aber vor allem die Botschaft dahinter wichtig.

Parkplatz vor dem Naturgartencenter Kremer

„Wir sind als Unternehmen seit 1905 gewachsen und mit uns die Verantwortung gegenüber der Umwelt – wir möchten mit unseren Kunden gemeinsam näher an die Natur rücken", so Alexander Kremer. Deshalb arbeiten wir auch schon seit vielen Jahren daran, unsere Geschäftsprozesse, aber auch die Sortimente, nachhaltiger zu gestalten." In diesem Jahr wurde dafür ein Nachhaltigkeits-Projektteam gegründet, in dem Mitarbeiter aus allen vier Kremer-Filialen mitwirken.

Saatgut für den Start ins Gartenjahr, mit Saatguttausch-Regal.

Kooperationen und Partnerschaften

Gemeinsam bewegt man mehr! Deshalb setzt das Unternehmen auf Vernetzung und Kooperationen mit regionalen, aber auch Grenzen übergreifenden Organisationen, die sich für den Schutz der Natur in all ihren Facetten einsetzen. Dazu zählen beispielsweise plant-for-the-planet.org, der NABU und Natur im Garten e. V.

„Wir sind Anfang des Jahres 2020 Mitglied dieser ursprünglich österreichischen Organisation – Natur im Garten – geworden, als erster deutscher Partnerbetrieb. Unsere Mitarbeiter wurden durch den Verein zu Naturgärtnern weitergebildet und können Sie zu diesem Thema nun bestens beraten. Darüber hinaus lernen wir von und mit dem Verein, um gemeinsam mehr Aufmerksamkeit für die naturnahe Gartengestaltung zu schaffen“, so Alexander Kremer.

Birgit und Alexander Kremer vor dem Naturspielplatz

Darüber hinaus setzt Kremer auf die enge, meist seit Generationen bestehende Zusammenarbeit mit unseren Gärtnern, Kollegen und Produzenten. „So können wir als grünes Netzwerk gemeinsam mehr bewegen“, berichtet Alexander Kremer.

Naturpfad & Naturspielplatz

Damit nicht nur große, sondern auch kleine Gärtner voll auf ihre Kosten kommen, wurde ein großer Naturspielplatz vor der Kulisse der Lenneaue errichtet. Aus natürlichen Materialen fügt er sich harmonisch in die Umgebung ein und bietet viel Abenteuer- und Auspowerpotenzial für Kinder. Ein „Traumwald“ ist die Grundidee des Naturspielplatzes. Ein großer Kletterbaum mit einem Nest als Kuppel bildet den Mittelpunkt.

Vogelausguck zum Naturpfad

Köpfchen statt Muskeln ist beim Naturpfad gefragt. Hier wurden für junge und alte Naturfans verschiedenste Entdecker- und Mitmachstationen in das Naturgartencenter integriert, bei dem auf spielerische Art und Weise Wissenswertes zu Insekten, Vögeln, heimischen Hölzer und Gartenbewohnern entdeckt werden kann.

Gartenmuseum

Gartencafé & Gartenmuseum

Das Gartencafé ist grün und bietet den Blick ins Grüne. Und wer Lust hat, kann dabei in Büchern aus unserer Natur-Bibliothek stöbern oder je nach Event- und Kursprogramm an Veranstaltungen rund um das Thema „Natur & Garten" teilnehmen.

In der Mitte des Naturgartencenters ist das Gartenmuseum Lennestadt beheimatet, dessen Besuch kostenfrei ist. Auf 300 m² zeigt die Dauerausstellung alles Wissenswerte zum Thema Naturgarten von A-Z: Hinter jedem Buchstaben verbirgt sich eine Themeninszenierung. Das Gartenmuseum ist ein Ort der Inspiration und Information und unter anderem eine Plattform für naturnahes und ökologisches Gärtnern im privaten Bereich. Eine Vielzahl von interaktiven Medien und Exponaten lassen die Besucher spielerisch die Idee des Naturgartens erleben.

Vorträge im Gartencenter Kremer sind immer gut besucht und sehr lebendig.

Sinnhafte Gartengeräte – Geräte ohne Motor verwenden

Das Angebot an Gartengeräten ist vielfältig und unüberschaubar groß. Bei genauer Betrachtung hat man den Eindruck, erst wenn man alle diese Geräte gekauft hat, kann man mit dem Gärtnern beginnen. Glücklicherweise ist dem nicht so, denn die Natur lehrt uns, mit einfachen Dingen Gutes zu tun. Und dazu braucht es nur ein paar wenige, aber gut ausgewählte Geräte.

Wie findet man die zweckdienlichen und altbewährten? Nun, wie so oft im Leben orientiert man sich an den Dingen, die im wahrsten Sinne des Wortes nützlich sind, denn solche Geräte besitzen darüber hinaus noch eine hohe Ästhetik. Zudem erfreuen sie sich einer überaus hohen Funktionalität. Einfach gute Werkzeuge mit Köpfchen, denn sie bestehen immer aus einem Stiel und einem Kopf. Und noch etwas fällt auf: Lange bevor Dinge des täglichen Lebens „ergonomisch gestylt“ wurden und als bahnbrechende Erfindung auf den Markt kamen, haben die wirklich funktionellen Geräte diese Eigenschaften oft schon seit Jahrhunderten verinnerlicht.

Holzgriffe, perfekt für die Arbeit im Garten.

Man denke hier an die Anatomie eines geschmiedeten Gartenspatens in seiner Synthese der Werkstoffe Holz und Stahl oder an die klar strukturierte Linienführung einer Axt oder Gartenhacke. In alter handwerklicher Tradition gemacht, mit der langen Erfahrung eines Meisters mit erfahrenem Blick auf den richtigen Werkstoff, das besondere Holz, die langjährig erprobte und langlebige Verbindung der Werkstoffe zu einem besonderen Werkzeug. Und die halten bei entsprechend liebevoller Handhabung und Pflege ein ganzes Leben lang – und länger. Welch wunderbare Vorstellung, vom Vater ein Veredlungsmesser vererbt zu bekommen, an dem die Spuren des Lebens deutlich erkennbar sind oder von der Mutter eine leichte Ziehhacke, mit der sie über viele Jahre den Garten kultiviert hat. Je öfter man sie benutzt, umso mehr lernt man sie kennen. Ein Spatenstiel aus hochwertigem, elastischen Eschenholz schmeichelt den Händen eines jeden Gärtners, gibt Vertrauen und Wohlbefinden. Mit dem guten Gartenwerkzeug ist es wie mit der Natur, denn sie funktionieren einfach!

Also, gutes Werkzeug ist eine Anschaffung fürs Leben und auf jeden Fall seinen Preis wert!

Am besten ist es wenn man sich mit seiner Gemeinde oder den Nachbarn abspricht und Geräte gemeinsam anschafft. So spart man Geld und Platz.

Experte

Kennengelernt haben wir Daniel auf einer Biogartenmesse und waren sofort begeistert von seinem Angebot für den Garten. Wundervolle Gartengeräte, welche man in dieser Qualität selten findet, haben sofort unseren Einkauf auf der Messe bereichert. Danach ist eine schöne Freundschaft entstanden.

The Great British Garden Company GmbH

Die englischen Gärten sind in der ganzen Welt bekannt und haben einen besonderen Platz im Herzen vieler Gartenbegeisterter. Die englische Gartenkultur blickt auf eine lange Geschichte zurück, die unter dem Einfluss von Gärtnerinnen und Gärtnern aus aller Welt über Jahrhunderte gewachsen ist und sich auch heute noch stetig weiterentwickelt. Von verschiedenen Kulturen zu lernen, sich gegenseitig zu inspirieren und Ideen zu teilen, das ist es, was die Gartengestaltung bereichert und unendlich viele kreative Möglichkeiten bietet.

Logo für das traditionelle Werkzeug

Inspiriert durch alte Gartenwerkzeuge, die schon unsere Vorfahren benutzt haben, begann ich mit dem Verkauf von Gartenzubehör und -werkzeugen im traditionellen Stil, woraus sich das Unternehmen, das wir heute mit The Great British Garden Company haben, entwickelt hat. Viele unserer Produk-

te werden für uns von kleinen Unternehmen und Manufakturen hergestellt, die unsere Überzeugung teilen, dass bei einem Produkt neben guter Qualität auch Ästhetik sehr wichtig ist, um dem Gartenliebhaber möglichst viel Freude bei der Arbeit zu bereiten.

Bei aller Begeisterung für traditionelle Werkzeuge denke ich, dass die meisten von uns heute keinen Bedarf mehr an einem „Cucumber Straightener" haben, der von dem Eisenbahningenieur George Stephenson (1781–1848) erfunden wurde und im viktorianischen Zeitalter das Highlight der Gartenaccessoires war. Eine kleine Handsichel zum Zurückschneiden von Stauden, Kräutern oder langem Gras ist jedoch ein Werkzeug, das seit Tausenden von Jahren weitgehend unverändert geblieben und nach wie vor ein praktischer Helfer im Garten ist, getreu dem Motto „The old ways are the best ways".

Zum Glück findet seit einigen Jahren ein Umdenken bei vielen Menschen hin zu langlebigeren Produkten und natürlichen Materialien statt. Da ich mich seit vielen Jahren für alte Werkzeuge interessiere, stelle ich mir gerne vor, dass die Menschen unsere Werkzeuge an die nächste Generation weitergeben werden. Was für ein schöner Gedanke!

Wir können sicher nicht von heute auf morgen alles ändern und das müssen wir auch gar nicht. Ich bin davon überzeugt, dass wir positive Veränderungen herbeiführen können, indem wir alle unseren kleinen Beitrag leisten und so nachhaltiger und ressourcenschonender mit der Natur umgehen.

In der gärtnerischen Praxis kann dies beispielsweise darin bestehen, dass wir unsere Pflanzen nicht mit Plastikschnüren, sondern mit Schnüren aus Pflanzenfasern wie z. B. Jute zusammenbinden.

Schnüre aus Pflanzenfaser

Und anstatt jedes Jahr ein billiges Werkzeug oder eine günstige Gartenschere zu kaufen, die dann oft auch nur eine Saison halten, ist es meines Erachtens besser, sich die Zeit zu nehmen und zu überlegen, was man wirklich für den eigenen Garten oder Balkon braucht und dann dementsprechend ein qualitativ hochwertiges Produkt zu kaufen, welches dann viele Jahre zum Einsatz kommen kann.

Außerdem sollte man bei der Wahl des Werkzeugs auf die Bodeneigenschaften achten, da nicht jedes Material gleichermaßen für alle Bodenarten geeignet ist. Für weiche, humose Böden sind hochwertige, gut verarbeitete Handwerkzeuge aus Edelstahl perfekt. Diese sind leicht und stabil genug für lockere Erde und lassen sich leicht reinigen. Für harte, lehmige oder steinige Böden lohnt es sich, in ein geschmiedetes Werkzeug zu investieren, das zwar meist etwas teurer und schwerer als ein Werkzeug aus Edelstahl ist, aber auch mit schwierigen Bodenverhältnissen besser zurechtkommt.

Geschmiedetes Werkzeug

Auch bei der Auswahl von Schneidgeräten sollte der Einsatzzweck bedacht werden, d. h. wenn ich versuche, die Äste meines Apfelbaums mit einer Blumenschere zu schneiden, ist der Schaden vorprogrammiert. Qualitativ hochwertige Scheren oder Gartenmesser, die regelmäßig gereinigt und geschärft werden, halten viele Jahre und bereiten Freude. Vor allem aber werden die Pflanzen sauber geschnitten, sodass sie sich schneller erholen und das Infektionsrisiko der Pflanze deutlich gemindert ist.

Abhängig von der Größe des Gartens kann es durchaus auch sinnvoll sein, bestimmte Arbeiten manuell statt mit motorbetriebenen Geräten durchzuführen. Ein gutes Bespiel dafür sind Laubbläser, die oft sehr laut und auf Strom oder Kraftstoff angewiesen sind. Mit Laubharke und Besen erzielt man ebenfalls ein sehr gutes Ergebnis und hält sich dabei noch fit. Laub eignet sich wunderbar als Mulchmaterial oder kann zu Laubkompost verarbeitet werden. Übrigens ist es sinnvoll, nicht alles blitzblank zu fegen, da viele nützliche Gartenbewohner, wie z. B. Igel und Bodenlebewesen, von etwas zusätzlichem Laub profitieren. Gemulchte Beete benötigen außerdem weniger Gießwasser und die

Gärtnern mit schönen natürlichen Materialien ist gut für die Seele.

Blumenzwiebeln heimischer Arten mit schmaler Pflanzschaufel für die Zwiebeln.

Verringerung des Wasserverbrauchs im Garten spielt selbst im oft regnerischen England eine wichtige Rolle. Die großartige kostenlose Ressource, die als Regen vom Himmel fällt, kann, wenn sie sinnvoll gesammelt und genutzt wird, einen spürbaren Beitrag zum schonenden Umgang mit Wasservorräten leisten.

Ein weiterer wichtiger Baustein ist der Erhalt und Anbau heimischer Pflanzenarten, die in unserem Ökosystem eine wichtige Rolle als Nahrungsquelle für Bestäuber spielen. Diese gedeihen meist auch besser, da sie an unser Klima und die Naturgegebenheiten angepasst sind. So macht es auch Spaß, sich um ein Beet oder Stück Land zu kümmern, wenn es Teil der natürlichen Umgebung ist und kein fremdes Gebilde, das beherrscht und kontrolliert werden muss. Draußen Zeit zu verbringen und gleichzeitig produktiv zu sein, sein Lieblingsgemüse zu züchten oder duftende Blumenbeete anzulegen, wirkt sich positiv auf unser Wohlbefinden aus. Daher kann ich nur jedem empfehlen: „Go outside and get your hands dirty"!

The Great British Garden Company GmbH
Fritz-Hintermayr-Str. 3
86159 Augsburg
Ansprechpartner: Daniel Henry
Tel. +49 821 40899031
sales@greatbritishgarden.com
www.greatbritishgarden.de

Tabelle:

· statt Motorgerät...	· ... besser Handgerät
· motorgetriebener Rasenmäher, Rasentraktor	· Handrasenmäher, Sense, Sichel; oder noch besser: Stellenweise einfach wachsen lassen!
· Motorfräse	· Spaten, Hacke, Bodenlockerer
· Laubsauger, Laubbläser	· der gute alte Laubrechen
· Motor-Sense	· Hand-Sense
· Motorsäge	· Handsäge
· Rasenvertikutierer	· Rechen

Wir bevorzugen Muskelkraft statt Motorenlärm!

Eigentlich sehnen sich die Menschen nach einem vielfältig bunt bepflanzten Garten mit Wohlfühlcharakter, einer Oase der Stille und Artenvielfalt, kurzum: einem Gartenparadies. Dieselben Parameter werden meist auch bei der Auswahl des Urlaubsortes zugrunde gelegt.

Doch diese paradiesische Stille, die uns zuweilen an lauschige Orte lockt, wird immer öfter jäh unterbrochen. Man kennt das, kaum hat man sich zu einer kleiner Gartenmeditation zurückgezogen, beginnt aus verschiedenen Himmelsrichtungen ein großes Geplärre von Rasenmähern, Vertikutierern, Laubsaugern, Motorsägen oder sonstigen Krachmachern, die der heutige Gartenmaschinist in Schuppen und Garage vorrätig hält.

Die Gartentechnik hat in den letzten Jahren deutlich zugenommen, mitunter hat man den Eindruck, dass die Gärten zunehmend mehr von „Traktoristen" bewirtschaftet werden, bei denen es unbedingt rauchen und lärmen muss. Und damit diese Vielzahl an Geräten und Wunderdingen der Technik auch optimal eingesetzt werden können, werden Gärten zunehmend mehr maschinengerecht angelegt – Beispiel Rasenmähroboter.

Doch es gibt auch kritische Meinungen zur Mechanisierung, viele Menschen fragen sich: Wer will eigentlich noch hinter einem lärmenden und Abgase ausstoßenden Rasenmäher herlaufen? Abgesehen davon, dass das Ganze ziemlich langweilig ist.

Und natürlich geht es auch anders – klimaschonender, umweltschonender und vor allem leiser!

Der Garten ist unser Fitnesscenter!

Die Devise lautet: Muskelkraft statt Motorenlärm! Denn die meisten Arbeiten im Garten kann man auch mit handgeführten Geräten erledigen. Und die Kraftquelle dafür ist der Mensch...

Dass Tätigkeiten im Garten – wir wollen hier nicht von Gartenarbeit sprechen – einen positiven Einfluss auf die Gesundheit haben, wissen wir Freizeitgärtner natürlich schon lange. Nicht zu vergessen der Glücksfaktor, denn sinnstiftende Tätigkeiten sind immer positiv besetzt. Denn letzten Endes macht das alles Sinn:

Wer säen und pflanzen will, muss vorher den Boden bearbeiten.

Wer leckeres Obst ernten will, wird Bäume und Sträucher schneiden.

Wer knackfrische Bohnen genießen will, baut eine Rankhilfe aus Bohnenstangen.

Wer vielfältig blühende Rosen, Bäume, Sträucher und Stauden will, kümmert sich, hegt und pflegt.

Und das Ganze draußen an der frischen Luft in der freien Natur – zu jeder Jahreszeit. Und natürlich ist das Ganze in vielfältiger Weise wissenschaftlich bestätigt, wie eine Untersuchung an der Deutschen Sporthochschule Köln exemplarisch belegt. Dort konnten vielfältige positive und gesundheitsfördernde Effekte nachgewiesen werden:

„Die Arbeit mit Schaufel und Spaten hat gleich mehrere messbare positive Effekte, zum Beispiel die Stärkung des Herz-Kreislauf-Systems und das Training der Muskulatur. Wir konnten eine effektive Erhöhung der Muskelausdauer feststellen. Besonders trainiert werden Oberschenkel-, Rücken- sowie Oberarmmuskulatur. Die Teilnehmer fühlten sich hinsichtlich ihrer wahrgenommenen körperlichen Verfassung trainierter."

Es kommt noch besser, denn die Gartenarbeit kann sogar das Fitness-Studio ersetzen:

„Das Gärtnern mit Spaten und Schaufel ist zumindest eine gesunde Alternative zu eintönigen Übungen an statischen Geräten im Fitness-Studio. Bei regelmäßiger Arbeit im Garten ist ein ähnlicher Effekt wie beim Kraftausdauertraining zu erwarten: Kraftniveau, Ausdauer und Leistungsfähigkeit werden spürbar gesteigert. Der Energieverbrauch bei einer Stunde Gartenarbeit mit dem Spaten entspricht in etwa dem Verbrauch bei einer Stunde Bergwandern, moderatem Laufen, Fahrradfahren oder Schwimmen."

Prof. Dr. Ingo Froböse, Universitätsprofessor an der Deutschen Sporthochschule in Köln, in: Mein schöner Garten, 2016. BurdaVerlag Publishing GmbH.

Wir wissen: Tätigkeiten im Garten sind vielfältig, abwechslungsreich, spannend, lehrreich, motivierend, kreativ, ereignisreich, gesund – und somit alles andere als eintönig!

Die Geräte im Einzelnen:

Irgendwo habe ich mal eine Hitliste der besten Ganzkörpertrainingsmaschinen gesehen. Auf Platz 1 das Rudergerät (nicht das Ruderboot!), auf Platz 2 landete die Vibrationsplatte, auf Platz 3 das Trampolin. Ganz ehrlich, das sehen wir ganz anders, und deshalb zeigen wir Ihnen unsere Hitliste der sinnhaften Gartengeräte mit Ganzkörpertrainingseffekt – natürlich alle ohne Motoren, rein mit der eigenen Muskelkraft betrieben!

Hitliste der Gartentätigkeiten

Der Spaten

Der Spaten ist der Klassiker und steht unangefochten an erster Stelle. Beim Spaten werden nahezu alle Muskeln angesprochen, angefangen bei den Waden über die Oberschenkel, den Rücken und die Oberarme. Bei den unterschiedlichen Bewegungsabläufen, wie Einstechen, Herausholen, Umdrehen und wieder in die Ausgangsstellung gehen, werden Timing, Kraft und Ausdauer gefördert.

Werner mit seinen liebsten Geräten für Rasen und Wiese.

Besonders deutlich wird das, wenn man das Tempo mal erhöht, dann müssen die einzelnen Bewegungen sitzen. Und wenn man das mal eine Weile gemacht hat, stellt man am nächsten Tag fest, dass da ja noch weitere Muskelgruppen involviert sind, wie der Gesäßmuskel und andere...

Der Handrasenmäher

Ja, es gibt ihn wirklich, ohne Motor, ohne Lärm, ohne Strom oder Benzin: Der Rasenmäher, der lediglich vom Menschen angetrieben wird. Und ganz ehrlich: Das macht richtig Spaß und ist eine sportliche Herausforderung, denn man merkt je nach Grashöhe, wie der Kraftbedarf steigt. Und wenn man eine halbe Stunde hinter sich hat, dann weiß man, was man getan hat.

Die Sense

Der Newcomer in der Szene der kreativen Gartengeräte! Hier wird jahrhundertealte Technik wieder neu entdeckt und wer es ausprobiert, bekommt einen gehörigen Respekt vor unseren Vorfahren, die Getreide und Gras mit der Sense gemäht haben. Denn die Sense ist das technisch anspruchsvollste Gartengerät, das reichlich Übung erfordert. Wer auf die Sense umsteigt, wird vielfältig belohnt mit Ruhe und Konzentration des gleichmäßigen, satten Geräusches, wenn das Gras geschnitten wird, welches den Takt vorgibt. Und wer wissen will, welche Muskelgruppen trainiert werden, möge es einfach selbst einmal probieren. Und beim Muskelkater am nächsten Tag stellt man fest, dass es offensichtlich alle sind...

Die Säge

Im Garten gibt's immer mal was zu sägen. Eine laut dröhnende Motorsäge benutzen ist eigentlich zu einfach, das kann ja jeder. Aber im Schweiße seines Angesichts einen dickeren Stamm oder Brennholz mit der Handsäge zu zersägen, das ist mal eine andere Erfahrung. Schnell merkt man, dass der Arm schwer und schwerer wird, also Armwechsel angesagt ist. In einem naturnahen Trainingsprogramm kann man mit 10 oder 20 Sägezügen pro Arm beginnen und dann wechseln. Mit zunehmend besserer Technik – auch der Atemtechnik – kann man dann die Intervalle steigern und irgendwann die magische 50er-Grenze überschreiten. Und wenn man das geschafft hat, gibt das eine wunderbare innere Ruhe...

Die Axt

Ein weiterer Klassiker ist die Axt, Jahrtausende im Einsatz und dem Menschen wohlgesonnen. Auch hier bedarf es einer gewissen Technik, denn relativ schnell stellt man fest: Nicht die pure Muskelkraft ist entscheidend, sondern der richtige Schwung macht den Erfolg. Auch mit der Axt kann man alles aus sich herausholen und meine Lieblingsübung zum Stressabbau geht wie folgt: Einfach so lange hacken, bis man die Arme kaum noch heben kann. Das sich danach einstellende Gefühl der inneren Ruhe ist unbeschreiblich wohltuend.

Das macht Sinn: Garten- und Fitnessgeräte in einem!

Alles, was im Garten anfällt, hat seinen Sinn

Aus Totholz ein Vogelparadies geschaffen.

Alles, was im Garten anfällt, sollte auch im Garten wiederverwendet werden. Schaut man der Natur eine Weile zu, sieht man, dass alles in der Natur einen Sinn hat. Ein besonderes Augenmerk sollte auf den anfallenden Gehölzschnitt im Garten liegen. Das Verbrennen dieses Materials ist meistens nur möglich, wenn man die Gemeinde vorher informiert, und sollte wegen der hohen Immissionen auch nicht in Erwägung gezogen werden.

Viel besser ist es, das Holz weiterhin im Garten zu verwenden. Hummeln, Wildbienen und Hornissen leben in Totholz. Die Echten Wespen (Vespidae) nutzen z. B. das anfallende Holz zum Nestbau. Der überwiegende Teil der 1.000 Wespen- und Bienenarten ist in verschiedensten Weisen auf Alt- und Totholzstrukturen angewiesen.

Totholzhaufen

Setzen Sie im Garten einen Totholzhaufen auf. Darüber freuen sich nicht nur viele Insekten, sondern er dient auch anderen Mitbewohner im Garten als Brutplatz und geschützter Schlafplatz.

Totholzhaufen im wilden Eck

Totholz am Gartenhaus ist ein großartiges Insektenhotel.

Was Totholz alles kann:

- bietet Unterschlupf für Igel, Blindschleichen, Eidechsen, Kröten, Insekten, Spinnen und weitere Tiere
- ist Futterquelle für viele Tiere im Winter
- hält Baumaterial bereit, beispielsweise für früh fliegende Insekten
- ist Gestaltungselement im Garten (zum Beispiel als Umrandung von Beeten als Dekoration oder Benjeshecke) – besonders im Winter gibt Totholz dem Garten Struktur

(Quelle: NABU)

Benjeshecke

Eine der schönsten und nützlichsten Verwendungen von Schnittgut ist der Bau einer Benjeshecke. Für eine Benjeshecke werden mehrere Holzpfeiler in zwei Reihen in den Boden gesetzt und dazwischen Totholz, Reisig und andere Gartenreste in Form einer Hecke aufgeschichtet.

Immer abwechselnd links und rechts im Abstand von circa einem Meter werden stabile Äste oder Holzpfosten in den Boden gesteckt. Das Totholz wird vertikal dazwischen gelegt. Im Laufe der Zeit sackt die Hecke ab und Vögel tragen Samen ein, die Hecke beginnt zu leben. Gehölze und Stauden wachsen und die Hecke blüht. Jedes Jahr im Herbst und Frühjahr kann neues Schnittgut nachgelegt werden. So schafft man einen artenreichen Lebensraum im Garten und spart sich viel Arbeit. Die Hecke kann an Grundstücksgrenzen und an anderer Stelle als Abgrenzung dienen. So wie sie es in Kulturlandschaften bereits seit Jahrtausenden tut, denn so alt ist das Prinzip der Totholzhecke bereits. Wer nicht warten will, bis die Vögel Samen eintragen, kann seine Hecke auch nach eigenen Vorstellungen bepflanzen.

Folgende Pflanzen eigenen sich als Begleitpflanzen für eine Benjeshecke im Schatten:

- Kriechender Günsel (*Ajuga reptans*)
- Buschwindröschen (*Anemone nemorosa*)
- Akelei (*Aquilegia vulgaris*)
- Vergissmeinnicht (*Myosotis sylvatica*)
- Roter Fingerhut (*Digitalis purpurea*)
- Waldfrauen-Farn (*Athyrium filix-femina*)
- Breitblättrige Glockenblume (*Campanula latifolia*)
- Schattensegge (*Carex umbrosa*)

(Quelle: NABU)

Benjeshecke

Expertin

Mit Viktoria verbindet uns eine lange Freundschaft und die gemeinsame Leidenschaft für die gärtnerische Idee REWILDING.

Wildnis wagen!

Vier Jahre ist es jetzt her. Da ging ich mit Zollstock und Notizbuch in das Heckenlabyrinth, das über 15 Jahre lang Ort jährlich wechselnder Schaugärten gewesen war. 2017 waren keine Schaugärten geplant, das Areal war geschlossen.
Es war Mai und ich hatte einen Plan. Ich wollte Tabula rasa machen. Nur die Bäume sollten stehen bleiben. Elegant sollte es werden, pittoresk, mit Schafen im Schatten großer Eichen und an grünen Ufern, wo sie sich im Schlossgraben spiegeln würden.

Als ich das Heckenlabyrinth mit forschem Schritt und Tatendrang betrat, hörte ich Vogelgezwitscher von einer Intensität und Vielstimmigkeit, wie ich es noch nie erlebt hatte. Ich blieb stehen und lauschte. Das Summen der Bienen, die um Dost und Disteln schwirrten, Libellen, die sich auf Ufersteinen sonnten, quakende Frösche, der Kuckuck, die Nachtigall … Fast schuldbewusst verstaute ich Zollstock und Maßband.

Schloss Ippenburg

Aus der Traum vom eleganten Landschaftspark!

Keine einzige Hecke würde ich wegnehmen, keinen Schilfrand entfernen. Ein neues Bild tauchte auf: „Wilderness". Thoreau, der den Begriff prägte, hatte mich schon immer fasziniert.

Landschaftspark kontra Wildnis! – Ich wollte es wagen!

Ich ahnte, dass es nicht einfach werden würde, meine Entscheidung den Ippenburger Besuchern nahezubringen, die seit Jahrzehnten gewöhnt waren, in diesem Areal klassische oder auch avantgardistische Schaugärten zu bestaunen.
Ich erntete entsetzte Kommentare. „Alles verwahrlost, ungepflegt, eine Schande, diese verwilderten Gärten" usw.

Viktoria liebt Gartenarbeit.

Der Wildwuchs, der mich glücklich machte, war für viele ein Störfaktor. Sie sahen nur Disteln, Brennnesseln und Unordnung. Sie wünschten sich die

Mehr Wildnis wagen und Totholz für die Insekten sammeln.

Der Ippenburger Park lädt ein, Natur pur zu erleben.

Kreative Verwendung von Holz im Garten.

geordneten, jährlich wechselnden Themengärten zurück, hübsch portioniert, verständlich, amüsant – zum „Genuss im Vorbeigehen" geeignet.

Bestärkt in meinem Entschluss durch das im Juli 2017 veröffentlichte Gutachten über das Insektensterben, widmete ich mich meinem neuen Zukunftsprojekt mit voller Kraft und beschloss, es zu einem wichtigen Teil der Ippenburger Gartenausstellung zu machen.

Schon im ersten Jahr pflanzte ich tausende Bäume und Sträucher, errichtete Stein- und Totholzhaufen, baute Insektenhotels – ja, ein ganzes Insektenresort!
2019 kam eine Wildbienenmauer dazu, da das „Insektenresort" bereits überfüllt war. In diesem Jahr entsteht ein Insektenhotel in einer Palettenwand.

So wird es weitergehen, von Jahr zu Jahr. Ich arbeite an meinem Paradies für Singvögel, Insekten, Amphibien – und Menschen!
Die Wildnis soll glücklich machen, das ist mein Ziel. Sie soll die Menschen inspirieren, ihre Umgebung mit anderen Augen zu sehen.

Es hat keinen Sinn, über verlorene Landschaften zu trauern – es gibt keinen Weg zurück. Aber es gibt den Blick nach vorn, den schöpferischen Blick, der aus öden Schulhöfen und Parkplätzen, aus trostlosen öffentlichen Parks, aus den Geröllhalden zeitgenössischer Vorgärten und aus klinisch toten Dörfern und Städten blühende Glücksorte machen kann. Der Blick, der, anstatt zu kapitulieren, Potenziale erkennt und nutzt.

Es ist nicht zu spät. Wir können uns auf das Potenzial der Pflanze verlassen. Sie hat die Kraft, die Schönheit und den Zauber, die Welt im Kleinen zu verändern. Mit Pflanzen kann

man zerstörte Orte heilen. Wir müssen es nur wollen – und wir müssen es tun! Vor unserer Haustür, in unserer Straße, in unseren Städten.
Ich liebe „meine" Wildnis. Ich möchte mit ihr den Anstoß geben, Wildnis zu wagen.
In vollem Vertrauen auf die Kraft und das Potenzial der Pflanze.

Viktoria von dem Bussche ist Gärtnerin aus Leidenschaft, professionelle Organisatorin großer Events, sie ist unbestechlich in Stil- und Geschmacksfragen und sie folgt ihrer Intuition. Zurzeit geht sie „back to the roots" – und das heißt „gärtnern, gärtnern, gärtnern"! Ippenburg soll schöner, vielfältiger, anregender und inspirierender werden. Die Gärten von Schloss Ippenburg sind das Werk eines – inzwischen vieler – Autodidakten in kongenialer Zusammenarbeit mit leidenschaftlichen Gartenarchitekten und Künstlern. Es sind keine Profis. Es sind Träumer, Künstler, Handwerker und Pflanzennarren.

https://www.ippenburg.de/die-gaerten/

Expertin

Birgitta kennen wir eigentlich schon immer und teilen gemeinsam die Leidenschaft für Schulgärten und mehr …

Ressourcensparend gärtnern

Mit der Corona-Pandemie und dem Ukraine-Krieg sind die weltwirtschaftlichen Verflechtungen erstmals einer breiten Öffentlichkeit wirklich bewusst geworden. Wie sehr wir von Rohstoffen abhängig sind, die in anderen Ländern hergestellt werden, wie sehr diese wirtschaftlichen und materiellen Abhängigkeiten auch die Spielräume der Politik einschränken, bekommen wir jetzt zu spüren. Aber auch die schiere Menge an Ressourcen, die wir verbrauchen, ist schwindelerregend! Wir sollten daher in allen Lebensbereichen darüber nachdenken, wie wir handeln können, ohne viele Ressourcen zu verbrauchen. Welche Ansatzpunkte gibt es dafür im Garten?

So viel Wildnis wie möglich!

Die Natur macht es uns vor: Sie verbraucht keine externen Ressourcen, sie begnügt sich mit dem, was da ist, und verwertet alles. Da, wo wir Wildnis zulassen, verbrauchen wir keine zusätzlichen Ressourcen. In den wilden Ecken im Garten brauchen wir keine Baumaterialien, keine Rankhilfen, keine Pflanztöpfe, keinen Dünger und wir nutzen unsere Geräte dort nicht ab… ganz abgesehen von den wertvollen Ressourcen Zeit und Energie (in Form von körperlicher Arbeit), die wir dort nicht einsetzen müssen und die uns so für andere Dinge zur Verfügung stehen.

Der Natur einen Platz geben: das wilde Eck.

Vorhandene Materialien im Garten verwenden.

Naturmaterialien aus dem Garten nutzen!

Der Garten bietet uns organisches Material in Hülle und Fülle, aus dem wir unseren eigenen organischen Dünger (Kompost) herstellen können. Laub und Grasschnitt kommen als Mulch auf die Beete. Mit Stämmen, Ästen und Zweigen können wir Beetabgrenzungen, Zäune, Rankhilfen etc. bauen. Aus der wilden Ecke können wir uns mit Mulchmaterial versorgen oder Pflanzenstärkungsmittel herstellen (z. B. einen Brennnessel-Kaltauszug).

Naturmaterialien statt Kunststoff nutzen!

Zum Anbinden eine Kordel aus Flachs nutzen. Kein Unkrautvlies (nützt ohnehin nur sehr kurzfristig etwas) verwenden. Pflanzenschilder lassen sich aus Holz/Ton/Schiefer selbst basteln.

Sparen!

„Langes Fädchen, faules Mädchen" – ein nicht ganz gendergerechter, aber bemerkenswert aktueller Spruch unserer Großmütter. ;) Heute könnte man es so ausdrücken: Beim Anbinden mit Kordel besteht die Herausforderung darin, ein möglichst kurzes Stück Kordel zu verwenden und die Enden mit einer Schleife zusammenzubinden. So verschwendet man keinen Faden und kann ihn ggf. noch einmal benutzen, weil man eine Schleife leicht wieder aufbekommt und nicht wie einen festgezurrten Knoten aufschneiden muss. Anderes Beispiel: Metall ist ein Werkstoff mit schwerem ökologischem Rucksack. Vorheriges Nachdenken über die wirklich benötigte Menge und sorgfältiges Arbeiten können den Verbrauch von Nägeln und Schrauben erheblich verringern.

Selbstgemachtes Schild im Schulgarten

Selbst machen statt kaufen!

Wer samenfeste Sorten anbaut, kann sein eigenes Saatgut ernten und im nächsten Jahr wieder verwenden. Mit dem eigenen Kompost lassen sich für die Anzucht und für das Füllen von Pflanzgefäßen eigene Erden herstellen, was einfacher ist, als es sich anhört.

Stehtische, selbst gebaut

Langlebiges statt Kurzlebiges einsetzen!

Robuste und reparierbare Gartengeräte kaufen. Wenn überhaupt, dann Outdoortauglichen (UV- und frostbeständigen) Kunststoff einsetzen (z. B. bei Abdichtfolien für Hochbeete, Teichfolien (kein PVC!) statt Noppenfolien).

Secondhand und regional einkaufen!

Auf Online-Plattformen werden zahlreiche Gartenprodukte, oft aus der Nachbarschaft, angeboten. Pflanzen und Saatgut gibt es auf lokalen/regionalen Tauschbörsen.

Reparieren und wiederverwenden statt wegwerfen!

Pflanztöpfe aufbewahren, alte Pflanzerde als Aussaaterde wiederverwenden, Geräte reparieren.

Körperkraft statt Motoren!

Mit dem Spindelmäher lässt sich ein kurzer Rasen mähen, mit der Sense hohes Gras bearbeiten, mit der Sichel Ränder und Stauden. Wie all diese Schnittwerkzeuge sollten auch manuelle Heckenscheren und Sägen von guter Qualität sein und gut gepflegt werden. Dann erfordert ihre Verwendung nach einiger Übung recht wenig Krafteinsatz.

Keine Materialschlachten für den Unterricht!

Es gibt keinen Beweis dafür, dass Schulkinder Dinge besser lernen oder sich über längere Zeiträume merken können, wenn sie ein Arbeitsblatt ausfüllen. Viel nachhaltiger ist Lernen durch eigenes Entdecken und Tun. Auch wenn Klemmbretter, Papier & Stifte zur Grundausstattung des Schulgarten-Unterrichts gehören, sollten wir überlegen, ob wir sie wirklich immer brauchen. Dokumentation ist kein Selbstzweck, sondern dient der Vorbereitung einer Reflexion über Beobachtungen oder Arbeitsergebnisse. Wenn keine Reflexion vorgesehen ist, muss auch nicht dokumentiert und damit Papier (analoge Dokumentation) oder Energie (digitale Dokumentation) verbraucht werden. Außerdem schadet es nicht, wenn Schulkinder üben, sich Dinge auch einfach mal zu merken. ;)

Alter Lederschuh dient als kleines Zuhause.

Wenn im Schulgarten gebaut oder gebastelt wird, sollte möglichst vorhandenes Material eingesetzt werden. Wie viele Arbeitsergebnisse von Schulkindern liegen nach ein paar Wochen verloren in Kinderzimmern herum oder verstauben in den Regalbrettern der Klassenzimmer?! Nichts gegen eigene (Kunst-)Werke, aber auch eine geschnittene Hecke, ein gejätetes Beet oder ein kleines selbstgebautes Häuschen aus Zweigen unter einem Strauch im Schulgarten sind Werke, auf die Schulkinder stolz sein können, für die aber keine Ressourcen verbraucht werden und die nicht verstauben oder vergessen werden, sondern die sich nach und nach wieder in den Naturkreislauf einfügen.

So mancher wird sich beim Lesen wohl gedacht haben: Wie jetzt? Ein paar Zentimeter eingesparter Kordel sollen die Welt retten? Natürlich können wir in unserer „Miniaturwelt Schulgarten" nicht die Welt retten, aber wir können mit den Schulkindern eine Haltung einüben, die hoffentlich später zur Selbstverständlichkeit wird, nämlich die wichtigste Tugend des nachhaltigen Lebens: Suffizienz, zu gut deutsch: Genügsamkeit! Es geht darum, bei allem, was ich tue und konsumiere, darüber nachzudenken, ob es wirklich nötig ist. Es geht um das Prinzip des „minimal impact". Man kann sich trefflich darüber streiten, welche Maßnahmen wirklich wirksam sind, damit die Menschheit auf den Pfad einer nachhaltigen Entwicklung gelangt. Das Prinzip des „minimal impact", d. h. des kleinstmöglichen Eingriffs in die Natur, ist auf jeden Fall immer richtig! In diesem Sinne wird mit ein paar Zentimetern eingesparter Kordel langfristig sicher mehr erreicht als mit dem Kauf eines Messenger-Dienstes für 40 Milliarden Dollar. Denn das ist das Gegenteil von Genügsamkeit!

Totholz im Garten ist ein schönes Gestaltungselement.

Dr. Birgitta Goldschmidt (*1966) aus Koblenz ist promovierte Geoökologin und beschäftigt sich seit vielen Jahren freiberuflich und ehrenamtlich mit dem Lernort Schulgarten.

Plastikfrei gärtnern

PET-Töpfe, Einwegverpackungen

Ein großes Thema, ohne Frage, denn viele Produkte für den Garten sind in Plastik kultiviert oder verpackt. War es in früheren Jahren üblich, dass Gehölze „wurzelnackt" nur zur Pflanzzeit angeboten wurden, ist das Pflanzenangebot heute nahezu ganzjährig in Töpfen und Containern verfügbar. Das erleichtert dem Kunden natürlich die Auswahl und Kaufentscheidung und entzerrt die ehemals kurze Verkaufszeit für die Produzenten. Diese Vorteile werden aber teuer erkauft, denn bis jetzt sind nahezu alle PET-Töpfe Einwegverpackungen und wandern in den gelben Wertstoffsack. Diese Begrifflichkeit ist bei Lichte betrachtet nicht mehr zeitgemäß und eigentlich völlig irreführend und unzutreffend. Denn er suggeriert, dass, wer viel wertvolle Stoffe

Im Freizeitgarten kann man Tontöpfe immer wieder verwenden. Gereinigt werden die Töpfe mit heißem Wasser und Soda.

Unnötige Verpackungen erhöhen den Plastikmüll im Garten.

sammelt, eigentlich etwas Gutes tut. In Wirklichkeit ist bekannt, dass ein großer Teil davon gar nicht in den Recycling-Prozess gelangt, sondern wie Müll thermisch entsorgt wird. Ein jeder von uns kennt das, wenn er für seinen Garten viele super-schöne Pflanzen gekauft hat und nach dem Pflanzen eine Vielzahl gelber „Wertstoffbeutel" übrig hat.

Die Gartenbaubranche weiß das natürlich und seit vielen Jahren werden Versuche mit kompostierbaren Pflanzgefäßen aus Papier, Holz oder Pflanzenfasern durchgeführt. Die Ergebnisse sind teilweise vielversprechend, erste Firmen haben innovative Lösungen auf den Markt gebracht. Unabhängig davon wird intensiv an der Qualität und Verfügbarkeit der pflanzlichen Rohstoffe, der Kompostierbarkeit und Haltbarkeit und Stabilität bis zum Garten des Endkunden gearbeitet und geforscht. Auf jeden Fall gilt es jetzt für den Verbraucher, diese Trends zu unterstützen und gezielt nach solchen Produkten zu schauen und noch besser: Im Handel gezielt danach zu fragen – auch wenn das gegebenenfalls ein klein wenig teurer sein sollte! Denn Innovation hat eben seinen Preis.

Einige Gartenbaubetriebe sind sogar dazu übergegangen, die leeren Töpfe – ihre eigenen – wieder zurückzunehmen. Das können in Einzelfällen dann schon mal beachtliche 20 % sein. Die Töpfe müssen dann – bisher meist von Hand – gereinigt werden, was natürlich mit zusätzlichen Kosten verbunden ist. Bei größeren Mengen sind zukünftig sicher auch maschinel-

le Topfreinigungs-Waschmaschinen denkbar, die den Kostenaufwand reduzieren. Auch hier lohnt es sich als Kunde, solche Anbieter ausfindig zu machen und ein solches Pfandsystem zu unterstützen.
Ein weiterer großer Plastikeintrag erfolgt beim Kauf von Pflanz- oder Blumenerde, die komplett in PE-Beuteln gehandelt wird. Auch hier bewegt sich etwas, denn innovative Betriebe bieten die Erden als lose Ware an, nach dem Prinzip der „Unverpackt-Läden". Der Kunde bringt sein eigenes Transportgefäß mit, das nach dem Befüllen gewogen wird, und bringt es in seinen eigenen Garten.
Auch hier ist es für den umweltbewussten Kunden interessant, solche Anbieter herauszufinden und zu unterstützen. Nur so kann sich etwas ändern, denn der Kunde ist ja bekanntlich der König und bestimmt mit seiner Kaufentscheidung, wie das Angebot der Zukunft sein soll.

Experte

Matthias kennen wir durch unsere langjährige Zusammenarbeit mit „Natur im Garten".

Plastik ist in aller Munde – und das im wahrsten Sinne des Wortes. Wir alle nehmen pro Woche die Menge einer Kreditkarte an Mikroplastik über unsere Nahrung auf! Daher stellt sich die Frage, wie man Plastik im eigenen Garten minimieren kann?

Bindeschnur aus Hanf

Rankgerüst aus Weide

Um eines gleich vorwegzunehmen: ganz ohne wird's schwierig, denn Schläuche, Bewässerungssysteme, Gewächshäuser, Teichfolien und zahlreiche Maschinenteile sind aus dem Wunderwerkstoff Plastik. Wo es – noch – unverzichtbar ist, bleiben Gartenfans zumindest die konsequente Mülltrennung und Wiederverwertung.
Aber dort, wo es bereits Alternativen gibt, sollten wir konsequent auf Plastik verzichten. Dazu zählen z. B. plastikfreie Verpackungen, Pflanztöpfe aus Recyclingkarton, Sonnenblumenschalen, Hanf oder Holzfasern bzw. die selbstgedrehten Anzuchttöpfchen aus Zeitungspapier.

Schnüre aus Naturfasern sind ebenso umweltfreundlich wie der Winterschutz aus Jute oder Stroh. Weidengeflechte oder die Zweige vom Obstbaumschnitt bieten Erbsen und anderen Kletterern eine plastikfreie und attraktive Stütze.

Statt Mulchfolien helfen Rasenschnitt und Holzhäcksel, ungeschützten Boden zu bedecken. Bunte Werkzeuglacke enthalten viel zu oft Mikroplastik, warum nicht auf die nachhaltigeren Kombinationen aus Holz und Metall umsteigen? Solche Werkzeuge begleiten uns dafür viele Jahre hindurch im Garten und Grünraum.

Seit jeher naturverbunden, darf Matthias Wobornik seit 2017 diese Leidenschaft als gelernter Betriebswirt auch beruflich ausleben und für „Natur im Garten" die Marketing- und Verwaltungsagenden in der Geschäftsführung verantworten. „Natur im Garten" zeigt, dass Klima- und Umweltschutz im Kleinen beginnt und jeder seinen Beitrag dazu leisten kann. In der Natur bewegt sich Matthias Wobornik am liebsten mit dem Fahrrad und erkundet dabei die schönsten Ecken Niederösterreichs.

Weniger Plastik – geht das?

Ein weiteres Thema beschäftigt mich schon mein ganzes Erwachsenenleben. Es ist die Verwendung von Plastik in allen Lebensbereichen, ob im Garten, Haushalt, bei Freizeit und Sport, eigentlich überall. Besonders deutlich wird das bei der Verpackung von Lebensmitteln: Äpfel im Sixpack eingeschweißt, Kartoffeln oder Zwiebeln im Plastiknetz, Schnittkäse oder -wurst in Kleinstmengen in der praktischen und wiederverschließbaren PE-Box, Milch im Tetra Pak und viele weitere mehr, die Liste ließe sich schier unendlich weiter ausführen.
Obwohl ich schon immer darauf achte, möglichst wenig verpackte Produkte zu kaufen, muss ich – trotz aller Bemühungen – immer noch eingestehen: Ich bin mit meiner Familie ein guter und verlässlicher „Wertstoffproduzent". Das wird mir

Unachtsam in die Landschaft geworfene Plastikteile werden schnell von Pflanzen besiedelt und gelangen so unwiderruflich in tiefere Bodenschichten.

immer dann ganz brutal bewusst, wenn ich einmal im Monat die gelben Wertstoffsäcke an der Straße aufstapele. Und dann denke ich: Was mache ich eigentlich gerade hier? Das will ich doch gar nicht, das habe ich doch nicht alles gekauft? Das löst jedes Mal eine Unzufriedenheit in mir aus, denn eigentlich bemühe ich mich redlich, weniger Müll zu produzieren. Beim Einkaufen habe ich immer einen Karton, eine Kiste, mehrere Stofftaschen im Auto, fahre so oft es geht mit dem Fahrradanhänger und Rucksack und verzichte auf jede unnötige Verpackung. Zum großen Erstaunen der Verkäufer nehme ich das Brot auch ohne Papiertüte und stecke es in meinen Rucksack. Und der stets mitgeführte Trinkbecher als Alternative zum Coffee-to-go-Einwegbecher ist auch keine Lösung, wenn er aus angeblich hygienischen Gründen nicht befüllt werden darf oder unter inakzeptablen Produktionsstandards irgendwo billig in Asien hergestellt wurde. Denn trotz alledem reichen meine Bemühungen offensichtlich nicht aus, wenn ich nach 4 Wochen wieder die Menge meiner wertvollen Wertstoffbeutel beim Raustragen betrachte.

Eine kleine Geschichte zum Plastik in der Welt

Schon in meiner Schulzeit habe ich mich für Erdkunde und die Welt interessiert. Besonders für die großen Flüsse der Welt wie den Nil oder den Mekong. Fasziniert hat mich die enge Beziehung und die Abhängigkeit der Menschen von den Flüssen. Der Mekong, „die Mutter des Wassers", hat eine Länge von 4.350 bis knapp 5.000 km, fließt durch 6 Länder und mündet im Süden Vietnams in vielen Armen in das Südchinesische Meer. Auf seinem langen Weg hat er Millionen von Tonnen fruchtbaren Schlamm aufgenommen und lagert sie im Mekongdelta ab. So ist über viele Jahrhunderte eine ausgesprochen fruchtbare Region in der Größe der Niederlande entstanden (39.000 km^2), die sogar jährlich um 80 m wächst. Ein echtes Paradies, ein Garten Eden, in dem alle Früchte üppig wachsen. Diese fruchtbaren Schwemmlandböden sind die Reiskammer Vietnams mit einer Jahresproduktion von 16 Mio.

Tonnen – bei 3 Ernten jährlich! Ein Eldorado für jeden Gärtner und Landwirt und das alles hat der Mekong möglich gemacht. Dieses Wunder wollte ich unbedingt mit eigenen Augen sehen.

Und ich habe es gesehen, bin auf den vielen Armen des Mekong gefahren, habe Obst- und Gemüsefarmen angeschaut, das eng verwobene Leben der Menschen mit, am und auf dem Fluss, die fruchtbaren Böden, das Paradies – und war völlig desillusioniert und zutiefst enttäuscht. Diese Lebensader der Menschen, die fruchtbarsten Boden durch Überschwemmungen und Ablagerungen des wertvollen Mekongschlammes ermöglicht und die Ernährung der Menschen seit Jahrtausenden ermöglicht, ist zu einem Abfallbecken für Plastik aller Art verkommen! Vom Boot aus betrachtet gibt es scheinbar keinen Quadratmeter Wasser, aus dem nicht Plastiktüten, Styroporstücke, Einwegbecher und sonstiges Plastik durchschimmern. Die Ufer sind meterhoch gesäumt mit allen Plastikteilen, die das menschliche Leben widerspiegeln, sie hängen als Trauerflor auf der gesamten Länge des Flusses in den Ästen der Bäume. Und was nicht hängen bleibt, wird ins Meer gespült und irgendwann bekommen wir das Mikroplastik in Form von Fischfilets auf den Teller.

Und oft, wenn ich meine Wertstoffbeutel rausstelle, muss ich an den Mekong denken, der den Kampf gegen die Plastikflut verloren hat. Organisches Material konnte er über viele Jahrtausende transportieren, das hat er locker geschafft. Aber das ist jetzt zu viel für ihn. Wir rühmen uns, dass wir in Deutschland ein gut funktionierendes Mülltrennungs- und Wiederverwertungssystem haben. Das ist auch – ohne Frage – sehr gut.

Gleichwohl gibt es zu viel Plastik auf der Welt und zwar an Orten, wo es definitiv nicht hingehört: im Boden, im Wasser, in unseren Lebensmitteln, in unseren Körpern. Und die alle sollten wir entplastifizieren!

Denn wenn ich mir unsere Autobahnauffahrten und -abfahrten, die Straßengräben und Wege und Plätze vielerorts so anschaue, dann erinnert mich das zunehmend mehr an die Ufer des Mekong...

Deshalb freue ich mich sehr, dass – meist engagierte junge Menschen – Lebensmittel zum Selbstabfüllen anbieten. „Unverpackt-Laden" heißt das Konzept, und in vielen Städten gibt es sie schon, auch in ländlichen Regionen. Klasse Idee, man bringt sein Verpackungsmaterial selbst mit und füllt seine Grundnahrungsmittel nach Bedarf ab. Und ja, das hat seinen Preis, da gibt es nichts nach dem Motto „Heute bei uns xx Prozent billiger", denn hier geht es um eine neue Wertigkeit.

Weniger Plastik – eine Geschichte von Andersmachern

Ich war schon immer ein Freund von guten, duftenden Seifen, als Rasierseife und natürlich zur Körperpflege. Seit einigen Jahren gibt es ja Kombiprodukte in Seifenform für Haut und Haar, meist sehr wertig hergestellt und umweltfreundlich verpackt.
Ein Start-up von jungen innovativen Menschen hat das weiterentwickelt und das Thema Seife völlig neu interpretiert. Das Ganze heißt jetzt „Duschbrocken". Als ich das zum ersten Mal hörte, dachte ich: „Was soll denn das? Das ist doch Seife, nichts Neues." Bei genauer Betrachtung stellt man aber fest, dass es sich um ein völlig neues Produkt handelt, nämlich Shampoo und Duschgel in fester Form. Und zwar ohne Plastik, Mikroplastik, Palmöl, Sulfate, Silikone und Konservierungsmittel, dafür 100 % vegan. Und das Ganze entsprechend wertig hergestellt und verpackt – alles ohne Plastik!
Also geht es doch irgendwie, oder?

Müllyoga – der neue Trendsport

Werner nimmt es leicht und macht Dehnungsübungen beim Plastiksammeln am Straßenrand.

Sicher kommt Ihnen das bekannt vor, ob Sie mit dem Rad im Wald unterwegs sind oder mit dem Auto von A nach B: Rechts und links neben Weg oder Straße liegt alles voll mit Müll.
Platz 1 in der Hitliste sind Plastikverpackungen und Folien aller Art: Vom Bonbon-Papier (Wer kauft eigentlich noch einzeln verpackte Bonbons?) über Kaugummidosen (scheinen sehr beliebt zu sein), Käseverpackungen, Plastiktüten mit den Logos des gesamten Lebensmitteleinzelhandels und immer voll dabei: Styroporreste!
Bei Platz 2 meiner persönlichen – aber vielleicht nicht repräsentativen – Rangfolge spielen die großen bekannten Fast-Food-Tempel eine unrühmliche Rolle. Denn je näher man ihnen kommt, desto stärker sind die Wegränder und Straßengräben mit den Verpackungsresten der jeweiligen Firma gesäumt. Herausragend

im wahrsten Sinne des Wortes sind die oft überdimensionierten Trinkbecher, natürlich ordnungsgemäß verschlossen und selbstverständlich mit Trinkhalm. Auch wenn manche dieser Ketten den Kunststoffanteil der Verpackungen reduziert und durch Kartonagen ersetzt haben, gehören sie trotzdem nicht in die freie Landschaft.
Mitunter ertappt man sich bei der Frage nach Erziehung oder Kinderstube der „Wahllos-aus-dem-Fenster-Werfer". Sie werden sicher zustimmen, dass die meisten Menschen davon ausgehen, dass man so etwas einfach nicht tut. Denn eigentlich lernen das Menschen so, beginnend vom Elternhaus über den Kindergarten bis zur Schule. Ich glaube, hier brauchen wir wieder mehr Leuchttürme und Vorbilder, also nicht die Wegschmeißer, sondern Aufheber! Aber dazu später.
Auf Platz 3 stehen leere Zigarettenschachteln. Als langjähriger Müllsammler macht einen das wirklich fassungslos. Es ist wirklich unbeschreiblich, mal ganz abgesehen von den Zigarettenstummeln und Kippen überall. Ich frage mich manchmal, ob da ein Pfand beim Kauf helfen würde, die Müllflut einzudämmen.
Platz 4 hat mich wirklich gewundert: Eine breite Palette leerer Getränkebehälter rechts und links der Straßen, in Glas oder PE. Das Erstaunliche daran: überwiegend die Restverpackungen alkoholischer Getränke! Sehr beliebt und derzeit hoch im Kurs scheinen die Viertelliter-Flaschen an Wein und vor allem Sekt, aber auch kleine und große Schnapsflaschen, alle Arten von Bierflaschen und natürlich Dosen, auch von der beliebten Marke, die bei reichlichem Genuss zum Fliegen anregen soll. Und unter dem Strich ein hoher Prozentsatz an Pfandgebinden. Vielleicht sollte man doch das Pfand erhöhen?

Flaschen aus dem Graben

Wenn man die beschriebene Situation mal betrachtet, dann kann man sich natürlich jeden Tag aufs Neue aufregen und echauffieren. Und laut deklamieren: „Das sieht ja furchtbar aus", und „Da müsste man mal sauber machen", oder noch besser „Die (Politik, Bürgermeister, Stadt oder wer auch immer) müssten das mal machen" und so weiter. Na ja, ob das so effizient ist?
Es geht auch anders, effizienter. Und das Ganze lässt sich dann mit einer sportlichen Übung kombinieren, mit der Rund-um-Zufriedenheitsgarantie für Körper, Geist und Seele!

Müll-Yoga – eine Anleitung

Wir sind regelmäßig mit unseren beiden Hunden durch Feld und Wald und Flur unterwegs, entweder zu Fuß oder mit dem Fahrrad. Seit vielen Jahren haben wir immer diverse Beutel und Handschuhe zum Aufsammeln des Mülls dabei. Beim Fahrrad haben wir den Stauraum mit Korb und Satteltaschen aufgerüstet. Und es gibt keinen Tag, an dem wir mit leeren Händen/Beuteln/Satteltaschen nach Hause kommen, denn wirklich überall findet sich die gesamte Hitliste – und noch viel mehr.

Deshalb kommt hier unser Vorschlag, wie man die Wanderung oder Radtour sportlich noch aufmöbeln kann.

Vorschlag Nr. 1: Müll-Sammel-Yoga beim Wandern/Spazierengehen

Und das geht so: Man läuft gemütlich durch die Natur und lässt seinen Blick gemächlich nach rechts und links schweifen, ganz langsam und nicht zu hastig. Das entspannt und lockert schon mal die Schulter- und Halsmuskulatur. In dieser lockeren Grundhaltung entdeckt man auch sogleich die ersten sammelwürdigen Exponate, die in der freien Natur einfach nichts zu suchen haben. Das bedeutet: Handschuhe an und bücken und dann immer abwechselnd mit der linken und rechten Hand aufsammeln. Und beim nächsten Mal ein bisschen tiefer federn ...

Werner beim Müll-Yoga

Müllausbeute vom Sonntagsspaziergang

Das nächsthöhere Level kann man im Straßengraben/an der Böschung erklimmen, denn ein großer Ausfallschritt schult nicht nur Feinmotorik und Gleichgewichtsgefühle, sondern auch Beinmuskulatur und Hüftbeuger. Wenn Sie nicht wissen, wer oder was der Hüftbeuger ist, das ist nicht schlimm, spätestens am nächsten Tag spürt man ihn, garantiert!

Das Grundprogramm lautet also: schauen – hingehen – bücken – greifen – in Beutel ablegen – weitergehen.

Mit jedem Sammlerstück wird der Beutel schwerer und da man sinnvollerweise sowieso mit 2 Beuteln unterwegs sein sollte (einer für Plastik, einer für Glasflaschen), kann man direkt die Armmuskeln mit in das Programm integrieren.

Vorschlag Nr. 2. Müll-Sammel-Yoga mit dem Fahrrad

Die Grundübungen sind identisch zu 1. Dazu kommt aber das permanente Auf- und Absteigen (früher nannte man das wohl „Querfeldeinrennen" oder so ähnlich) sowie die wechselfüßige Bedienung des Fahrradständers.

Vorschlag Nr. 3. Müll-Sammel-Yoga im Urlaub/am Strand

Müllsammeln am Strand erfordert ein hohes Maß an Erfahrung und Schussfestigkeit. Nicht selten wird man mit strafenden Blicken verfolgt, die andeuten, man würde doch die Urlaubsidylle zerstören – in einem Mee(h)r an Plastik. Und es bedarf einer guten Organisation. Da wir immer zu zweit arbeiten, sucht sich der eine den höchsten Punkt mit gutem Rundumblick und dirigiert den anderen mit kurzen, klaren Anweisungen.

Fazit

Anstatt sich über Dinge aufzuregen, die einem nicht gefallen, ist es oft viel befriedigender, diejenigen zu ändern, die man selbst ändern kann. Die Botschaft lautet: „Es ist zwar nicht mein Müll, aber unsere Welt". Und wenn sich noch ein paar weitere Menschen auf dieser Welt finden, die genau so denken und handeln, dann könnte das doch etwas werden...

„Viele kleine Leute an vielen kleinen Orten, die viele kleine Dinge tun, können das Gesicht dieser Welt verändern."

Afrikanisches Sprichwort

Entsteint Euch! – Pflanzen statt Schotter

Landauf landab findet man mittlerweile Flächen, bei denen die Steine im Vordergrund stehen. Großflächig werden Mengen an Schotter und Kies in „Pflanz"-Flächen geschüttet. Doch Pflanzen werden in solchen Konzepten nur noch rudimentär als Dekorationselemente benutzt und oft nicht standortgerecht verwendet. Die Bedeutung der Pflanze und damit die Artenvielfalt sind nochmals drastisch zurückgegangen.

Von Gärten kann hier nicht mehr gesprochen werden. Denn ein Garten ist per Definition ein Ort, der mit Pflanzen begrünt ist.

Dieser Trend begleitet die Menschen in nahezu allen Lebenszeiten und allen Gartenformen: Von der „Einsteinung" öffentlicher Gebäude, wie Krankenhäuser, Behörden oder Versicherungen, über städtische „Grün"-Flächen, Haus- und Kleingärten bis hin zum Ende der menschlichen Existenz, den Friedhöfen – sprichwörtlich von der Wiege bis zur Bahre! Steinreich statt artenreich.

Expertin

Biodiversität im Garten – kurze (Praxis-)Anekdote zum Thema

Man kann den Schottergarten als Sündenfall bezeichnen. Er kam aber nicht von ungefähr, nicht unvorbereitet, nicht überraschend.

Die Friedhofsgartenkultur der 80er und 90er, die auch noch heute für den Durchschnittsgarten prägend ist, hat ja alles schon vorbereitet. Rasen, Kirschlorbeer, Cotoneaster, drei Rosen auf nackter Erde, eine gestauchte, kaum 20cm hohe Tagetes pro Quadratmeter – kaum besser als ein Schottergarten – zumindest unter ästhetischen Aspekten.

„Sauberkeit, Ordnung und der Krieg gegen das Unkraut sind nach wie vor Kardinaltugenden des deutschen Privatgärtners. Natur ist und bleibt ein nicht hinzunehmender Störenfried auf heimischer Scholle." (Ulf Soltau, Autor: Gärten des Grauens)

Seit über zwanzig Jahren versuche ich, die Besucher der Ippenburger Gärten zu ermutigen, etwas Natur in ihren Gärten zu erlauben. „Das ist doch eigentlich ganz schön – und auch gut für die Tiere" sagte einst eine Gartenliebhaberin zu ihrem Mann angesichts einer meiner vielen „naturbelassenen" Ecken, Streifen oder Beete. „Ich weiß nicht", erwiderte der Mann – und sie, flüsternd: „Wir haben da doch eine Ecke, wo es niemand sieht, da könnten wir es doch versuchen?"

Dieses von mir erlauschte Gespräch ermutigte und schockierte mich zugleich. Woher kommt diese Angst vor dem „Unkraut", diese Unfähigkeit und Mutlosigkeit, Biodiversität zuzulassen? Woher die Angst vor dem Nachbarn, die Vorgärten zu Friedhöfen macht und die zur allmählichen „Versteinerung" der Gärten und der Seelen führt.

Ich gehe meinen Weg unbeirrt. Ich versuche, Ökologie und Schönheit zu vereinen. Versuche, die Menschen mit Schönheit, Vielfalt und Fülle zu überzeugen, zu inspirieren. Auch wenn ich immer wieder Google-Kommentare ernte, die Ippenburg als verwildert, verwahrlost und ungepflegt bezeichnen. Manche Besucher empfinden die Disteln und

Viktoria topft Tomaten.

Viktoria bringt Ökologie und Schönheit im Park zusammen.

Brennnesseln in der Wildnis als Störfaktor, auch wenn ich auf Schildern darauf hinweise, dass sie wertvolle Nahrung für Vögel und Insekten sind. Aber die meisten sind verzaubert von der Kraft, Schönheit und Fülle der Ippenburger Gärten und von der Vielfalt der Sorten und Arten.

Lieblings-Gartentipps

- *Biodiversität bedeutet biologische Vielfalt.*
- *Abwechslung statt Monotonie*
- *Egal ob Sie einen kleinen oder großen Garten haben, planen sie Streifen, Beete oder kleine Inseln im Garten, die Sie der Natur überlassen. Sie werden staunen, was dort alles heranwächst!*

Meine Experimente

Im Sinne des „Black Box Gardening" habe ich immer mindestens drei bis vier dieser Flächen, die ich bis Anfang Juni nicht anrühre. Dort wachsen erstaunliche Dinge heran. Bei allem, was ich neu pflanze, beachte ich den Wert der Pflanze für Insekten und andere Tiere – insbesondere die Rosenzüchtung der vergangenen Jahre hart zauberhafte, ungefüllte Rosen hervorgebracht.

Mein besonderer Tipp

Die Giftbeere (Blaue Lampionblume oder Blaue Physalis (Nicandra physaloides)) vertreibt die weiße Fliege im Kohl.

Was braucht man für einen ökologischen Garten?

Geduld – Anschauung – Ausdauer – Phantasie – Mut

Kleine Wildnisinseln im Garten anlegen.

Offenblütige Rosen sind wichtige Nektarquellen.

Kultur und Ästhetik

Die Gartenkultur geht durch Steinlandschaften verloren, ebenso wie die Gartenkultur als Visitenkarte einer Stadt, Gemeinde oder eines Ortes, öde Orte haben weniger Tourismus.

Lösungsansätze

Die Steine und Folien entfernen, beides kann im Straßenbau weiterverwendet werden. Garten neu bepflanzen mit pflegeleichten, insektenfreundlichen Staudenkonzepten und Kleinsträuchern, z. B. Mönchspfeffer.
Dies kann eine sehr schöne Aktion mit Schulen sein, (etwa im Sinne von Fridays for Future), kleine Schülergruppen können Zukunft pflanzen.
Da mit solchen Projekten für die Grundstücksbesitzer Kosten entstehen können oder die Arbeit nicht alleine möglich ist, reicht es schon, den Schotter partiell zu entfernen und in die Folien Kreuzschlitze zum Bepflanzen zu schneiden. So ist durch das Bepflanzen der Fläche, einfach und günstig, schon ein richtiger Schritt in Richtung ökologischer Garten gemacht.

Die Alternative: Gravel Garden

Ästhetik und Charme eines Kiesgartens sprechen für sich und mit der richtigen Pflanzenauswahl benötigt der Kiesgarten kaum Pflege. Ist der Standort richtig gewählt und die Auswahl der Pflanzen stimmig, macht ein Kiesgarten so gut wie keine Arbeit.
Ein Kiesgarten unterscheidet sich extrem von einer Steinwüste, hier wird keine Plastikplane als Untergrund verwendet

Leider keine Alternative zu einem lebendigen Vorgarten.

und durch eine große Auswahl von standortgerechten Pflanzen entsteht ein lebendiger Garten, welcher durch seine Blütenfülle jeden Betrachter erfreut.
Ein kiesiger, steiniger, am besten mit Geröll durchsetzter Boden, dazu wenig Niederschläge, Trockenheit und volle Sonne – so sehen die idealen Bedingungen für einen Gravel Garden aus. Dazu kommt als Abdeckung eine Mulchschicht aus Kies. Entspricht der Boden nicht diesen Vorgaben, so müssen Sie für eine tiefgründige Auflockerung mit Schotter und Kies/Splitt sorgen.
Kiesgärten zeichnen sich durch eine lockere, wie zufällig wirkende Pflanzung aus.

Kiesgärten sind lebendig.

Solange dies natürlich wirkt, ist alles erlaubt: Spielen Sie mit Strukturen, Texturen und Höhen der Pflanzen, um Spannung zu schaffen. Auch Lücken, in denen Kies durch die Pflanzung blitzt, sind gestattet – vielmehr noch erwünscht, so lockern Sie die Pflanzung auf und verleihen dem Kiesgarten seinen natürlichen Charme. Wege werden in einem Kiesgarten nicht angelegt. Man erkennt sie daran, dass dort keine Pflanzen wachsen, ansonsten sehen sie wie die restlichen Beetflächen aus.

Experte

Karl ist unser langjähriger und geschätzter österreichischer Fernsehgärtner mit der gemeinsamen Leidenschaft für den Naturgarten.

Kiesgarten ist nicht gleich Kiesgarten

Eine der Pionierinnen des Kiesgartens ist die Engländerin Beth Chatto. Sie wurde 95 Jahre alt und hat mit Sicherheit das Gartenleben mit ihren Ideen verändert. Aus einem mit viel Schotter und Kies aufgeschütteten Parkplatz machte sie einen „Gravel Garden", mehr oder weniger aus Bequemlichkeit, erzählte sie mir bei einem meiner Besuche, denn „ich wollte die Mengen an Schotter nicht beseitigen". Weil der Nordosten von London immer trockener wird, pflanzte sie dort Stauden und Gehölze, die mit wenig Wasser auskommen. Das Ergebnis war beeindruckend und wurde weltweit nachgeahmt.

Viele Experimente laufen in diese Richtung, doch leider hat die Idee auch einen falschen Weg eingeschlagen. Viele Vorgärten sind nur scheinbare Kiesgärten. Denn unter der dicken Schicht aus Steinen liegt meist eine Folie und für ein, zwei Gehölze wird diese aufgeschnitten. Das Ergebnis: Nach wenigen Jahren tote Erde unter der Folie, verschmutzter Kies, der einem Fliesenboden gleich mit Hochdruckreiniger sauber gehalten wird und wo im Herbst mit Laubsauger und Co. der „Mist" (gemeint ist das Laub) beseitigt wird. Dass hier die Temperaturen im Sommer vorm Haus enorm ansteigen, wird nicht bedacht. Dass Artenarmut um sich greift, vergessen diese „Neo-Kiesgärtner", und dass Bienen und andere Insekten sich hier nicht wohl fühlen, ist offenbar egal – Schuld sind sowieso die anderen. „Entsteint eure Gärten", lautet deshalb die Botschaft und nehmt euch Beth Chatto als Vorbild: So schön können die Gärten der Zukunft in Zeiten des Klimawandels aussehen.

Karl Ploberger, geb. 1959 in Vöcklabruck, Oberösterreich, beschäftigt sich seit seinem 6. Lebensjahr mit Pflanzen. Der Journalist und Buchautor moderiert seit über 15 Jahren bei ORF 2 und 3sat die Sendung „Natur im Garten" und ist Botschafter der gleichnamigen niederösterreichischen Naturgarteninitiative. Buchtipp: „Der Garten für intelligente Faule!".

Umgestaltung eines Schottergartens in einen lebendigen, familienfreundlichen Vorgarten

Der Vorgarten gefiel dem Besitzer nicht mehr.

Mit einfachen Maßnahmen haben wir gemeinsam einen Vorgarten in 4 Stunden in ein kleines Paradies verwandelt. Die Folie wurde entfernt und der Schotter an den Rand abgelegt. Danach haben wir die hitzeverträglichen Stauden ausgelegt und gepflanzt. Damit auch viele Insekten diese Fläche nutzen können, rundeten wir das Gartenbild mit dekorativem Totholz ab.

Stauden werden in Gruppen ausgelegt und gepflanzt.

Der Schotter wird als Mulch zwischen die Stauden gerecht.

Totholz und Steine werden dekorativ gesetzt.

Die ganze Familie hilft mit. Nach dem Pflanzen kommt für die Kinder das Schönste: angießen.

Expertin

Annette: aus persönlicher Freundschaft entstehen kleine und blühende Paradiese ...

Vom Schottergarten zum Insektenparadies

Vor einigen Jahren wurde der Vorgarten unseres Hauses mit Schottersteinen angelegt. Wir entschieden uns für diese Gestaltung mit dem Wunsch nach einem pflegeleichten Garten. Das war allerdings ein großer Irrtum. Zum einen gefiel uns schon nach kurzer Zeit der Anblick dieser leblosen Steinwüste im Vorgarten nicht mehr und erstaunlicherweise machten sich trotz professioneller Verlegung eines Vlieses unter den Steinen viele Unkräuter breit, die wir dann mühsam regelmäßig entfernen mussten.

Der Vorgarten vor der Umwandlung

Der Vorgarten nach dem Lieblingsfarben-Konzept

Annette wird sehr oft auf ihren schönen Garten angesprochen, wenn sie im Vorgarten arbeitet.

Wir wollten auch etwas zur Biodiversität beitragen. Dank eines hervorragenden Konzeptes von Heike Boomgaarden erfreuen wir uns seit über einem Jahr an einem abwechslungsreich blühenden Staudengarten. Die interessantesten Gewächse zieren jetzt unseren Vorgarten und ziehen Insekten und Bienen an. Auch wir können uns gar nicht satt sehen! Welch ein Irrtum war doch dieser Steinvorgarten. Danke an Heike Boomgaarden, dass Sie uns auf diesen Weg gebracht hat.

Seit 25 Jahren kümmert sich Fachkosmetikerin Annette Rittgen darum, dass ihre Kundschaft gepflegt aussieht und sich in ihrer Haut wohlfühlt. Das Schönheitszentrum Annette Rittgen ist Kooperationspartner der Hautklinik der Universitätsmedizin Mainz. Annette Rittgen liebt alles Natürliche und ganz besonders ihren Garten.

Ein flammendes Plädoyer für den bepflanzten Vorgarten!

Ein Vorgarten ist der Ausdruck der Persönlichkeit seiner Hausbewohner.
Lebendig und wohlduftend gestaltet heißt er Bewohner und Besucher aufs Herzlichste jederzeit willkommen. Ein Vorgarten sollte deshalb immer das Spiegelbild der Persönlichkeit des Hausbewohners sein. Wenden wir uns ab vom Trend der uniformierten Schottergärten ohne Ausdruck und lassen wieder blühende Vorgärten uns repräsentieren, auch um unsere Städte und Dörfer wieder menschlicher zu gestalten.
Denn wenn die Pflanzen aufblühen, dann blüht auch der Mensch auf. Wenn wir uns in den Kreislauf der Natur einfügen und von ihm lernen, dann werden wir von der Natur reich beschenkt. Einfach so, aus lauter Lust und Freude.

Der Vorgarten der Autoren

Pflanzliste „Vom Schottergarten zum blühenden Paradies"

Vorgarten Fläche 30 m²
9x *Bouteloua gracilis* – Moskitogras
9x *Eragrostis spectabilis* ‚Purpurflirren' – Purpur-Liebesgras
6x *Perovskia atriplicifolia* ‚Little Spire' ® – Kleine Blauraute, Silberbusch
6x *Centranthus ruber* ‚Albus' – Spornblume
9x *Gaura lindheimeri* ‚Siskiyou Pink' – Rosa Prachtkerze
6x *Aster pyrenaeus* 'Lutetia' – Pyrenäen-Aster
6x *Eryngium alpinum* ‚Blue Star' – Alpen-Mannstreu
9x *Echinacea purpurea* 'Hope' ® – Rosa Sonnenhut
9x *Verbena bonariensis* ‚Lollipop' ® – Kleines Patagonisches Eisenkraut
6x *Agastache*-Hybride ‚Linda' – Duftnessel
6x *Geranium renardii* – Kaukasus-Storchschnabel
6x *Aster ericoides* ‚Snowflurry' – Teppich-Myrten-Aster
3x *Lysimachia clethroides* – Entenschnabel-Felberich
2x *Vitex agnusa-castus* – Mönchspfeffer, Keuschbaum
3x *Cimicifuga japonica* var. *acerina* 'Compacta' – Kleine Japan-Silberkerze
6x *Iris barbata-media* 'Helen Proctor' – Mittelhohe Bart-Iris
6x *Iris barbata-elatior* 'Ursula Vahl' – Hohe Bart-Iris, Schwertlilie
6x *Iris barbata-elatior* 'Old Black Magic' – Hohe Bart-Iris
1x *Acanthus hungaricus* – Balkan-Bärenklau
3x *Achillea Millefolium*-Hybride 'Lilac Beauty' – Schafgarbe
6x *Gypsophila repens* – Polster-Schleierkraut
6x *Thymus longicaulis* ssp. *odoratus* – Kaskaden-Thymian
9x *Iris barbata-nana* 'Chalk Mark' – Zwerg-Bart-Iris
9x *Festuca Cinerea*-Hybride ‚Zwergenkönig' – Zwerg-Blau-Schwingel
1x *Clematis × jouiniana* 'Mrs Robert Brydon' – Stauden-Waldrebe
3x *Alcea*-Hybride 'Parkallee' – Ausdauernde Stockrose
6x *Erigeron karvinskianus* ‚Blütenmeer' – Spanisches Gänseblümchen
3x *Linaria Purpurea*-Hybride 'Peachy' – Pfirsich-Leinkraut
9x *Plantago major* 'Rosularis' – Rosen-Wegerich

Sollten Sie schon einen Vorgarten mit Splitt und ohne Pflanzen haben und sind es leid – dann darf ich Ihnen und allen, die Pflanzen lieben und Lust auf einen schönen Vorgarten haben, ein paar Ideen geben. Einfach – schön – insektenfreundlich und pflegeleicht.

1. Variante: Der Topfgarten

Wenn Sie einen kleinen Vorgarten haben, in dem vielleicht schon Folie und Splitt liegt, und Sie diesen blitzschnell in einen lebendigen verwandeln möchten, dann machen Sie es sich einfach und pflanzen einen Topfgarten. Die Töpfe, am schönsten sind Ton und Terrakottatöpfe, in unterschiedlichsten Größen auf der Fläche ver-

Ein Topfgarten lässt sich leicht umsetzen.

teilen und mit trockenheitsverträglichen Stauden bepflanzen. Wunderschön wird es mit den verschiedenen Thymianarten, Lavendel, Rosmarin und Sedumarten. All das braucht nicht viel Pflege, duftet herrlich und man kann es auch noch in der Küche verwenden.

2. Variante: Die Kräuterspirale

Eine Kräuterspirale auf die Fläche bauen, mit den Kräutern dieser Welt bepflanzen oder mit Polterstauden, wie Teppichpflox, Blaukissen oder Heide-Nelken, und vielen schönen Begleitern.

Tipp für die Kräuterbepflanzung: Kräuter entsprechend ihrer Standortansprüche einpflanzen.

Kräuterspirale

Nach oben: anspruchslose, wärme- und kalkliebende Kräuter, z. B. Rosmarin, Thymian, Salbei.

Nach unten: Kräuter mit höherem Nährstoff- und Feuchtigkeitsbedarf, z. B. Liebstöckel, Schnittlauch, Sauerampfer.

3. Variante: Der Kiesgarten/Gravel Garden

Das macht etwas mehr Mühe, bringt aber viel Freude in den Vorgarten.

Hier ist es gut, die Folie unter dem Splitt zu entfernen, den Splitt verwenden Sie später als Abdeckung wieder. Das spart Kosten und gehört zu dem Konzept, denn ein kiesiger, steiniger, am besten mit Geröll durchsetzter Boden, dazu wenig Niederschläge, Trockenheit und volle Sonne – so sehen die idealen Bedingungen für einen Gravel Garden aus.

Und so ist es ja meistens in unseren exponiert liegenden Vorgärten ohne Bäume. Hier fühlen sich Verbenen, Gräser, Fette Henne, Spanisches Gänseblümchen und Gaura sehr wohl.

Gravel Garden

Steppenbeet

4. Variante: Der Präriegarten

Das ist die größte Veränderung, kann aber auch in jedem sonnigen Vorgarten umgesetzt werden. Hier pflanzen Sie attraktive Gräser und Stauden zusammen. Damit es klappt, müssen einige Vorarbeiten gemacht werden. Der Boden sollte tiefgründig sein, Wasser und Nährstoffe speichern können, jedoch nie zu Staunässe neigen. Schwere Böden, also Lehmböden, eignen sich nur, wenn sie zuvor bis in eine Tiefe von 60 Zentimetern mit scharfem Sand und Kompost angereichert und durchgearbeitet wurden. Haben Sie einen nährstoffarmen Boden, dann sind Humus- und Bentonit-Gaben auch hier gut für den Start in einen lebendigen pflegeleichten Vorgarten. Hat man sich die Mühe gemacht, hat man viele Jahre ein tolles Ergebnis und spart Wasser und Pflege.

Fette Henne mit Hummel

Pflanzen Sie z. B. Sonnenhut, Muskateller-Salbei, Blauraute, Elfenbeindistel, Silberraute, Kugel-Lauch, Himalaya-Reitgras oder Blaustrahlhafer, um vielen Insekten Nahrung zu bieten.
Und sollte ich Ihnen jetzt Lust auf einen neuen Vorgarten gemacht haben, freut es mich sehr, denn damit erreichen Sie viel für den Erhalt der Natur und der biologischen Vielfalt.

„Entsteint Euch" – Das Leuchtturmprojekt der Gartenakademie RLP

Die rasante Verbreitung von vermeintlich „pflegeleichten" Gärten durch das Aufschütten von Schotter über synthetischen Wurzelfolien findet nicht nur in den Neubaugebieten der Städte statt, sondern breitet sich auch in älteren Wohngebieten, Dörfern und sogar Friedhöfen aus. Im Hinblick auf das Stadt-/Ortsbild, vor allem jedoch wegen der negativen Auswirkung auf das Kleinklima (Hitzespeicherung, keine Bindung von Feinstaub, keine/kaum Sauerstoffproduktion), dem Verlust von Wasserhaltekapazitäten (Starkregen) und der Verarmung der Tier- und Pflanzenwelt, ist diese Entwicklung bedenklich.
Dabei ergeben sich bei der „Pflege" dieser angeblich „pflegeleichten" Flächen erneute Probleme: Zwischen den Steinen sammeln sich Blätter, bildet sich Humus und Samen werden durch den Wind antransportiert. Nach kurzer Zeit „ergrünen" diese Flächen in einer spontanen Wildkrautvegetation, die dann aufwändig von Hand entfernt werden muss! In vielen Fällen kommt dann zum Schluss ein Herbizid zum Einsatz...

Viele Städte und Gemeinden haben diese negative Entwicklung erkannt und möchten gegensteuern. Durch Infomaterial und -veranstaltungen kann das Problembewusstsein bei Bürgern geweckt werden.

Für Kommunen/Städte/Vereine/Organisationen, die diese Problematik angehen wollen, bietet die Gartenakademie RLP Vorträge oder Workshops in Präsenz oder digital sowie begleitende Informationen.

Zielgruppe:

- Gemeinden/Kommunen/Städte
- Vereine
- Gartenbesitzer
- Bürger, die Gärten neu anlegen (Neubaugebiete) oder umgestalten (ältere Wohngebiete) wollen. Daraus ergibt sich eine soziologisch heterogene Gruppe, die Schwerpunkte bei jungen Familien und Senioren haben dürfte.

Ziele:

- Informationen bereitstellen und praktikable Hinweise für eine Bewusstseinsänderung geben: Jeder Einzelne kann in seinem Garten etwas **für mehr Vielfalt, Entsiegelung, Klima- und Umweltschutz** tun.
- Informationen über tatsächlich pflegeleichte Alternativen in Form von Bepflanzungen und deren Vorzüge für Kleinklima und Biodiversität.
- Bereitschaft zur Umsetzung dieser Alternativen wecken.
- Verhinderung der Ausbreitung der Schotterbeete, Rückbau der vorhandenen.

Die Aktion „Entsteint Euch RLP" wird unterstützt von der Deutschen Gartenbaugesellschaft 1822 e. V. und dem Gemeinde- und Städtebund RLP.
Interessenten wenden sich bitte an die
Gartenakademie RLP
Breitenweg 71
67435 Neustadt/W.
Tel.: 06321/671-262 bzw. -253
gartenakademie@dlr.rlp.de
www.gartenakademie.rlp.de

Dach-/Fassadenbegrünung: Bauwerke ökologisch begrünen

Vorteile Fassadenbegrünung

- Wärmedämmung durch Luftpolsterbildung
- Verringerung des Wärmeverlustes des Gebäudes durch Abhalten des Windes von der Fassade.
- Verringerung des Wärmeverlustes des Gebäudes durch Reflexion und Absorption eines Teils der langwelligen, vom Gebäude nach außen dringenden Wärmestrahlung.
- Verringerung des Wärmeverlustes infolge der durch nächtliche Taubildung entstehenden Wärmerückgewinnung.
- Umwandlung der Windenergie in Wärme
- Erhöhung der Fugendichtigkeit von Wänden, Fenstern und Türen durch Verringerung des Winddruckes.
- Schutzwirkung von Mauerwerk vor starken Temperaturschwankungen, UV-Strahlen und Schlagregen.
- Kühlwirkung bei Sonneneinstrahlung durch Wärmeverbrauch für die Verdunstung, Strahlungsabsorption für die Photosynthese und Strahlungsreflexion.
- Reinigung der Luft von Schmutzpartikeln
- Anreicherung der Luft mit Sauerstoff
- Anreicherung der Luft mit Feuchtigkeit
- Dämpfung des Lärmpegels

Efeu ist als immergrüne Pflanze eine hervorragende Wärmedämmung.

Experte

Dr. Gunter Mann ist sozusagen die Koryphäe für Dach- und Fassadenbegrünung.

Über mein Biologie-Studium habe ich vor etwa 30 Jahren zum ersten Mal Kontakt mit dem Thema Dachbegrünung bekommen. Und obwohl seitdem viele Jahre vergangen sind, ist die Gebäudebegrünung immer noch etwas recht „Exotisches" und immer noch erklärungsbedürftig. Im Jahr 2020 wurde von 100.000.000 Quadratmeter durch Neubau und Sanierung neu hinzugekommener Flachdachfläche nur etwa 8 Prozent auch dach-begrünt! Erschreckend

Wildblumenwiese auf dem Dach

Fassadenbegrünung macht Städte bunt und interessant.

wenig, oder!? Wir begrünen zwar jedes Jahr etwa 8 Prozent mehr, doch es könnten deutlich mehr sein!
Dach- und Fassadenbegrünungen können schon bei kleinsten Flächen viel Positives bewirken, wie beispielsweise Regenwasserrückhalt, Verdunstungskühlung, Lärmminderung, Staubbindung, Schutz der Dachabdichtung und der Gebäudehülle vor Extremtemperaturen und Hagelschlag und natürlich auch Lebensraum für viele verschiedene Tierarten.
Das haben viele Städte in Deutschland erkannt und mittlerweile fördern 42 Städte bzw. 34 % der Städte mit mehr als 50.000 Einwohnern Dach- bzw. Fassadenbegrünungen und geben finanzielle Zuschüsse. Das ist im Detail nachzulesen im „BuGG-Marktreport Gebäudegrün 2021".
Ich habe übrigens meine Diplom- und Doktorarbeit über Tiere auf begrünten Dächern verfasst – heute nennt man besonders artenreiche Dachbegrünungen „Biodiversitätsgründächer". Und zu den Themen passend habe ich mir vor wenigen Jahren einen Traum erfüllt und ein Kinderbuch zur Dachbegrünung verfasst: „Vier Freunde finden eine neue Heimat" – für Kinder und junggebliebene Erwachsene!

Dr. Gunter Mann
Diplom-Biologe
Präsident Bundesverband GebäudeGrün e. V. (BuGG)

www.gebaeudegruen.info

Unsere Gärten werden immer kleiner, wer richtig Lust hat auf Gärtnern und Umweltschutz kann ohne viel Arbeit seine Hausfassade begrünen.
Grüne Wände bieten vielen Tierarten, wie Bienen, Fliegen, Mücken, Wespen, Käfern,

Grüne Siedlung

Unsere Hausfassade im Herbst

Schmetterlingen, Ameisen oder Spinnen, Lebensraum und Nahrung.

Und wenn die Insekten sich in den Blättern und Blüten der Fassadenbegrünung wohlfühlen, dauert es nicht mehr lange, bis Vögel diesen zusätzlichen Lebensraum nutzen.

Die Insekten werden gerne von Vögeln genommen und die Blüten von Waldreben oder fünf-lappigem Wildem Wein gern als Bienennährpflanze genutzt.

Die Blätter von einigen Klettergehölzen haben große Bedeutung als Futterpflanzen für gefährdete Schmetterlingsarten. Der Kleine Eisvogel ernährt sich von Geißblatt-Arten, der Weinschwärmer von der Rebe, der Nachtschwalbenschwanz u. a. von Efeu-Arten. Dichtes Blattwerk dient ferner als Nistgelegenheit für Amsel, Gelbspötter, Girlitz, Grünfink, Grauschnäpper, Heckenbraunelle, Zaunkönig, Klappergrasmücke und Singdrossel.

Die Früchte der Klettergehölze, insbesondere die der *Lonicera*- und *Parthenocissus*-Arten, tragen zur Ernährung von Vögeln bei. Doch auch die Früchte des Efeus von Rotkehlchen, Garten- und Hausrotschwanz, Amseln, Drosseln und Stare sehr gerne gefressen.

Aber nicht nur Tiere lieben die grünen Fassaden, auch wir Menschen genießen ihre Lebendigkeit. Eine begrünte Fassade ändert ihr Aussehen im Wechsel der Jahreszeiten. Dieser biologische Rhythmus kann aktiv miterlebt werden. Die Beschäftigung mit der Tierwelt, die im Fassadengrün lebt, das Wahrnehmen ihrer Geräusche, Gerüche, Farben und Bewegungen stellt positive Sinneserlebnisse dar. Das Rauschen der Blätter bei Wind-

Vogelnest in der Fassadenbegrünung

Glyzinie im Frühjahr

Carport mit Fassaden- und Dachbegrünung

Pflanzliste

Einjährige und Stauden
- Rote Zaunrübe
- Hopfen
- Breitblättrige Platterbse
- Bittersüßer Nachtschatten
- Färberkrapp
- Schmerwurz

Sträucher
- Pfeifenwinde
- Trompetenblume
- Alpenwaldrebe
- Goldwaldrebe
- Gemeiner Efeu
- Kletterhortensie
- Fünfblättriger Wilder Wein
- Dreiblättriger Wilder Wein
- Prächtige Kriechrose
- Blauregen

bewegung und das Wahrnehmen von Blütenduft mindert subjektiv die Lärmempfindung. Des Weiteren wirken sich Naturerinnerung, Identifikationsmöglichkeit und Heimatgefühl positiv aus. Insgesamt gesehen ist die Befriedigung einer ganzen Reihe menschlicher Grundbedürfnisse direkt an das Vorhandensein von Vegetation gebunden.
Achten Sie beim Pflanzen der Kletterpflanzen immer auf den Boden. Der Boden für Kletterpflanzen sollte gut vorbereitet sein, Staunässe muss ausgeschlossen werden und der Boden braucht einen guten Nährstoffvorrat.

Experte

Jürgen, „den" Spezialist für Dach-, Fassaden- und Innenraumbegrünung, kennen wir durch unsere berufsständische Arbeit im ZVG/DGG.

Mit mehr Stadt-/Gebäudegrün dem regionalen Klimawandel trotzen!

Projekt: Grünes Wohnen Zellerau
- *Frühjahr 2020: Baubeginn von 23 Eigentumswohnungen als Grünes Wohnprojekt im Erbbaurecht*
- *21. Juli 2021: Bepflanzung von 217 m² ex- bis intensiver Dachbegrünung, Substratschicht 20–50 cm*

Grünes Wohnen Zellerau

Pflanzenarten:
- *Lavandula Angustifolia 'Ardeche Blue'*
- *Prunus Lusitanica 'Angustifolia'*
- *Viburnum Burkwoodii*
- *Vinca Minor 'Atropurpurea'*
- *Rudbeckia 'Summerina Butterscotch Biscuit'*
- *Salvia-Hybride 'Black & Bloom'*
- *Sedum Telephium 'Autumn Joy'*
- *Imperata Cylindrica 'Red Baron'*
- *Miscanthus Sinensis 'Gracillimus'*
- *Sedum-Sprossen*

- *Substrat: Dachbegrünung intensiv 20–50 cm*
- *Bewässerungstechnik: Tropfrohrbewässerung 2,3 l/h, Steuerung mit Gardena Smart-System inklusive Bodenfeuchte-Sensor*
- *Wassernutzungskonzept: Wasserspeicherung über Zisterne und mit Pumpe in den Bewässerungskreislauf*

Gärtnermeister Jürgen Herrmannsdörfer ist anerkannter Begrünungs-Experte und seit 2010 Initiator, Referent und Prüfer der Weiterbildungsmaßnahme „Zertifizierter Raumbegrüner". Neben der Planung und Begrünung von Räumen inklusive vertikaler Begrünungssysteme und Gebäudegrün liegt sein fachlicher Schwerpunkt u. a. bei der Technik im Garten, insbesondere bei ressourcenschonenden Bewässerungsanlagen.

www.decker-ug.de

In dicht bebauten Stadtgebieten, wo natürliche Qualitäten weitgehend fehlen, erreicht Fassadengrün als ein „Stück Naturerinnerung" einen besonders hohen Symbolwert.

Begrünte Fassaden stellen eine Verbindung zur ansonsten in der Stadt eher ausgegrenzten Natur her. Sie fördern ein Naturbewusstsein durch das Sichtbarwerden der Jahreszeiten und die Be-

obachtung ökologischer Zusammenhänge.
Begrünte Fassaden bieten durch eine visuell wohltuende Abwechslung eine Orientierungshilfe im häufig gleichförmigen Stadtbild. Das stärkt die Unverwechselbarkeit eines Wohngebietes, wodurch die „lokale Identität" gestärkt wird.
Quelle: Bundesverband GebäudeGrün e. V. (BuGG)

Leben im Grünen, ein Traum von vielen Stadtbewohnern.

Experte

Dieter begleitet uns schon seit vielen Jahren, um Grün und Garten neu und kreativ zu gestalten.

WinWinWinWinWin – Das neue Stadtgärtnern im öffentlichen Raum

Ich wurde gefragt, warum meine Einschätzung der Zukunft so positiv sei? Ganz einfach! Vegetation löst unser Klimaproblem. Wir müssen nur das tun, was uns Freude macht: pflan-

Essbare Fassadenbegrünung

zen! Zudem sind fast alle Problemlöser-Ökotechnologien gefunden und entwickelt: Wir können beginnen und wissen, dass gemeinsames Arbeiten an einer guten Sache uns glücklich sein lässt.
Das Engagement der Initiative Essbares Darmstadt e. V. zielt hin zu mehr Vegetation in der Stadt, zu sozialem Zusammenhalt und allseitigem Respekt wie auch zu der gerechten Rückgabe von Naturräumen an Pflanzen, Insekten und tierische Stadtbewohner.

Mainz bekennt Farbe, ein Projekt, das wir zusammen mit Dieter gemacht haben.

Hinsehen, riechen, tasten, spüren, schmecken: Positive Veränderungen beginnen mit der Wahrnehmung (Kunst und Kreativität). Erst wenn wir etwas wahrgenommen haben, interessieren wir uns, lesen, lernen, verstehen und werden stetig achtsamer. Und dann passt der SUV nicht mehr in das neue Weltbild.

2020 wurde zudem die „Werkstatt für angewandte Ökologie GbR" gegründet. Sie ist dort aktiv, wo Ehrenamt nicht machbar ist. Forschungsprojekte, private Beratungen und Planungen sowie intelligente Hochbeete stehen in ihrem Aussaatbuch.

Utopien sind zum Greifen da!

Gärtnern in der Stadt mit kreativen Hochbeeten.

Dieter Krellmann, Gestalter, Künstler, Stadtgärtner und Mitgründer der Initiative Essbares Darmstadt e. V., Gründer der Werkstatt für angewandte Ökologie GbR, Terra Preta-Verbreiter.

Dieter Krellmann mit Melanie Grabner

Fassaden-Begrünung mit Rosenhochstämmen

Balkonien – Auch der Balkon ist wichtig für das Klima

Der Balkon ist ein kleiner Ort der Selbstverwirklichung und eine Oase in der Stadt. Früher war der Balkon nur repräsentativ, mit Geranien und Petunien. Doch im Wandel der Zeit ist es heute nicht mehr wichtig, den Balkon zur Präsentation nach außen zu nutzen, sondern ihn als kompletten kleinen Mikrokosmos und Biotop zu sehen. Und das ist sowas von richtig und trendig, schauen Sie mal im Netz nach, es gibt sogar einen hervorragenden Online-Bio-Balkon-Kongress *(www.bio-balkon.de)*. Wenn Sie Ihren Balkon schön und vielfältig anlegen, ist das zwar nur ein temporärer Garten, er kann aber genauso zur Oase werden wie ein „richtiger Garten“.

Gerade nach den höllisch heißen Jahren 2019/2020 ist durch die Begrünung auf dem Balkon ein angenehmes Mikroklima zu erreichen. Die oft stehende Hitze unter künstlichen Beschattungen wird auf einem Balkon mit grüner Beschattung als angenehm temperiert empfunden. Natürliche Schattenspender haben den Vorteil, dass ihr Schatten spürbar kühler ist und als angenehmer empfunden wird. Also beginnen Sie am besten mit dem Pflanzen vieler Kletterpflanzen zur Klimaregulierung. Kletterpflanzen wie *Lonicera henryi* (Immergrünes Geißblatt) eignen sich für eine ganzjährige Begrünung. Auch Efeu ist eine sehr gute Pflanze für den Balkon, sie ist nicht nur immergrün, sondern auch pflegeleicht und filtert Schadstoffe aus der Luft. Zudem ist die späte Blüte für blütenbesuchende Insekten ein wahres Festmahl!

Bienen lieben die späte Blüte des Efeus.

Statt eines Sichtschutzes aus Stoff können Sie auch eine Hecke aus Säulenobst auf dem Balkon pflegen oder einer Kletterpflanze wie der Kletterhortensie diese Aufgabe übertragen.

Nun kommt eine insektenfreundliche Bepflanzung dazu, die den Insekten auf dem Balkon einen reich gedeckten Tisch bietet. Einjährige Blumen kann man jedes Jahr aussähen und im Herbst die Samen sammeln, um diese im nächsten Jahr wieder zu verwenden.

Aber den Grundstock für einen lebendigen Balkon bieten Wildstauden, die jedes Jahr ausdauernd blühen und von Jahr zu Jahr schöner werden. Wie wäre es denn für den Balkon mit dieser schönen Bepflanzung:

Zwergglockenblumen (*Campanula cochleariifolia*)
Heide-Nelken (*Dianthus deltoides*)
Wilde Pfingstnelken (*Dianthus gratianopolitanus*)
Kriechendes Gipskraut (*Gypsophila repens*)
Sonnenröschen (*Helianthemum nummularium*)
Schmalblättriger Alant (*Inula ensifolia*)
Katzenminze (*Nepeta fassenii*)
Große Braunelle (*Prunella grandiflora*)
Kleines Seifenkraut (*Saponaria ocymoides*)
Gamander-Ehrenpreis (*Veronica teucrium*)

Immer was zu naschen...

Gerade jetzt macht es riesigen Spaß, Gemüse auf dem Balkon anzubauen. Allgemein bietet sich sogenanntes Minigemüse an, um einen Naschgarten zu gestalten. Besonders beliebt sind Tomaten, es gibt besondere Topftomaten, die auch auf vielen Balkonen gedeihen können. Paprika, Chili und Auberginen gedeihen hervorragend auf jedem sonnigen Balkon in Töpfen.

Gurken, Tomaten und Zucchini können Sie anstatt im Topf auch gleich im Substratsack ziehen. Dafür brauchen Sie einen natürlich torffreien Sack Blumenerde (80 oder 100 Liter), den Sie mit einem Strick etwas stabilisieren. Dann schneiden Sie in passenden Abständen Löcher in den Sack, setzen die Pflanzen hinein und gießen regelmäßig. Vor Wurzelkrankheiten brauchen Sie keine Angst mehr zu haben, da die Erden steril sind.

Auf einem sehr heißen, sonnigen Balkon fühlen sich auch essbare exotische Pflanzen sehr wohl. Um lange Transportwege zu vermeiden, besteht die Möglichkeit, die Pflanzen selbst zu ziehen.

Granatäpfel vorbereiten, indem Sie die Kerne herauslösen und das Fruchtfleisch entfernen. In ein Glas mit warmem Wasser legen, ein, zwei Tage quellen lasen. Aussaat: Fünf bis sechs Kerne in einen Topf mit Anzuchterde legen. Angießen, bei Zimmertemperatur feucht halten. Erste Keimlinge nach zwei bis drei Monaten. Pflanzen einzeln umtopfen. Wichtig: Viel Licht, aber keine pralle Sonne.

Grapefruit: Bei der Aussaat empfiehlt es sich, Samen von reifen Früchten zu bevorzugen. Bevor die Samen in die Erde kommen, kann man sie einige Tage in den Kühlschrank geben. Idealerweise verwenden Sie ein Zimmergewächshaus. Die Kerne werden ca. 1cm mit Substrat bedeckt und dann an einen warmen Ort gestellt. Die Keimung dauert ungefähr 14 bis 30 Tage. Es ist darauf hinzuweisen, dass bei der Vermehrung mittels Samen nicht mit Sortenechtheit zu rechnen ist. Ist Sortenechtheit erwünscht, muss eine Veredelung der Sämlinge erfolgen.

Mango vorbereiten, indem Sie den Kern herausschneiden und das Fruchtfleisch abschaben. Trocknen lassen, mit dem Messer in das spitze Ende bohren, bis der Kern sich öffnet. Pflanzen: Inneren Saatkern flach in einen Topf mit Anzuchterde legen, das Ganze bei 20–25 °C warm stellen, durchsichtige Plastiktüte mindestens 2 Wochen darüberstülpen. Erste Keimlinge nach drei bis vier Wochen, dann düngen.

Papaya: Vorbereiten durch Waschen der Samenkerne, danach mit Küchenpapier

Zitronen bringen Vitamine und Duft auf den Balkon.

abtrocknen, dabei gelartige Schutzschicht entfernen. Für die Aussaat ein bis vier Samen pro Topf 1/2 cm tief in Anzuchterde stecken. Eine transparente Plastiktüte mindestens 2 Wochen, bis sich der Keimling zeigt, drüberziehen, feucht halten. Wichtig: wenig Sonne. Die Pflanze verträgt mehr Licht erst, wenn sie ca. 15 cm hoch ist. Keimlinge kommen nach zwei bis vier Wochen.

Zitronen: Bei der Aussaat durch Samen verwenden Sie stets frische Samen von reifen Früchten! Bevor die Samen in die Erde kommen, kann man sie einige Tage in den Kühlschrank geben. Idealerweise verwenden Sie ein Zimmergewächshaus. Die Kerne werden leicht mit Substrat bedeckt und dann an einen warmen Ort gestellt. Die Keimung dauert ungefähr 30 Tage.

Auswahl alter Balkonsorten

Wintersalat 'Bunter Kaufunger': Aussaat im Spätsommer, Ernte im Frühjahr, Pflücksalat.
Kopfsalat 'Maikönig' (May Queen): Früh-/Spätanbau, fester Kopf, zartes Blatt.
Kopfsalat 'Goldforelle': Zierlicher Salat, goldgrün mit altrosa Sprenkeln, sehr zart.
Wilde Rauke: Ausdauernd, als Pflücksalat, gelbblühend.
Schnittsalat 'Schwäbischer Gelber': Alte, schwäbische Landsorte, gelbgrüne, feste Blätter.
Spargelsalat 'Grüner Stern': Verdankt seinen Namen den schmalen Blättern.
Blattmangold 'Lucullus': Hellgrünes, krauses, üppiges, zartes Blatt, besonders winterhart.
Monatserdbeere 'Weiße Erdbeere': Weiße Früchte von besonders fruchtigem Aroma.
Radieschen 'Riesenbutter': Alte Sorte, Nomen est Omen: knallrot, groß, zart!
Radieschen De Dix-Huit-Jours (18 Tage): Schnell wachsend, länglich rosa mit weißer Spitze.
Angurische Gurke 'Liso Calcutta': Robust, groß, glattschalig, jung essbar wie Gurken.
Mexikanisches Zwerg-Gürkchen: Einjährige Rankpflanze, 2–3 cm kleine Früchte, feinsäuerlich.
Buschtomate 'Latah': Sehr früh, robust, mit spirreligem Wuchs. Nicht ausgeizen!
Cocktailtomate 'Cerise Rot'/'Cerise Gelb': Starkwüchsig, runde Früchte.
Stangenbohne 'Blauhilde': Wohlschmeckend, mit blauen, langen, fadenlosen Hülsen.
Stangenbohne 'Perle von Marbach': Lange, breite Hülsen ohne Fäden, guter Frühertrag.
Stangenbohne 'Monstranz': kräftiger Geschmack.
Kapuzinererbse 'Blauwschokker': Hoch, violette Blüte, blauhülsig, auch roh genießbar.
Feuerbohne 'Bunte Steirische Käferbohne': Blüte rot-blassrosa-weiß, interessante Färbung, als Salatbohne verwendet.
Kalebasse-Mischung: Wärmeliebendes, einjähriges, rankendes Kürbisgewächs zur Deko.

Quelle: Dreschflegel Onlineshop

Der Balkon wird zum Biotop

Besonders schön ist immer der Mini-Teich auf dem Balkon, dieser hat eine magische Anziehungskraft auf alles Leben in der Stadt. Mini-Teiche sind auf dem Balkon mit einfachen Mitteln schnell geschaffen. Wichtig ist der Standort, denn Mini-Teiche benötigen sechs Stunden Sonne am Tag ohne pralle Mittagssonne, also am besten einen halbschattigen Platz wählen. Aus fast allen Materialien kann man Teiche bauen, Hauptsache wasserdicht. Mörteleimer, Bottich oder Keramikkübel sowie andere Gefäße eignen sich dann, wenn sie mindestens 40 Liter Wasser fassen und tiefer als 10 cm sind. Bepflanzt wird dann je nach Geschmack mit kleinbleibenden Seerosen, aber auch Sumpfvergissmeinicht, Froschlöffel, Rohrkolben, Sumpfschwertlilie, Sumpfgladiole, Pfeilkraut, Hechtkraut, Nadelkraut, Laichkraut oder Wasserpest eignen sich sehr gut. Gepflanzt wird immer in Töpfen oder Kartoffelnetzen, um ein Dominieren einzelner Pflanzen zu verhindern.

Balkonien als Lebensraum für Tiere

Tiere können sich auf einem Balkon mit den oben genannten Pflanzen und Wasser sehr schnell beheimaten. Damit sie sich auch wohlfühlen in ihrem neuen Zuhause, gestaltet man für sie ohne großen Aufwand geeignete Wohnmöglichkeiten. Insektenhotels in einer ausgedienten Weinkiste bieten alles, was die Tiere für den Nestbau brauchen.

So wird es gemacht:

Einfach eine alte stabile Weinkiste mit Stroh, Bambusstäben, Schilfrohren, morsche Hölzern, angebohrten Hartholzstücken, trockenen Blütenständen, aber auch Tonziegel und Baumrinde bestücken. Damit die Bewohner auch ihre Wohnungen beziehen und verschließen können, kommt ein Töpfchen mit Lehm dazu tun. Wichtig ist, dass die Materialien frei von Holzschutzmitteln und Pestiziden sind.

Sind erst einmal Insekten da, kommen auch oft schon Vögel auf den Balkon. Schnell lassen sich Nistkästen montieren. Im Fachhandel gibt es für viele verschiedene Vogelarten Nisthilfen zu kaufen. Im Trend liegen Kombiangebote, die als Paket Nistkästen mit verschieden gro-

Insektenhotels in Holzkisten

ßen Einflugslöchern anbieten. Dann finden schnell mal Kohl-, Blau-, Sumpf-, Tannen-, Haubenmeise, Gartenrotschwanz, Kleiber, Halsband- und Trauerschnäpper, Wendehals, Feld- und Haussperling oder auch Fledermäuse ein passendes Zuhause. Mit wenig Aufwand lassen sich überdies Nisthilfen für Schwalben am Haus anbringen. Wenn man diese geschickten Insektenjäger ansiedeln möchte, sollte man ihnen auf der Terrasse eine Schale mit feuchtem Lehm aufstellen, damit sie Material für den Nestbau finden. Übrigens, wussten Sie, das Schwalben seit dem Altertum als Glücksbringer und Frühlingsboten gelten? Wohl dem, der ein Schwalbennest am Haus hat …

So, und nun ist also auch der Balkon wichtiger Bestandteil einer gelungenen Klimawandelstrategie geworden.

TIPP

Verbinden Sie doch den nächsten Ausflug mit dem Besuch Ihrer regionalen Gärtnerei, eines Gartencenters oder eines lokalen Pflanzenmarktes. Nirgendwo sonst bekommt man mehr Inspirationen an Formen, Farben und Düften und das Allerbeste ist: Man kann die Pflanzen direkt mitnehmen und auf Balkonien pflanzen – und dann genießen!

Experte

Mit Matthias und den wundervollen Gärtnern aus der Klostergärtnerei Maria Laach verbindet uns seit vielen Jahren eine ganz besondere Freundschaft.

Die wunderbare Vielfalt der Pelargonien

Pelargonien-Vielfalt

Eine Pflanzensammlung in einem Kloster? Da gibt es bestimmt einiges, was einem dabei einfällt... aber Pelargonien? Pela...was? Pelargonien... oder auch „Geranien"!
Sowas von langweilig und spießig? Nein – sicher nicht! Sie ist Topfpflanze Nr. 1, bedeutende Züchter kommen aus unserem Land! Aber da ist mehr... viel mehr:
Wir haben es mit einer unglaublichen Vielfalt zu tun.

Neben der großen Palette an Farben und Formen bei Blüten und Laub gibt es bizarre Wildarten, z. B. aus der Namib, aber auch betörende Duftpelargonien – eine Diversität, bei der kaum eine Gattung mithalten kann!

Glauben Sie nicht? Dann besuchen Sie uns mal, z. B. unsere Sammlung in der Klostergärtnerei Maria Laach! Aber: diese Vielfalt schwindet immer mehr – Spiegelbild so vieler Pflanzenarten! Die Zahl der Sammlungen wird immer kleiner, an Wildstandorten sind sie schon lange bedroht! Wir wollen diese Vielfalt bewahren und unsere Besucher teilhaben lassen, sie anstecken mit unserer Leidenschaft!

Die vielfältigen Blüten der Pelargonien

Pelargonien Caroline Citrine

Matthias Alter, Klostergärtnerei Maria-Laach, ist aus Leidenschaft Gärtner und Pflanzendoktor! Er fühlt sich der Natur, dem Garten und der Schöpfung verpflichtet und versucht – mit seinen Kolleginnen und Kollegen in der Klostergärtnerei – das Erbe ihres Lehrmeisters Bruder Hilarius fortzuführen! Für ihn ist das auch ein Dienst am Menschen.

Pflanztipp für einen sonnigen Balkon

Anzahl/Bezeichnung: 4 *Alchemilla erythropoda*, 2 *Agastachen* (für Kübel), 1 *Calamintha nepeta* ssp. *nepeta*, 3 *Corydalis lutea* (Dauerblüher, Polster), 3 *Dianthus gratianopolitanus* ‚Whatfield Gem' (Polster), 1 *Eragrostis trichodes* ‚Bend' (filigranes, überhängendes Gras für Kübel), 6 *Erigeron karvinskianus* ‚Blütenmeer' (Polster), 3 *Euphorbia polychroma* (Frühjahrsblüher), 1 *Euphorbia Segueriana*-Hybride ‚Copton Ash' (rundlich, 30–40 cm hoch), 2 *Gaura lindheimeri* ‚Whirling Butterflies' (aufrecht, zart, schwebend), 1 *Gaura lindheimeri* ‚Siskyou Pink' (aufrecht, zart, schwebend), 1 *Geranium Orion* (Dauerblüher für Kübel), 2 *Gypsophila*-Hybride ‚Rosenschleier' (Polster), 2 *Gypsophila*-Hybride ‚Compacta' (Polster), 1 *Hyssopus officinalis* ssp. *aristatus* (eher flach, kriechend), 5 *Lavandula angustifolia* ‚Siesta', 3 *Linum perenne* ‚Nanum Saphyr' (aufrecht, zart und filigran), 1 *Mentha species* ‚Dionysos' (für Kübel, beide Minzen in einen Kübel), 1 *Mentha species* ‚Jokka' (Kübel), 3 *Nepeta × faassenii* (*mussinii*) ‚Superba', 1 *Origanum heracleoticum* (flache Polster, blühend aufrecht), 1 *Origanum*-Hybride ‚Hot & Spicy' (flache Polster, blühend aufrecht), 1 *Origanum × majoricum* (flache Polster, blühend aufrecht), 1 *Pulsatilla vulgaris*, 1 *Rumex scutatus* (große Polster), 1 *Salvia lavandifolia* (Polster).

Quelle: Staudengärtnerei Gaissmayer, https://www.gaissmayer.de/web/shop/

Expertin

Birgit hat etwas Einzigartiges geschafft: Sie hat den Garten auf den Balkon gebracht!

Immer wieder erstaunt und hellauf begeistert bin ich, dass Gärtnern auf Balkon und Fensterbrett mitten in Berlin im 6. Stock Ernteglück und allerfeinste Naturerlebnisse ermöglicht. Bereits im dritten Frühjahr hintereinander wuchsen hier junge Eichhörnchen auf, die wir durch die Fensterscheiben beobachten konnten. Sie mögen Mangold, Grünkohl, Salat und Ringelblumen sehr, aber auch Himbeeren, Heidelbeeren, Erdbeeren, Goji-Beeren und Äpfel.

Im Frühjahr 2021 wohnten vier junge Eichhörnchen zeitgleich auf unserem Erholungsbalkon mit 4 m². Auf dem Naschbalkon mit 5 m² nistete eine Ringeltaube mit zwei Eiern und eine Stockente mit 8 Eiern.

Eichhörnchen

Meine Lieblings-Gartentipps

**Große Pflanzgefäße – mit Wasserreservoir – anstelle kleiner Töpfchen verwenden, es gärtnert sich erfolgreicher und leichter.*

**Für die erste Auffüllung der Pflanzgefäße beste torffreie Bio-Gemüseerde verwenden.*

**Diese Erde immer wieder aufpeppen und pflegen, anstatt neu zu kaufen: mit Wurmhumus aus der Wurmkiste, Komposttee, effektiven Mikroorganismen, Schafwollpellets, Garten-Perlit.*

- **Gerade auf überhitzten Südbalkons können wir mit großen Pflanzen (Säulenapfelbäume, Beerengehölze) und vertikalem Gärtnern ein angenehmes Mikroklima schaffen.*
- **Ganzjährig gärtnern – Anblick und Ernte von frischen Salaten, Mangold und Grünkohl im Winter gibt ein tolles Gefühl. Wir Stadtgärtner mit eingebauten Balkons haben die allerbesten Voraussetzungen für den Anbau von gesundem Wintergemüse.*

Wussten Sie, wie wunderbar Wurmkompost ist?

Wir Stadtgärtner düngen unser Substrat mit Wurmhumus aus der Wurmkiste, die in der Küche, im Flur oder auf dem Balkon steht. Da stinkt nichts – wenn der Deckel geöffnet wird, riecht es angenehm nach Wald. Aus meiner stylischen Holzkiste, die ein beweglicher Hocker mit Rollen drunter ist, sind noch nie Würmer abgehauen.
Aus dem eigenen Bioabfall besten Dünger zu schaffen, damit immer wieder die Erde aufzupeppen, so die zum biologischen Gärtnern notwendigen Mikroorganismen zuzuführen, gibt ein unglaublich gutes Gefühl.
Die Düngekraft ist hervorragend. Ich werde immer wieder gefragt, warum in meinen Balkonkästen so viel und so riesige Pflanzen wachsen – es ist der Wurmhumus.

Beikräuter schenken Gesundheit

Viele „Unkräuter" sind Heilpflanzen und enthalten mehr Vitalstoffe, Vitamine und Mineralien als unsere bekannten Nutzpflanzen. Es lohnt sich, anstelle Eisberg- und Romanasalat einmal Löwenzahn, Brennnesseln und Spitzwegerich anzubauen, die für unsere Gesundheit viel mehr bringen und zudem unseren Insekten nützen, denen sie wichtige Nahrungsquelle sind.

Große Ernten durch vertikales Gärtnern.

Obst und Gemüse auf kleinstem Raum.

Gärtnern auf kleinstem Raum

Auf dem Bio-Balkon wird vertikal gegärtnert – Wände und Decke werden einbezogen, um den wenigen Raum optimal auszunutzen. Unter Einhaltung der zulässigen Traglast wird mit Vertikalbeeten die Grundfläche siebenfach ausgenutzt – ohne die Wände anzubohren. In bester Vertikalbeeterde und mit viel Wurzelraum aufgrund der durchgehenden Erdrückwand wachsen riesige Tomaten- und Zucchini-Pflanzen, Salate, Gemüse und Kräuter in großer Vielzahl und Vielfalt.

Die Berliner Balkonbotschafterin Birgit Schattling hilft (nicht nur) Stadtmenschen dabei, wieder mehr Grün und Selbstversorgung in die Städte zu bringen. Sie gibt in kostenlosen Online-Bio-Balkon-Kongressen praktische Anleitung für üppige, freudebringende Balkon-Oasen, die eine Wohltat für Menschen, Insekten und Tiere sind.

www.bio-balkon.de

Wurmkiste selbst bauen

Regenwürmer sind die fleißigsten Tierchen, die wir im Garten haben. Kein anderes Tier kann besser mit organischen Abfällen umgehen als der Wurm. Heraus kommt der hochwertigste Humus, den es gibt. Gärtner nennen ihn das „Gold des Gartens". Wer die kleinen Arbeiter für sich nutzen möchte, kann die kleinen Verwandten des Regenwurms – die Kompostwürmer (*Dendrobena veneta*, *Eisenia fetida*, *Eisenia andrei* sind die schönen Namen) – verwenden. Diese sind auf das Verwerten von Küchenabfällen spezialisiert. Hierfür können Sie den Würmern ein tolles Eigenheim bauen, eine Wurmkiste. Diese Kisten gibt es zwar auch im Handel aus Holz und Plastik, aber selbst machen geht recht einfach und lässt kreative Freiräume zu. Denn Sie können Ihre Kiste ja an unterschiedlichen Orten aufstellen, auf der Terrasse, im Keller, im Gartenhaus oder auf dem Balkon. Gerade auf dem Balkon kann die Wurmkiste zu einem schönen Gestaltungselement werden, indem man z. B. ein schönes Kissen auf die Kiste legt. Für eine Kiste sollte man unbehandeltes Holz nehmen. Am besten nimmt man dicker Bretter aus Fichte. Die Maße sind für Starter der Wurmfarmen etwa 60 x 40 x 60 cm mit Deckel.

Sind Sie handwerklich nicht so geschickt, können Sie sich die Teile im Baumarkt zuschneiden lassen. Die Kiste wird dann mit Holzschrauben zusammengebaut.
Beim Bauen muss man darauf achten, dass die Kiste 2 Kammern hat. D. h. in die eine kommt der Bioabfall und wenn der gefressen wurde, dann wandern die Würmer in die zweite Kammer. Dafür brauchen Sie einen Holzrahmen, auf den Hasendraht getackert wird.

Obendrauf ein Deckel, damit es nicht reinregnet, außerdem lieben die Würmer die Dunkelheit. Nach dem Aufbauen der Kiste geht es dann schon los mit dem Befüllen. In eine Kammer kommt ganz unten eine Schicht mit Zeitungspapier, Wellpappe oder Eierkartons hinein. Dort legen die Würmer ihre Eier ab. Das ganze Material feucht machen, denn die Würmer lieben 80–90 % Luftfeuchtigkeit und eine Temperatur zwischen 10 und 25 Grad. Aber immer daran denken: Nicht zu nass, damit die Würmer nicht ertrinken. Darauf eine Handvoll Garten- oder Graberde, die nicht gedüngt sein darf. Und dann kommen die Würmer rein.

Sie können am besten mit 500 Würmern beginnen, die bekommen am Anfang maximal 200 Gramm Bioabfall, sonst ist es zu viel. Das Ganze muss sich erst einspielen. Nun können Sie mit der Fütterung beginnen. Besonders schmackhaft finden Würmer Obst. Gemüse (besonders Kartoffelschalen), zerkleinerte Eierschalen, Kaffeesatz, Teeblätter und verblühte Blumen. Am besten alles Bio.

Was sie nicht mögen, sind Zwiebeln und Zitrusfrüchte, starke Gewürze, Fleisch, Fisch, Milchprodukte, Öle und Fette. Außerdem Vibrationen, Licht und Überfütterung.

Wichtig ist noch, die Abfälle so klein wie möglich zu schneiden, um den Kompostvorgang zu beschleunigen und auftretenden Schimmel und Gerüche zu vermeiden. Der Humus ist fertig, wenn er trocken und krümelig ist, dann kommen Pappe, Erde und Futter in die 2. Kammer und die Würmer wandern durch das Gitter. Mit 5–10 Minuten Aufwand pro Tag bekommt man nach ca. 8 Wochen seinen hochwertigen Humus.

Der Humus kann dann für alle Pflanzen (Obst, Gemüse und Blumen) im Garten genutzt werden. Sie können auch Ihre Zimmerpflanzen mit dem Humus optimal ernähren.

Direkt aus der Küche auf den Balkon

- Biomüll ist manchmal eine wahre Fundgrube an hochwertigen Pflanzenstärkungsmitteln.
- Ungesalzenes Kartoffelwasser enthält viele Pflanzennährstoffe, die direkt für die Balkonpflanzen verfügbar sind.
- Kompostwürmer lieben Kaffeesatz, denn dieser regt sie anscheinend zu Höchstleistungen an.
- Zwiebelschalen und Knoblauchabfälle helfen gegen Krautfäule und Grauschimmel bei Erdbeeren und Tomaten und bei pilzlichen Erkrankungen. Angetriebener Knoblauch, zwischen die Pflanzen gesteckt, hilft gegen Blattläuse.

Küchenabfälle sind oft viel zu schade für den Biomüll.

- Größere herausgeschnittene Kartoffelstücke sind effektiv im Kampf gegen die Drahtwürmer.
- Ein Mittel bei zu vielen Ameisen: Die Schalen von Zitrusfrüchten verjauchen und auf die Ameisenstraßen gießen.
- Eierschalen sind fast reines Calcium und stabilisieren kleingerieben den pH-Wert des Bodens.

Und wenn Sie dann auf Ihrem Bio-Balkon den Abend in vollen Zügen genießen, ist ein guter Wein eine wunderbare Ergänzung. Und zwar BIO.

Expertin

Nathalie kennen und schätzen wir aus unseren vielen gemeinsamen Sendungen im ARD-Buffet und bei „Kaffee oder Tee".

Wenn ein Traum wahr wird!

Seit über 30 Jahren bin ich glücklich, den schönsten Beruf der Welt zu haben: Wein! Wenn man mich fragt, ob es noch eine Steigerung gibt, dann höchstens irgendwann einen eigenen Wein zu machen! Das darf ich jetzt – in Andalusien (Enix bei Almeria) in 750 m Höhe. Dort wachsen im Moment ausschließlich rote Rebsorten – teilweise international bekannte Sorten, wie auch

Die große Amphore ist das Symbol des Weinguts Finca Anfora.

Das Etikett des Bioweins

autochthone Sorten, will heißen Reben, die hier zu Hause sind – und finden hier ideale Bedingungen, wie Monastrell oder Garnacha.
Da es in der Region nur wenig Niederschlag gibt, stand sofort fest, dass die Reben ausschließlich biologisch bewirtschaftet werden. Ohne Regen entstehen entsprechend wenig Rebkrankheiten, die behandelt werden müssten. Die Reben bekommen weder synthetische Dünger, noch chemische Spritzmittel. Sie werden mit pflanzlichen Suden gestärkt. Die Blätter der Reben sind deshalb dicker und robuster. Auch bei Trockenheit halten die ökologisch bearbeiteten Rebstöcke viel besser durch, lassen nicht so schnell die Blätter hängen.
Wirklich spannend im Weingut ist die ständige Weiterentwicklung – beispielsweise ein perfekter Kompost – oder auch die Biodiversität. Wir schaffen natürliche Lebensräume für Tiere und Pflanzen. Ein wahres Paradies – und dazu noch ein guter Rotwein im Glas!

Übrigens sind gerade PIWI's – pilzwiderstandsfähige Rebsorten – ein sehr spannendes Thema! Neu gezüchtete Rebsorten, diese heißen beispielsweise Cabernet Blanc, Johanniter, Souvignier Gris oder Regent, sind widerstandsfähig gegen die häufigsten Krankheiten, wie Echter oder Falscher Mehltau. Diese Sorten müssen nicht mehr oder fast nicht mehr gespritzt werden. Was für eine Bereicherung! Immer mehr Menschen sprechen von den Zukunftsweinen. Mehr Informationen zu diesem Thema finden Sie auch auf der Homepage
www.zukunftsweine.de

Natalie Lumpp, „Bester Sommelier Deutschlands 1997/1998", ist seit vielen Jahren Expertin beim „ARD Buffet" und bei „Kaffee oder Tee". Die weltweit gereiste Weinexpertin schreibt regelmäßig Kolumnen und Bücher. Das Weingut heißt Finca Anfora im Süden von Andalusien.

Jetzt handeln!

anstatt	jetzt
Werkstoffe aus exotischen Ländern, z. B. Granit aus Indien	heimische Werkstoffe, z. B. Steine aus heimischen Steinbrüchen, Klinker, heimisches Holz
Edelhölzer aus dem Regenwald	je nach Verwendung Hart- (z. B. Edelkastanie, Robinie etc.) oder Weichhölzer (z. B. Fichte) aus Europa
Gartenmöbel aus Kunststoff	Gartenmöbel aus Holz aus nachhaltiger Forstwirtschaft
Kauf von Obst und Gemüse mit sehr weiten Transportwegen	Obst und Gemüse aus dem eigenen Garten oder von regionalen Erzeugern

anstatt	jetzt
Einsatz von Handelsdüngern, insbesondere von Volldüngern	Kompostwirtschaft, 5 l/m² reicht aus, Gründüngung
Abtransport von „Gartenabfällen“	Verwendung von Laub, Rasen- und Heckenschnitt usw. für Hoch- und Hügelbeet oder zum Mulchen
Einsatz von Pflanzenschutzmitteln, wie Fungizide, Insektizide	Verzicht auf Pflanzenschutzmittel durch standortgerechte Pflanzenwahl, robuste und widerstandsfähige Sorten, Pflanzenstärkungsmittel, Nützlingsförderung, Gemüsenetze, Fallen
Bewässerung mit Trinkwasser	Auswahl trockenheitsverträglicher Pflanzen, Regenwasser sammeln und gezielt einsetzen, sparsame Bewässerungssysteme wählen
kesseldruckimprägnierte Pfähle (Energieaufwand, schwermetallhaltige Salze) und Gartenhölzer	Pfähle aus gerbstoffhaltigen Hölzern, wie z. B. Esskastanie oder Akazie, die ohne Imprägnierung auskommen

Quelle Gartenakademie RLP

Unser Paradies Balkon & Terrasse

Jeder Balkonist lechzt danach, wenn es im Frühling wieder losgeht mit der Gartensaison auf Terrasse und Balkon, und der Handel lockt mit einem üppigen Sortiment an reich blühenden Stauden, Obstgehölzen und Gemüsepflanzen. Unter dem Namen Frühlingsflirt haben die meisten Gärtner eine Kollektion Frühlingsblüher, die über Wochen und Monate hinweg den Vorfrühling verschönern. Gräser, Sternmoos, Kaukasus-Vergissmeinnicht, Purpurglöckchen von dunkelrot bis fast schwarz, Marokko-Margerite mit putzigen Blüten in Rot oder Weiß, das Lungenkraut mit seinen wunderschön gepunkteten Blättern oder die Wolfsmilchgewächse, die grün als Farbe exzellent in den Kasten bringen. Am besten kombiniert man blühende Pflanzen mit Blattschmuckpflanzen und Gräsern. Ende April, wenn

Selbst Kartoffeln lassen sich in einem großen Kübel auf dem Balkon ziehen.

Pflücksalat im Balkonkasten

Säulenapfelbäume

die Blüten nicht mehr so schön sind, kann man die Frühjahrsblüher einfach in den Garten setzen und weiter die schönen Stauden und Gräser genießen, so manche blüht noch einmal nach.

Oft sehen wir den Balkon als Oase mit Blumen. Wie wäre es, wenn wir den Balkon oder die Terrasse zur Oase für unsere Gesundheit machen?

Da der Platz begrenzt ist, kommt es auf eine gute Planung an, und jede auch allerkleinste Fläche wird genutzt. Geeignet sind nahezu alle Gefäße, die Wasserabflusslöcher im Boden haben.

Für die Fruchtgemüsearten kommen beispielsweise Eimer, Kübel oder Töpfe mit einem Volumen von 15 Liter Erdvolumen infrage. Für Kräuter eignen sich Balkonkästen oder größere Blumentöpfe sehr gut. Schön sind die Erdbeertöpfe aus Terrakotta, hier kann man ganz viele verschiedene Kräuter auf kleinstem Raum unterbringen. Oder bauen Sie sich einen Kräuterturm: Stapeln Sie Töpfe, ganz große nach unten, einen kleinen an die Spitze, und pflanzen Sie dann in diesen Turm Ihre Lieblingskräuter.

Allgemein bietet sich Minigemüse zur Gestaltung des Naschgartens an. Besonders beliebt sind Tomaten, die auch auf vielen Balkons gedeihen können. Auch Paprika, Chili und Auberginen gedeihen hervorragend auf jedem sonnigen Balkon in Töpfen.

In die Höhe wachsen Bohnen und Gurken, diese sind auch ein genialer Sichtschutz. Diese Pflanzen ziehen Sie am besten auf der Fensterbank vor und setzen diese dann nach den Eisheiligen auf den Balkon oder die Terrasse.

Für die Balkonkästen eigenen sich Radieschen und viele Salatsorten, die schon im April erntereif sind und dann immer wieder nachgesät werden können. Doch das ist noch nicht alles, was man an super gesunder Bioqualität auf kleinstem Raum produzieren kann. Man staune: Der Balkon kann sich in einen kleinen Obstgarten verwandeln.

Die heutigen Züchtungen bieten unglaublich viel für den Balkon.

Fast jede Art von Beerenobst lässt sich auf dem Balkon ernten. Lassen Sie Brombeeren an Rankgerüsten hochwachsen, hier ist die Sorte , Evergreen' besonders schön, immergrün und mit großen Früchten. Oder pflanzen Sie doch einfach ein paar Hochstämmchen in Kübel, diese gibt

Kräuter wachsen auf dem Balkon auf kleinstem Raum.

es als Johannisbeeren, Stachelbeeren, Jostabeeren und darunter in den Topf kommen remontierende Erdbeeren, die tragen über den ganzen Sommer und lieben die beschattete Situation.

Doch damit nicht genug, auch Apfel, Kirsche und Pfirsich haben auf dem Balkon Platz, die neunen Mini-Obstbäume kommen in Kübeln.

Am besten gedeihen Ballerinas, das sind Säulenapfelbäume im Kübel.

Ballerinas sind Säulenbäume die direkt am Stamm tragen, also ganz wenig Platz einnehmen und in vielen Sorten erhältlich sind, sodass man mit 2 bis 3 Sorten den ganzen Sommer über ernten kann. Wer will, kann auch gleich in den Topf noch seine Kräuter pflanzen und schon hat man auf wenig Fläche viel Gesundheit geerntet.

Besonders eignen sich als Balkonkräuter: Basilikum, Bohnenkraut, Dill, Kerbel, Koriander, Majoran, Petersilie, Rucola, Schnittlauch, Winterheckzwiebel oder Schnittknoblauch, aber auch das sind nur Beispiele für die Vielzahl der Kräuter. Da Kräuter meist sehr wenig Platz benötigen, kann man sich ein richtiges Kräuterparadies anlegen.

Neues Wassermanagement im Garten: Wasser – ein kostbares Gut

In unserem Alltag ist sie selbstverständlich – die Versorgung mit Trinkwasser. Doch schon jetzt ist die so wichtige Ressource in vielen Teilen der Welt Mangelware – und die UN warnt vor einer künftig drastisch zunehmenden Knappheit.

Der weltweite Wasserverbrauch hat sich laut dem Bericht in den vergangenen 100 Jahren versechsfacht. Seit den 1980er-Jahren nimmt er jährlich um rund ein Prozent zu. Nach Erkenntnissen der UNESCO nimmt gleichzeitig die Kapazität von Stauseen ab – wegen Bevölkerungswachstum, Ablagerung von Sedimenten und Verschmutzung.

Das sind die wichtigsten Argumente, um im Garten am besten nicht mit Trinkwasser zu gießen.

Wasser wird immer kostbarer.

Den Garten an die neuen Klimabedingungen anpassen, um Trinkwasser zu sparen.

Und es gibt sehr effektive Methoden, Wasser im Garten zu sparen und wunderschöne blühende Gärten zu haben.

Die Folgen von den Dürresommern sind oft gravierend und fordern ein Umdenken. Denn bisher erfolgt die Dachentwässerung über Dachrinne und Fallrohr in den Kanal, und von da geht es direkt in Nebenflüsse und dann in die großen Flüsse. Und ein hoher Wasseranfall bedeutet immer Hochwassergefahr mit Überschwemmungen. Diese alte Strategie des schnell abzuführenden Regenwassers ist nicht mehr zeitgemäß!

Die Verwendung von Wasser sollte daher zwingend an die sich ändernden klimatischen Bedingungen angepasst werden. Die Forderung lautet ähnlich wie bei der Schwammstadt.

Schwammstadt oder (englisch) Sponge City ist ein Konzept der Stadtplanung, anfallendes Regenwasser in Städten lokal aufzunehmen und zu speichern, anstatt es lediglich zu kanalisieren und abzuleiten. Dadurch sollen Überflutungen bei Starkregenereignissen vermieden bzw. verringert, das Stadtklima verbessert und die Gesundheit von Stadtbäumen gefördert werden. (Quelle: Wikipedia)

Das im Garten anfallende Regenwasser muss entweder zur späteren Nutzung gesammelt und bevorratet werden oder soll direkt auf dem Grundstück versickern. Also genau da, wo der Regen auch fällt.

Damit können Spitzen abgemildert werden, indem man bei Trockenheit Regenstatt Trinkwasser zum Wässern nutzt und bei stärkeren Regenfällen Wasser sammelt bzw. in den Garten leitet und gleichzeitig die Kanalisation entlastet. Auch das Abschwemmen von Erde kann durch eine entsprechende Gartengestaltung verhindert werden.

Versiegelung reduzieren

Auf Dachflächen und versiegelten Flächen kann nichts bzw. wenig versickern. Daher sollten sie möglichst klein gehalten werden. Autoabstellflächen können auch mit Rasengittersteinen oder -platten befestigt und begrünt werden. Das Gartenhausdach und die Mülltonnenbox mit Dachbegrünung speichern einen Teil des Wassers, wo es später verdunstet bzw. den Pflanzen zur Verfügung steht.

Im Vorfeld kann man einige Fragen klären: Muss der Gartenweg wirklich gepflastert sein?

Reichen einige Trittplatten nicht aus?

Braucht der Sitzplatz im Garten zwingend eine Überdachung oder ist eine belaubte

Neubau mit komplett versiegeltem Garten. Hier kann kein Wasser versickern.

Pergola, die ihn beschattet, nicht ausreichend?

Muss es ein Schotter-„Garten" mit viel Stein auf Wurzelfolie sein? Denn die sind versickerungsfeindlich!

Die Empfehlung lautet: Wer möglichst viel Grün um, am und auf dem Haus hat, der hat schon vieles richtig gemacht!

Wasser sammeln

Um Gebäudeschäden zu vermeiden, sollte Wasser vom Haus weggeleitet werden. Gepflasterte Flächen müssen daher immer vom Gebäude weg etwas Gefälle haben – im Idealfall hin zum Garten. Bei einer Gartenneuanlage oder Umgestaltung kann eine Zisterne angelegt werden, in die das Regenwasser läuft. Kleine, preiswerte Wasserspeicher stellen auch die Regentonnen und -tanks dar, die es in vielen verschiedenen Ausführungen gibt. Sie können jederzeit ohne großen Aufwand aufgestellt werden.

Offene Pergola, bietet im Sommer einen angenehmen Schatten.

Regenwasser sammeln.

Wasser leiten und versickern lassen

Nicht immer kommt das Wasser da an, wo man es gebrauchen kann. Eine traditionelle alte Form zum Wasserleiten sind Gräben.

Sie können ganz flach und breit sein oder eine schmale Rinne, einfach ausgehoben, bewachsen oder gepflastert, gerade oder geschwungen, offen oder (teilweise) abgedeckt: Also ideal, um in jede Gartengestaltung integriert zu werden. Über eine solche Rinne kann das Regenwasser des Vordaches gezielt in ein Beet geleitet werden. Wird ein wassergebundener Gartenweg so angelegt, dass er von der Mitte aus zu den Seiten leichtes Gefälle hat, so läuft das Wasser nicht über den gesamten Weg ab, sondern wird nach den Seiten abgeleitet. Ein „Mini-Straßengraben" rechts und links des Gartenweges ohne Gefälle bzw. mit Ableitung in den Garten kann dann kurzfristig Wasser auffangen, wo es dann in den nächsten Tagen versickern kann.

Legt man den Graben mit Gefälle an, kann man Wasser z. B. zu Bäumen und Sträuchern leiten oder zu einer Mulde. Auch flach angelegte Gräben und Mulden können hervorragende Beete für Stauden und Sträucher sein, die mit wechselfeuchten Standorten zurechtkommen. Bei Trockenheit ist es hier immer etwas feuchter als auf den höhergelegenen, trockenen Standorten.

Versickerungsfläche

Gepflasterter Weg mit leichtem Gefälle zum Staudenbeet.

Möglichkeiten der Versickerung

Das Versickern von Niederschlagswasser im eigenen Garten wird mittlerweile auch von vielen Kommunen belohnt. Denn wer die Entwässerung von Dächern und versiegelten Hofflächen, Wegen und Sitzplätzen nicht in die Kanalisation leitet und stattdessen das Regenwasser auf seinem eigenen Grundstück versickern lässt, der kann jährlich bares Geld einsparen, nämlich bis zu 60 Cent/m^2 befestigter Fläche. Ein Anruf bei der Gemeinde oder Verwaltung lohnt sich also!

Oberirdische Versickerung ganz einfach

Flächenversickerung

Bei der einfachsten Versickerungsmethode muss man eigentlich nichts machen! Lediglich einen Regenwassersammler (Regendieb) in das Fallrohr einbauen. Über den angeschlossenen Schlauch leitet man das Wasser direkt in den Gartenboden, dabei liegt der Schlauch einfach auf der Erde, wechselweise auf dem Rasen, im Staudenbeet, unter den Bäumen, im Gemüsegarten etc. Hierbei ist keine Veränderung der Bodenoberfläche notwendig.

Werner erklärt, wie man den Regendieb richtig anbringt.

Muldenversickerung

Ebenso möglich sind Versickerungsmulden. Hier wird das Regenwasser über einen Schlauch oder Zuleitungsrohre in die Mulden geleitet. Diese füllen sich bei stärkeren Regenfällen temporär auf. Sie sollen max. 30 cm tief sein, so kann das Wasser innerhalb von 24 Stunden langsam in den Boden einfiltrieren. Aus gärtnerischer Sicht lassen sich die Mulden auch vielfältig mit Stauden oder mehrjährigen Blütenmischungen bepflanzen. Sowohl die Flächenversickerung als auch die Muldenversickerung (bis 30 cm Muldentiefe) sind in der Regel genehmigungs- bzw. erlaubnisfrei. Sollen tiefere und größere Mulden geformt werden, muss dies bei der zuständigen Wasserbehörde angemeldet werden.

Eine Versickerung über Rigolen oder Sickerschächte ist wesentlich aufwändiger und teurer und bedarf grundsätzlich einer vorherigen Genehmigung. Deshalb ist es ratsam, sich vor dem Einbau solcher Maßnahmen über die örtlichen und regionalen Vorschriften zu informieren.

Mit dem „Regendieb“ direkt vom Dach in den Garten!

Wasserdieb

Die meisten Gärten sind um die Wohnhäuser verteilt. Von diesen Dachflächen kann kostenloses Regenwasser gesammelt werden. Das schwankt zwischen >500 l/m^2 bis über 1.000 l/m^2. Anstatt das kostbare Wasser ungenutzt in die Kanalisation laufen zu lassen, kann man es mithilfe von einfachen Wassersammlern direkt in den Garten leiten! Denn dort gehört es hin: In den Gartenboden, den natürlichen und vor allem kostenlosen Wasserspeicher!

Die Regenwassersammler, auch „Regendieb“ genannt, werden einfach in die Fallrohre eingebaut und mit einem Schlauch versehen (je nach Größe des Grundstücks). Das Schlauchende platziert man wechselnd an verschiedenen Stellen im Garten auf dem Boden. Und schon füllt man den kostenlosen Wasserspeicher Boden mit dem kostbaren Nass bei jedem Regen auf! Denn der Gartenboden hat die natürliche Eigenschaft, Regenwasser aufzunehmen und zu speichern und dieses bei Bedarf (Sommer, Trockenheit) wieder abzugeben. Zum Wohle der Pflanzen und zum Wohle der Menschen.

Regenwasser sammeln

Für die Menschen in Deutschland ist es selbstverständlich, immer genügend Wasser in allerbester Trinkqualität zur Verfügung zu haben. Leitungswasser ist das am besten untersuchte und günstigste Lebensmittel. Wassermangel und echte Dürre kennen wir in Deutschland bisher nur aus den Medien und meist aus fernen Ländern. Doch spätestens seit 2003 sind solche Bilder auch bei uns noch im Gedächtnis: der Rhein mit einem historischen Tiefststand, vertrocknete Getreidefelder und welkende Obstbäume und Reben. In manchen Regionen wurde daraufhin die Bewässerung der Gärten und Rasenflächen behördlich untersagt. Fragt man die Meteorologen, dann nehmen Wetterextreme mit längeren Trockenphasen offensichtlich zu. Wir müssen lernen: Trinkwasser ist ein kostbares und endliches Gut, das zukünftig durchaus öfter mal knapp werden könnte.

Was tun? Nichts tun und einfach so weiter machen wie bisher? Resignieren? Nein, denn es gibt einfache und pragmatische Lösungsansätze. Und – wie so oft – sind es mal wieder die Freizeitgärtner, die hier einen wichtigen Beitrag zum Allgemeinwohl leisten können!

Sparsamer Umgang mit dem kostbaren Wasser

Immer noch sieht man häufig Mitmenschen, die scheinbar achtlos mit dem kostbaren Nass umgehen: Jeden Abend stellen sie kurz die Beregnung an mit dem Ergebnis, dass nur die obersten Zentimeter des Bodens befeuchtet werden. Und diese Feuchtigkeit verdunstet dann meist sehr schnell wieder am nächsten Tag. Wenn schon Beregnung, dann seltener, aber wurzeltief!

Hier wäre eine Tropfbewässerung jedoch schon ein Quantensprung, denn dadurch lässt sich der Wasserbedarf um die Hälfte reduzieren. Und das Wasser kommt nur dort hin, wo es auch wirklich gebraucht wird, nämlich an die Wurzel!

Vorteile einer wassersparenden Tropfbewässerung

- deutliche Verringerung des Wasserverbrauchs
- verlustfreier Transport an den Ort des Verbrauchs (Wurzel)
- anwenderfreundlich und automatisierbar, auch bei Abwesenheit (Urlaub)
- universell einsetzbar (Gehölze, Stauden, Rasen, terrassierte Beete, Hanglagen)

Die speziell für den Garten angebotenen Tropfsysteme können ober- und unterirdisch verlegt werden und funktionieren bestens im Niederdruckbereich. Stellt man den Vorratsbehälter auf eine Höhe von 1,5 Meter, so ergibt sich daraus schon ein Druck von 0,3 bar, der für den Betrieb der Tropfer ausreicht.

Tröpfchenbewässerung

Das beste Wasser ist das eingesparte Wasser

Des Weiteren lässt sich die Verdunstung von unproduktivem Bodenwasser durch Mulchen mit organischem Material deutlich reduzieren. Sehr gut eignen sich hierfür anfallendes Schnittgut von Bäumen und Sträuchern, samenlose Staudenreste, aber auch Rasenschnitt und Ähnliches. Wird das Material gehäckselt, ergibt sich ein geschlossener Nährstoff-Kreislauf: Alles verwertbare organische Material aus dem Garten verbleibt auch dort und wird nicht über die grüne Tonne als „Abfall“ entsorgt. Garteneigener Kompost belebt den Boden und steigert den Humusgehalt, mulchen mit Häckselgut vermindert die unproduktive Verdunstung von Bodenwasser. Und das macht ökologisch viel mehr Sinn als die regelmäßige Zufuhr von Unmengen an Rindenkompost von außen.

Wie so oft im Leben sind die einfachen Methoden oft die effizientesten: Hierzu 2 alte Gärtnerweisheiten:

„1x hacken erspart 3x gießen“. Wobei hier mit hacken ein flaches und oberflächliches Lockern mit der Ziehhacke gemeint ist. Das reicht schon aus, um die Kapillare zu zerstören, durch die Wasser ungenutzt verdunsten kann.

„Der Boden darf den Himmel nicht sehen“. Will heißen: Damit der Boden vor Austrocknung und Erosion geschützt ist, sollte er stets gemulcht oder komplett mit (Kultur-)Pflanzen bewachsen sein. Letzteres hat noch den unüberschätzbaren Vorteil, dass da, wo Kulturpflanzen stehen, keine unerwünschten Wildkräuter wachsen können!
Und die Wirkung des Mulchens ist um ein Vielfaches größer als beim Hacken, denn „1x mulchen erspart 9x gießen“! Ob das stimmt? Probieren Sie es doch einfach einmal aus!

Alte Gärtnerweisheit:
1 x mulchen erspart vielfaches Gießen.

Ein Rechenbeispiel

Am Beispiel von Neustadt an der Weinstraße erkennen Sie die Effektivität des Wassersammelns: Die Niederschlagsmenge im langjährigen Mittel beträgt 643 mm (1 mm = 1 l/m²), davon fallen 338 mm von April bis September. Eine Dachfläche von 1 m² liefert Ihnen also in 6 Monaten (von Anfang April bis Ende September) rund 300 l kostenloses Gießwasser!

Ein Gartenhaus mit 10 m² Dachfläche kann etwa 3.000 l kostenloses Gießwasser liefern, ein Wohnhaus mit einer Dachfläche von 100 m² sogar 30.000 l und mehr! Dieses Wasser kann kostenfrei genutzt werden, um während der Vegetationsperiode einen Garten in der Region zu wässern.
Für den Ortenaukreis lauten die Daten: Jahresniederschlag 850 mm, bei ca. 400 mm in der Vegetation sind das 4.000 l/10 m² und 40.000 l/100 m²!

Wasser bleibt vor Ort

Es wäre wünschenswert, mehr Dachflächen über den Garten zu entwässern, entweder als Gießwasser oder zur Versickerung vor Ort. Leider ist diese nachhaltige und umweltschonende Maßnahme noch viel zu wenig verbreitet. Denn Regenwasser, das am Ort des Niederschlags verbleibt, wird dem natürlichen Wasserkreislauf wieder zugeführt und fördert die Grundwasserneubildung. Bei Starkregen gelangt es nicht in Kanalisation oder Flüsse und verringert so die Hochwassergefahr.

Eine Dachflächenentwässerung liefert kostenloses und gutes Gießwasser und man kann sogar Abwassergebühren sparen. Und das wird immer öfter sogar gefördert! Informationen dazu gibt es bei Ihrer Wohngemeinde.

Verbesserung des Mikroklimas bedeutet mehr Wohlbefinden

Mit diesem Mehr an Wasser können die Gartenpflanzen dann auch in trockenen, regenarmen Sommern immer ausreichend Wasser aufnehmen und verdunsten.
Und das kommt auch uns Menschen zugute: Beim Verdunsten von Wasser entsteht physikalisch gesehen die „Verdunstungskälte". Pflanzen kühlen die Umgebungsluft und arbeiten quasi als kostenlose Klimaanlage. Eine vielfältige und artenreiche Bepflanzung und Eingrünung rund ums Haus führt also bei ausreichender Bodenwasserversorgung zu einem spürbar kühleren und in heißen Sommern angenehmeren Kleinklima.

Deshalb: Regenwassersammler jetzt in die Fallrohre einbauen!

Es lohnt sich in mehrfacher Hinsicht, jetzt Regenwassersammler in die Fallrohre der Häuser einzubauen. Im Handel (Baumarkt, Gartencenter etc.) werden verschiedene Lösungen angeboten. Je nach verwendetem Material liegen die Preise zwischen 20–25 Euro (Kunststoff) und 50–70 Euro für Wassersammler aus langlebigem Metall. Mit etwas handwerklichem Geschick kann man diese problemlos nachträglich in die Fallrohre einbauen. Werden Sie jetzt Regensammler und bevorraten Sie Ihr eigenes Wasser in Ihrem Gartenboden!

Schlauchstück, an das der Gartenschlauch angeschlossen wird, um das Regenwasser in den Garten zu leiten.

Experte

Der Blick in die Tiefe des eigenen Gartens

Wer immer glaubt, man hätte grundsätzlich den „verkehrten" Gartenboden, kann sich in diesem Zusammenhang auf seinen sandigen Boden freuen. Warum? Hier kann zumindest das Oberflächenwasser oftmals besser ablaufen und sie sind dadurch auch wieder schneller begehbar. Wenn sich Blätter von der Spitze her trocken einrollen, sogar ältere, eingewurzelte Gehölze in Trockenstress geraten oder die über Jahre geliebte, kultivierte, gepflanzte Botanik Wachstumsstockungen und Vergilbung oder Rotfärbung zeigt, dann sind im Volksmund die „nassen Füße" und in der Folge oft verfaulte Wurzeln dafür verantwortlich.

Die sonst mehr oder weniger grüne Vegetationsdecke aus Gräsern sieht so aus, als hätte der gesamte Rasen in den mediterranen Gegenden zu lange „Urlaub" gemacht. Fakt ist: Die Rasenpflanze stellt ihr Wachstum ab ungefähr 25 Grad ein. Grundsätzlich ist dieser Prozess kein Problem und schützt letztlich nur das Gras. Dort, wo das Grün fast täglich gemäht wurde, sollte jetzt unbedingt pausiert werden. Und interessant ist es zu wissen, dass es eigentlich irrelevant ist, wann der Rasen intensiv gegossen wird.

Jede Tageszeit wäre dazu gut geeignet, wobei der Morgen und der Abend wenn möglich zu bevorzugen sind. Zudem ist der Boden speziell morgens aufgrund der geringeren Temperatur aufnahmefähiger und wird es auch wieder, je später der Abend wird. Optimaler wäre, wenn einem der gepflegte Rasen es wert ist, bei derart heißen Perioden, wie bereits erlebt, sogar morgens und abends zu wässern. Der Zusammenhang mit ressourcenschonendem Umgang mit Wasser führt unweigerlich zur Fragestellung: Macht grüner Rasen wirklich noch verantwortungsbewusst glücklich?

Wer seine Wassermenge reduzieren möchte, könnte Bereiche mit Hirse, Schafgarbe und Horn-Sauerklee ansäen, diese Pflanzen können Hitzewellen besser überstehen als das klassische Grün. Als weiterer Mehrwert bietet ein Mix aus unterschiedlichen flachwachsenden Kräutern und artenreicher Blüh-Botanik heimischen Insekten einen weiteren Lebensraum und Nahrung.

John Langley – Der klassische Strohhut und der hell gewordene Rauschebart sind die Markenzeichen des leidenschaftlichen Gärtners, einer echten „Konifere" (sorry, Koryphäe!) aus dem hohen Norden! Mehr über John erfahren Sie auf seiner Homepage: https://www.gartenbotschafter.info/

Interview mit Werner Ollig zum neuen Wassermanagement

So schützt man den Garten vor dem Austrocknen

Werner Ollig von der Gartenakademie Rheinland-Pfalz fordert ein neues Wassermanagement – Das kann mit einfachen Mitteln gelingen.

Von Cordula Sailer

Was tun, wenn die Pflanzen im Garten in heißen Sommern austrocknen? Einfach zum Gartenschlauch greifen und den Hahn aufdrehen? Es gibt eine viel nachhaltigere Lösung, als Trinkwasser im Garten einzusetzen, sagt Werner Ollig, Leiter der Gartenakademie Rheinland-Pfalz. „Wir brauchen ein Umdenken und ein neues Wassermanagement", ist Ollig überzeugt. In Zukunft gehe es darum, ein Wasserreservoir im eigenen Garten zu schaffen – und gezielt Schatten spendende Bäume und Sträucher zu pflanzen. Hier die wichtigsten Tipps, wie sich Hobbygärtner künftig gegen Hitzesommer wappnen können:

1. Wasser sollte dort versickern, wo es fällt: „Die Böden sind überwiegend ausgetrocknet und lechzen nach Wasser", sagt Ollig. Ums Haus herum könne das jeder ändern und seinen eigenen Wasserspeicher im Boden schaffen. Und zwar, indem man Regenwasser in den Garten leitet – dann, wenn es fällt, vor allem im Frühjahr, Spätherbst und Winter. „Was wir im Moment tun, ergibt wenig Sinn", meint Ollig. Wenn es im Winter regnet und Wasser aufs Hausdach fällt, wird es schnell über Fallrohre in den Kanal und dann in den Rhein und seine Nebenflüsse abgeleitet. Dort führt es unter Umständen zu Hochwasser, während es im Sommer im eigenen Garten fehlt – und auf Trinkwasser zurückgegriffen wird. „Statt es nutzlos im Winter abzuleiten, sollten wir ein Auge darauf haben, dass das Regenwasser hierbleibt", betont der Gartenakademieleiter.

2. Eine gute Methode zum Wassersammeln: Um das Wasser vom Hausdach in den Garten zu leiten, empfiehlt Ollig einen „Regendieb". Einen solchen Regensammler, der am unteren Ende des Fallrohrs angebracht wird, gebe es für alle gängigen Regenrohre. „Der Regendieb hat einen Ausgang, an dem ein Schlauch befestigt wird", erläutert Ollig. Alle paar Wochen könne dieser an eine andere Stelle gelegt werden, um verschiedene Wasserdepots anzulegen.

Angst vor einer Überschwemmung im Garten müsse man nicht haben. Die Erde könne das Wasser gut aufnehmen. „Der Boden ist der sensationellste Speicher überhaupt, weil er sich selbst reguliert", sagt Ollig. Einen Teil des Regenwassers nimmt er auf, was zu viel ist, „lässt er nach unten ins Grundwasser". Dort werde es derzeit dringend gebraucht, um Trinkwasserreserven aufzufüllen. Bei Starkregen fließe zudem nicht alles Wasser über den Regendieb-Schlauch ab, sondern ein Teil auch übers Fallrohr. Wer mehrere Fallrohre zur Verfügung hat, kann natürlich mehrere Regendiebe und Schläuche an verschiedenen Stellen anbringen.

Ein Rechenbeispiel: Die Dachfläche beträgt 100 Quadratmeter, der durchschnittliche Regenfall im Hunsrück liegt bei etwa 700 Liter pro Quadratmeter im Jahr. Das wären 70 000 Liter Regenwasser im Jahr – davon, so Ollig, müsse noch etwas für Verdunstung, Starkregen und Dachneigung abgezogen werden. Dennoch lande man bei 50.000 bis 60.000 Liter Wasser, die man dem Garten auf diese Weise zuführen könne.

Ein Vorteil des Regendiebes: Das Wasser fließt vom Haus weg. Wer eine Klappe am Fallrohr hat und das Regenwasser in einer Tonne sammelt, dem könne diese schon mal überlaufen, so Ollig. In der Vergangenheit sei das ein Grund für viele Hausbesitzer gewesen, die Tonne abzuschaffen, um keine Feuchtigkeitsbildung direkt ums Haus zu haben.

3. Was Ihre Pflanzen und Sie selbst davon haben: Wer Regenwasser im Gartenboden sammelt, bietet den Pflanzen mehr Feuchtigkeit, auf die sie im Sommer über ihre Wurzeln zugreifen können. Sind die Pflanzen im Garten gut mit Wasser versorgt, profitiert auch der Mensch: „Sie haben länger Laub, können besser Schatten werfen, bleiben länger gesund, und sie verdunsten permanent Wasser und machen uns so ein positives Kleinklima“, erklärt Werner Ollig. Beim Verdunsten von Wasser über die Blätter entsteht Verdunstungskälte. Wer also möglichst viel Grün ums Haus hat, schaffe sich so seine natürliche Klimaanlage. „Wichtig zu wissen ist auch: Je weniger Wasser verdunstet, desto weniger regnet es“, weist Ollig auf den Wasserkreislauf hin. Durch das im Boden gespeicherte Regenwasser für die Gartenpflanzen könne jeder Privathaushalt letztlich zum Regenmacher werden.

Die selbst angelegten Wasserreservoirs kommen vor allem mehrjährigen Pflanzen wie Stauden, Gehölzen und Sträuchern zugute, sagt Werner Ollig. Wer Gemüse aussät oder einpflanzt, müsse dieses natürlich nach wie vor gießen.

Einen Überblick darüber, wie viel es in der eigenen Region geregnet hat und wie hoch der Bewässerungsbedarf ist, bietet die Internetseite der Gartenakademie unter der Rubrik „Gartenwetter“. Darüber können Niederschlagsdaten regionaler Wetterstationen abgerufen werden. Mithilfe der durchschnittlichen jährlichen Niederschlagsmenge kann jeder selbst grob überschlagen, wie hoch der „Wasserpuffer“ im Garten ist, der mit dem Regendieb geschaffen worden ist.

4. Schatten im Garten schaffen: In Neubaugebieten sei oft wenig Vegetation in den Gärten anzutreffen: Statt eine Hecke zu pflanzen, werde ein Zaun aufgestellt, nennt Ollig ein Beispiel. „Die Gärten sind frei von strukturierenden Elementen wie Bäumen und Sträuchern – und somit frei von Schattenspendern.“ Als Stilelement immer noch angelegt würden allerdings große Rasenflächen. Oft liegen sie prominent in der Sonne. Dabei komme Rasen mit intensiver Sonneneinstrahlung und Trockenheit überhaupt nicht gut zurecht. „Genau das macht dem Rasen jetzt die größten Probleme, er vertrocknet", sagt Ollig. Drohen in trockenen Sommern Bewässerungseinschränkungen für die Gärten, bliebe nichts anderes übrig, als auf braunen, abgestorbenen Rasen zu blicken.

Ein Lösungsansatz aus Olligs Sicht: „Ich setze auf diese Fläche zum Schutz Bäume – und unter den Bäumen, die Schatten werfen und kühlen, wächst das Gras, bleibt es grün." Bäume klimatisieren und kühlen aktiv (Stichwort Verdunstungskälte), Sonnensegel tun das nicht.

In größeren Gärten sei etwa die weißblühende Rosskastanie denkbar, aber auch Bäume, die etwas zum Naschen bieten, kommen infrage: die veredelte Walnuss oder Marone, die Esskastanie oder ein Apfelbaum. Für kleinere Gärten eigneten sich etwa der Seidenbaum, die essbare blühende Mandel, die Kornelkirsche oder Mispelsträucher. An sonnenexponierten Hängen könnten auch besonders hitzebeständige Sträucher und Gehölze zum Einsatz kommen, die mit wenig Wasser auskommen. Als Beispiel nennt Ollig die Korallen-Ölweide und die Feige – „sie ist ein Sonnenkind". In ihrem Schatten können wieder andere Kulturen gedeihen. Ollig rät, den eigenen Garten kritisch unter die Lupe zu nehmen, ob er Schattenelemente beinhaltet.

5. Wie Sie den Boden vor dem Austrocknen schützen: Wer den Boden mulcht, schützt ihn vor dem Austrocknen. Nackte Erde, so Ollig, sollte mit organischem Material abdeckt werden: egal, ob im Staudenbeet, im Gemüse- oder im Obstgarten. „Das ist ein Verdunstungsschutz, dadurch bleibt mehr Wasser im Boden", sagt der Gartenakademieleiter. Und so könne der Rasen im Garten doch noch eine positive Wirkung entfalten: Der Grünschnitt vom Mähen könne wunderbar als Mulchmaterial verwendet werden. Er bringe Nährstoffe in den Boden und decke ihn ab. „Es gilt die Regel: Einmal mulchen spart mindestens dreimal wässern", klärt Ollig auf.

Ein wichtiger Punkt, um Wasser einzusparen, sei außerdem die Erhöhung des Humusgehaltes. Humus sei ein Wasser- und Nährstoffspeicher. „Je mehr organisches Material im Garten bleibt, desto höher wird der Humusgehalt und desto mehr Wasser, Nährstoffe und CO_2 kann der Boden speichern", erläutert Ollig die Zusammenhänge. Wie man das erreichen kann? Durch einen eigenen Kompost zum Beispiel, den man zur Düngung im Garten verwendet. Jeder könne letztlich mit kleinen Maßnahmen dazu beitragen, Wasser zu sparen.

Die Gartenakademie ist die Beratungsstelle des Landes Rheinland-Pfalz für Gartenbesitzer und Kommunen. Kontaktdaten und weitere Gartentipps finden Sie im Internet unter der Adresse www.gartenakademie.rlp.de

Dieser Text ist Teil der Serie „So machen Sie den eigenen Garten klimafreundlich" der Rhein-Zeitung Koblenz. In weiteren Teilen befassen sich die Autorin, Cordula Sailer, und Experten der Gartenakademie Rheinland-Pfalz mit Themen wie der eigenen Kräuterwiese im Garten oder der Selbstversorgung mit Obst und Gemüse. Cordula Sailer arbeitet im Ressort „Journal, Leben und Reise" der Rhein-Zeitung.

Alle Serienteile finden Sie online unter www.ku-rz.de/klimagarten

Wilde Hecken für mehr Klima- und Artenschutz

Wilde Hecken sind durch ihre lockere Struktur und die verschiedenen Wuchshöhen der beste Windschutz. Im Gegensatz zur Formschnitthecke bricht sich der Wind in den verschiedenen Höhen der Wilden Hecken.
Zudem sorgt eine Wilde Hecke für einen Klimaausgleich, schützt den Boden sowie Wasser und stabilisiert den Naturhaushalt. Neue Hecken braucht das Land.
Wie wäre es statt mit einer langweilig-spröden Thuja- oder Kirschlorbeerhecke oder einem noch langweiligeren Zaun mal mit etwas Neuem, Lebendigem und Leckerem?

Leider sehen viele Hecken in Deutschlands Gärten so aus. Monoton, in Form geschnitten und der Heckenrand mit Herbiziden abgespritzt.

Jetzt wird's wild!

Wildobst kann man im Garten nur wärmstens empfehlen. Wildobstgehölze machen Spaß, ob als Hecken, Schutzstreifen, Böschungsbegrünung, Vogelschutzgehölze oder Bienenweiden. Denn sie bieten neben ihrem Schmuck- und Zierwert durch Blätter, Blüten und Früchte gleichzeitig auch die Möglichkeit zur Nutzung der Früchte als Frisch- oder Verwertungsobst. Gerade die Verwertungsmöglichkeiten bei den Wildobstarten sind für uns extrem spannend. Viele Früchte kann man direkt frisch genießen, wie beispielsweise Berberitze, Kirschpflaumen, Kornelkirschen sowie die schwarze Maulbeere, der pure Frischegenuss. Ihr ganzes Potenzial entfalten Wildfrüchte jedoch oft erst nach einer Verarbeitung zu Saft, Marmelade oder Gelee, durch Trocknung oder in Spirituosen. Sehr gut eignen sich viele Früchte auch als Beigaben zu Müsli oder Joghurt.

Und dann sind die Wilden auch absolute Vitaminbomben, sie stärken das Immunsystem und mit ihnen kommt man super durch den Winter. Als Hecke wird das Wildobst am besten zweireihig gepflanzt. In der hinteren Reihe Felsenbirne, Holunder, Mispel, Sanddorn, Schlehe, Weißdorn oder Kirschpflaume und davor Scheinquitte, Apfelbeere, Brombeere oder Fruchtrosen.

Am schönsten ist es, wenn die Pflanzen ineinanderwachsen, eine perfekte Lebenswelt für Vögel und Insekten und ein absoluter Vorteil, dann ist die Hecke nämlich schnell blickdicht und zudem entsteht im Garten ein gutes Kleinklima.

Die Blüte der Kornelkirsche im zeitigen Frühjahr.

Holunderblüte

Heimisches Superfood statt Importe von Zitrusfrüchten

Hagebutten verwerten

Die Früchte enthalten mitunter bis zu 900 mg Vitamin C pro 100g! Das ist gewaltig, bedenkt man, dass Apfelsinen und Orangen, für uns alle der Inbegriff hoher Vitamin C-Gehalte, weit weniger als ein Zehntel dieses Wertes erreichen! Die Pillnitzer Vitamin-Rose enthält sogar 1100 mg Vitamin pro 100 g!

Früchte folgender Rosenarten haben sich wegen der Fruchtgröße, ihren Gehalten an den Vitaminen A, B1, B2 und K2, an Fruchtsäuren, an Zucker sowie an Pektinen bewährt: *R. dumalis* mit Sorte ‚Pi Ro 3', *R. moyessii* und *R. villosa* (Apfelrose) mit Sorte ‚Karpatia'. Aus den Blütenblättern der *R. gallica* (Essigrose) können Konfitüren hergestellt und Rosenöl gewonnen werden.

Sonstige Verwendungszwecke für Hagebutten sind die Verarbeitung zu Sirup, Saft, Marmelade oder nach Trocknung zu Tee.

Hagebutten sind das absolute Superfood.

Schmetterlinge pflanzen!

Wer gerne Schmetterlinge und kleine Falter im Garten hat, kann eine „Schmetterlingshecke" anlegen. Hierfür eignen sich Heckenkirschen und Schlehen, aber auch Pappeln, Ulmen oder Weiden, um den Faltern Unterschlupf zu gewähren. Ebenso kann Vögeln ein Zuhause gegeben werden. Um ihnen Futter zu bieten, eignen sich Beeren tragende Hecken, wie z. B. Felsenbirne (purpurrot), Schneebeere (weiß), Holunder (schwarz) oder Spindelstrauch (hellrot).

Ein Beispiel für eine Beeren tragende Hecke:

Auf einer Fläche von ca. 7 m × 2 m können vier verschiedene, Beeren tragende Heckenpflanzen in einer Reihe angepflanzt werden, Standort: Sonne bis Halbschatten.

Undurchdringbare Hecke

Eine sogenannte „undurchdringbare Hecke" lässt sich mit *Mahonia aquifolium*, *Berberis thunbergii*, *Atropurpurea*, *Hippophae rhamnoides*, *Prunus spinosa* oder *Rosa rugosa* erzeugen. Da diese Pflanzen überwiegend Stacheln ausbilden und schnell und dicht wachsen, entsteht in kurzer Zeit ein dichtes, nahezu undurchdringbares Geflecht, was besonders gut als Wind- und Sichtschutz fungiert, darüber hinaus gleichzeitig vielen Vögel als Brutplatz dient.

Lebensraum Hecke – Vogelschutz und viel mehr!

Normalerweise herrscht in Wohngebieten die geschnittene Formhecke vor. Diese lässt sich durch mehrmaliges Schneiden auf eine bestimmte Höhe und Breite einstellen. Das Ergebnis ist meist nicht nur optisch monoton, sondern ökologisch gesehen auch recht mager.

Die klassische Heckenpflanze in Deutschland ist der Lebensbaum, je nach Region Thuja Smaragd, T. Brabant oder T. Atrovirens. In den Beschreibungen liest man immer noch, dass Thuja-Hecken auf der ganzen Welt angebaut werden, was grundsätzlich stimmen mag. Leider fehlt der Hinweis, dass niederschlagsarme Regionen mit trockenen und heißen Sommern gänzlich ungeeignet dafür sind. Denn die Pflanze stammt ursprünglich aus den kühl-feuchten Klimaten Nord-

Sehr aufwendige und ökologisch bedenkliche Hecke

Nach den heißen Sommern der letzten Jahre kommt es zu immer mehr absterbenden Thujen in Hecken.

amerikas und unter diesen Bedingungen fühlt sie sich auch richtig wohl.
Im Rahmen des Klimawandels und der Klimaerwärmung in Deutschland werden auch hier diese Flächen immer größer, in die die Thuja als Zukunftspflanze nicht mehr hineinpasst. Deshalb lohnt es sich, über alternative Pflanzen nachzudenken.

Und wo wir gerade dabei sind: Die üblichen Formschnitthecken werden ja meist recht schmal gehalten, damit sie nicht so viel Platz wegnehmen im Garten. Denn der eingesparte Platz ist ja für die große, uniforme Rasenfläche vorgesehen, der immer noch das unangefochtene Ideal der überwiegenden Mehrheit der Gartenbesitzer ist. Aber in Zeiten des Klimawandels sind Veränderungen und neue Sichtweisen notwendig:

Wie wäre es also, wenn man die bisherige Strategie der Gartenplanung einfach herumdreht? Das würde hier bedeuten:
→ mehr Platz für eine breitere Hecke und
→ weniger Platz für die Monokultur Rasen

Denn eine lebendige, breitere, wildere, blühendere Hecke hat weitaus mehr zu bieten:

Eine dichte Strauchschicht mit Dornsträuchern dient als Neststandort, Unterschlupf und Lebensraum sowie Ansitz- und Singwarte für Vögel wie den Neuntöter und bietet Deckung für Haselmaus und Feldhase.
In Steinhaufen siedeln sich Zauneidechsen, Blindschleichen, Ringelnattern und Erdkröten an. Holz- und Asthaufen bieten Unterschlupf für Igel und Erdkröte. Solche Hecken sind Brutplatz vieler Vögel und Lebensraum zahlreicher Insekten. Alte, höhlenreiche Bäume dienen als Brutstätte und Unterschlupf für Fledermäuse, Vögel, Siebenschläfer, Wespen

Steinhaufen und Altholz in der Hecke bieten vielen Tieren im Garten ein Zuhause. Hier wärmt sich eine Eidechse auf.

Höhlen dienen als Brutstätte und Unterschlupf für Fledermäuse, Vögel, Siebenschläfer und Wespen.

u. a. und lässt man Gras und Kräuter einfach mal wachsen, ohne dauernd zu mähen, finden Nützlinge ideale Lebens- und Überwinterungsbedingungen. Somit ist der Grundstein für den „blühenden Pflanzenschutz" gelegt!

Solche vielfältigen Hecken sind extrem artenreich und bilden ein sehr komplexes Geflecht zwischen Tier- und Pflanzengemeinschaften, deshalb lassen sich bis zu 900 Arten nachweisen. Insbesondere dann, wenn man den Heckensaum noch dazu rechnet und auch diesen einfach mal wachsen lässt!

Dieser Krautsaum bildet den Übergangsbereich nach innen zum Garten und nach außen zum angrenzenden Nachbargrundstück, zum Feld oder zur Wiese. Dieser Krautsaum besteht aus einem Band von wenig schnittverträglichen Halbschattenpflanzen, das dann im günstigen Falle in eine sonnigere Wiesenflora übergeht.

Ein wichtiger Baustein sind auch Stein- und Reisighaufen, dadurch werden viele Strukturen von Wald, Waldrand und Flur auf kleinstem Raum vereinigt.

Unsere blühende Obsthecke mit Rose und Krautsaum

Alles, was man von der Hecke abschneidet, kann in die Wildhecke integriert werden, als Unterschlupf für viele Tiere.

In Verbindung mit standortgerechten, heimischen Strauch- und Baumarten werden solche Hecken mit intaktem angrenzendem Krautsaum zu einem Eldorado für die Tierwelt mit einem üppigen Nahrungsangebot.
Man kann die Hecken daher nach ihrer Wuchshöhe in Nieder-, Hoch- und Baumhecke einteilen

- Niederhecke: **nur** 2 bis 3 m hohe Sträucher
- Hochhecke: **zusätzlich** bis ca. 6 m hohe Sträucher und buschförmig wachsende Bäume
- Baumhecke: zumindest abschnittsweise ausgewachsene Bäume

Pflanzenauswahl

Standortgerechte, heimische Wild-Gehölze sind bestens geeignet für den Naturgarten, denn sie fördern die Artenvielfalt und bilden die Grundlage für ein vielfach verwobenes Nahrungsnetzwerk für die heimische Tierwelt. Im Hinblick auf die Vögel erfüllen sie zwei wichtige Funktionen, als Vogelnähr- und/oder -schutzgehölz. Vogelnährgehölze bieten durch ihre Früchte und Samen ein vielfältiges Nahrungsangebot, besonders im Winter. Deshalb sind Arten, die ihre Früchte lange tragen, besonders wertvoll. Vogelschutzgehölze dagegen bieten durch ihren dichten Wuchs und zum Teil durch ihre Bedornung gute Nistmöglichkeiten.
Oft werden auch beide Funktionen gleichzeitig erfüllt.

Mit der richtigen Pflanzenauswahl und Beratung von Baumschulen hat man schnell eine wunderschöne lebendige Hecke gepflanzt.

Beispiele	Vogel- nährgehölz	schutzgehölz
Apfel	X	
Berberitze	X	X
Bocksdorn	X	
Brombeere	X	X
Faulbaum	X	
Felsenmispel*	X	X
Feuerdorn*	X	X
Roter Hartriegel	X	X
Haselnuss		X
Heckenkirsche	X	X
Himbeere	X	X
Holunder	X	
Kirsche	X	X
Kornelkirsche	X	X
Liguster	X	X
Mehlbeere	X	
Rose	X	X
Sanddorn	X	X
Stechpalme	X	X
Pfaffenhütchen		X
Weißdorn*	X	X
Vogelbeere	X	

Wildgehölze für Hecken		
Name	Höhe	Bemerkung
Sonne bis Schatten		
Eberesche (*Sorbus aucuparia*)	5–10 (–15) m	Pioniergehölz, Bodenbefestigung, Mischpflanzungen, Waldränder
Sonne bis Halbschatten		
Roter Hartriegel (*Cornus sanguinea*)	1–5 m	Pioniergehölz, Bodenbefestigung, Ausläufer treibend
Eingriffliger Weißdorn (*Crataegus monogyna*)	2–6 m	Bodenbefestigung, Verkehrsbegleitgrün, Hecken usw., nicht in Obstbaugebieten (Feuerbrand)!

Echter Kreuzdorn (*Rhamnus catharticayna*)	2–3 (–8) m	Ausläufer treibend, für Böschungen und Hänge, Waldränder
Roter Holunder (*Sambucus racemosa*)	1–4 m	Bodenbefestigung, Mischpflanzungen, Hecken, bevorzugt lichten Schatten
Haselnuss (*Corylus avellana*)	3–5 (–7) m	Bodenbefestigung, in Laubmischwäldern im Unterwuchs und Waldrand
Halbschatten		
Kriechende Rose, synonym: Feld- Rose, Wald-Rose (*Rosa arvensis*)	0,5–2 (–3) m	In Mischpflanzungen an beschatteten Böschungen, für undurchdringliche Flächenbepflanzung, am besten schattenverträgliche Wildrosensorte

Quelle: Gartenakademie RLP

Anlage und Pflege

Bei der Anlage sollen die Gehölze so gepflanzt werden, dass sich ein strukturierter Aufbau der Hecke mit unterschiedlichen Höhen ergibt. Eine entsprechend dichte Pflanzung ist sinnvoll, damit sich die Hecke schnell schließt. Für ein rasches Anwachsen und eine zügige Entwicklung hält man die Hecke in den ersten beiden Jahren krautfrei, sodass keine Konkurrenz um Wasser und Nährstoffe entsteht.

Offenblütige Rosen in einer Hecke

Wilde Hecken sollen eine dichte Strauchschicht erhalten. Das kann man durch ein regelmäßiges und abschnittsweises „auf den Stock setzten" fördern. Hierbei werden besonders die stark wachsenden Gehölze ca. 10 cm über dem Boden abgeschnitten. Und das fördert die langsam wachsenden Arten und vor allem Dornensträucher, wie Weiß- oder Schwarzdorn und Heckenrosen. Ebenso sollte man dabei überwachsene Stein- und Asthaufen freilegen.

Bei großen Hecken setzt man die Hecke abschnittsweise alle 5–10 Jahre auf rund einem Drittel der Gesamtlänge auf der gesamten Breite auf den Stock. Dabei lässt man pro Pflegeabschnitt ein paar langsam wachsende Arten und Dornensträucher stehen. So bleiben für die Heckenbewohner genügend Ausweichmöglichkeiten und Lebensräume, die sich immer wieder neu aufbauen.

Bei kleineren Hecken werden im Abstand von wenigen Jahren nur einzelne stark wachsende Arten oder Bäume auf den Stock gesetzt und langsam wachsende Arten und Dornensträucher dadurch gezielt freigestellt.

auf den Stock setzen (auf 10cm)	verjüngen (selektiv)	Quirlschnitt (an gleicher Aststelle)
Haselnuss Hagebuche Weide Hartriegel Faulbaum Roter Holunder Esche Ahorn Schneeball Heckenkirsche Liguster Zitterpappel Sanddorn	Weiß- und Schwarzdorn Heckenrose Kornelkirsche Vogelkirsche Traubenkirsche Elsbeere Mehlbeere Vogelbeere	Weißdorn Schwarzdorn Kreuzdorn Sanddorn Heckenrose Feldahorn Traubenkirsche

Quelle: Gartenakademie RLP

Lebendige Hecken statt Zäune!

Seit einigen Jahren ist ein verheerender Trend in Deutschlands Gärten zu beobachten: Dort, wo früher einmal Hecken standen, stehen plötzlich uniforme Zäune, meist aus Doppelstahlgittermatten mit eingewobenen Plastikstreifen in grau oder schwarz und nicht selten über 2,50 m hoch. Solche unbelebten Zäune treffen offensichtlich den Wunsch nach einer vollständigen Abschottung nach außen und sind deshalb sehr beliebt bei vielen Gartenfreunden. Dabei wird auf eine vollständige Verankerung im Boden Wert gelegt, sodass selbst kleine Tiere nicht mehr hindurchschlüpfen können.

Solche Zäune bieten keinen Lebensraum für Tiere, ja sie verhindern sogar, dass sich beispielsweise Igel in verschiedenen Gärten nützlich machen und nach Schnecken und anderen Lästlingen suchen oder sich sogar in ihrem Jagdrevier niederlassen.

Darüber hinaus heizen sich Plastik und Stahl im Sommer auf und verschlechtern das Kleinklima im Garten.

Ganz anders bei lebendigen, vielfältigen und abwechslungsreichen Hecken. Sie bieten einen idealen Lebensraum für eine Vielzahl von Nützlingen, wie Raubmilben, Insekten, Singvögel und Igel. Weiterhin filtern sie Staub aus der Luft und reduzieren Lärm, z. B. neben vielbefahrenen Wegen und Straßen. Zusammengefasst sind die Vorteile von Hecken:

Igel brauchen die Möglichkeit, von Garten zu Garten zu wandern, um genug Futter zu finden.

- natürlicher Windschutz
- Sauerstoffproduzent
- lebendiger Sichtschutz
- trägt zur Auflockerung des Wohngebietes bei
- geringere Verdunstung als Folge geringerer Windgeschwindigkeiten, dadurch wird die Bodenfeuchte konserviert
- Verbesserung des Kleinklimas in trockenen Gebieten
- Schaffung naturnaher Lebensräume für viele nützliche Insekten und Tiere

Durch die Auswahl standortangepasster, heimischer Heckenpflanzen wird das Nahrungsangebot für die Bewohner erweitert und die Attraktivität als Bienenweide, Nistplatz und Zufluchtsort erhöht. Um eine optimale Wirkung zu erreichen, pflanzt man Windschutzhecken in mehreren Reihen auf einer Breite von 4–6 Metern. Im Kern stehen Bäume 1. und 2. Ordnung, die eine Windbremsung von 50 % erreichen. Beidseitig anschließende Sträucher stellen den Mantel dar. Der Schichtaufbau einer Windschutzpflanzung sieht folgendermaßen aus:

Schichtaufbau	%-Anteil
Bäume 1. Ordnung	10–20
Bäume 2. Ordnung	30–40
Sträucher	40–60

Auf Schneeball (*Viburnum lantana*), Hartriegel (*Cornus sanguinea)* und Feldahorn (*Acer campestre)* dienen Raubmilben bevorzugt als Lebensraum und passen deshalb besonders in das Konzept „blühender Pflanzenschutz“.

Geeignete Bäume und Sträucher für naturnahe Windschutzhecken (Auswahl):

Bäume	Sträucher
Butternuss (*Juglans cinerea*)	Hartriegel (*Cornus sanguinea*)
Feldahorn (*Acer campestre*)	Haselnuss (*Corylus avellana*)
Hainbuche (*Carpinus betulus*)	Heckenkirsche (*Lonicera xylosteum*)
Mandelbaum (*Prunus amygdalis*)	Holunder (*Sambucus nigra*)
Schwarzerle (*Alnus glutinosa*)	Hundsrose (*Rosa canina*)
Speierling (*Sorbus domestica*)	Kornelkirsche (*Cornus mas*)
Vogelbeere (*Sorbus aucuparia*)	Pfaffenhütchen (*Euonimus europaeus*)
Winterlinde (*Tilia cordata*)	Wolliger Schneeball (*Viburnum lantana*)

Pflanzschema für ein naturnahes Feldgehölz

Länge 25 m

Cal	Cal	Sn	Sn	Sn	Cs	Cs	Cs	Car	Car	Ra	Ra	Ra	Ca	Ca	Lx	Lx	Cs	Cs	Cs	Ra	Ra	Sn	Sn	Sn
Cal	Cal	Cal	Sn	Sn	Cs	Cs	Car	Car	Car	Ra	Ra	Ca	Ca	Ca	Lx	Lx	Cs	Cs	Car	Ra	Ra	Ra	Sn	Sn
			Ac			Ee	Ee			Cb			Vl	Vl			Ac			Hr	Hr			Cb
Cs	Cs	Cs	Car	Car	Ra	Ra	Ra	Cal	Cal	Sn	Sn	Sn	Ca	Ca	Cs	Cs	Cs	Car	Car	Cs	Cs	Cs	Lx	Lx
Cs	Cs	Car	Car	Car	Ra	Ra	Cal	Cal	Cal	Sn	Sn	Ca	Ca	Ca	Cs	Cs	Car	Car	Car	Cs	Cs	Lx	Lx	Lx

Legende

Ac	*Acer campestre*
Ca	*Corylus avellana*
Cal	*Cornus alba*
Car	*Colutea arborescens*
Cb	*Carpinus betulus*
Cs	*Cornus sanguinea*
Ee	*Euonymus europaeus*
Hr	*Hippophae rhamnoides*
Lx	*Lonicera xylosteum*
Ra	*Ribes alpinum*
Sn	*Sambucus nigra*
Vl	*Viburnum lantana*

Quelle: Gartenakademie RLP

Pflanzen schützen neu denken!

Zahlreiche in anderen Ländern oder sogar auf anderen Kontinenten beheimatete Schaderreger profitieren sowohl von der Globalisierung als auch vom Klimawandel. Die weltweiten Handelsströme ermöglichen es einer Vielzahl von Schädlingen, als blinde Passagiere in Pflanzen und Verpackungsmaterialien einzureisen. Der Klimawandel wiederum begünstigt den Zuzug in doppelter Hinsicht: Viele Schaderreger benötigen höhere Durchschnittstemperaturen oder zumindest mildere Winter, um sich dauerhaft etablieren zu können. Für manche, wie die Kirschessigfliege, stellte früher auch der Alpenkamm ein unüberwindbares Hindernis dar. Doch die ausschlaggebende, einst bis zu 50 Kilometer breite Eisbarriere schmilzt in manchen Jahren auf unter 15 Kilometer zusammen. Und wo es früher nur vereinzelt einmal ein Insekt über die Berge wehte, lassen sich heute bei günstigem Wind Tausende in neue Gefilde tragen.

Die Lösung dafür kann nur die Natur liefern.
Ein natürlich eingewachsener Naturgarten verfügt über ein vielfältiges Nahrungsnetzwerk, in dem jede Tierart von einer anderen gefressen wird und so keine überhandnehmen kann. Blattläuse sind das Futter der Marienkäferlarven und Florfliegenlarven und ernähren viele Vogelküken.

Nutzen Sie Ihre schöne wilde Hecke auch für sich. Mit ein wenig Schnitt schafft man sich einen schattigen Sitzplatz.

Pflanzen natürlich schützen

Wir Menschen kultivieren seit Jahrtausenden Pflanzen in unseren Gärten. Wer eigene Erzeugnisse ernten will, muss manchmal um seine Pflanzen kämpfen und diese stärken und schützen. Traditionell werden dazu Pflanzenschutzmittel – sehr oft chemisch-synthetische PSM – eingesetzt.

Für den Bereich Haus und Kleingarten (HuK) dürfen nur für diesen Bereich zugelassene Präparate in Kleinpackungen eingesetzt werden. Der Verkauf erfolgt nur über eine fachliche Beratung durch geschultes Personal, für den Anwender sind keine weiteren Voraussetzungen notwendig. 2017 wurden in Deutschlands Gärten rund 6200 Tonnen verkauft bzw. eingesetzt. (Quelle: Aurelia-Stiftung)

Und wie läuft der Pflanzenschutz im Garten ab? Viele Hobbygärtner sind da immer noch sehr traditionell aufgestellt:

Problem: Pflanzen werden von Krankheiten oder Schädlinge befallen.

Maßnahme: Zur Rettung der Pflanze setzt man klassische Pflanzenschutzmittel ein.

Lösung des Problems: Die Schaderreger/Schädlinge werden abgetötet.

Um es vorweg zu sagen: Das Problem wurde nicht gelöst, in Wahrheit wurden mehr Probleme geschaffen. Diese alte, monokausale Denkweise funktioniert im Garten nicht, wie wir wissen. Denn statt der scheinbaren Lösung des einen Problems entstehen viele neue, die wir bisher nicht genügend beachtet haben. Durch das Eingreifen in Nahrungsketten

Auch Laufenten helfen bei der Schädlingsbekämpfung im Garten.

und natürliche Kreisläufe finden Verschiebungen statt, die dazu führen, dass heute noch vielfach Pestizid-Anwendung in Deutschlands Gärten stattfindet. Es wurden allein 2018 rund 6.200 Tonnen Pflanzenschutzmittel-Wirkstoff ausgebracht. Aus der Sicht des Klimagartens ist das völlig unsinnig und ökologisch eine Katastrophe.

- Durch den Einsatz chemisch-synthetischer Pflanzenschutzmittel wird tiefgreifend in natürliche Abläufe und Nahrungsketten eingegriffen.
- Oft wird das falsche Mittel in der falschen Konzentration zum falschen Zeitpunkt an den falschen Pflanzen angewendet.
- Eine sachgerechte Ausbringung ist mit Hand- oder Buckelspritze in der Regel nicht machbar.
- Zunehmend mehr Gartenbesitzer wollen keine umweltrelevanten Pflanzenschutzmittel einsetzen.
- Eine zielgenaue Ausbringung ist nicht möglich, eine Abdrift auf andere Flächen und Kulturen ist meist nicht zu vermeiden.
- Anwender schützen sich nicht ausreichend durch nicht vorhandene Schutzkleidung und Masken.
- Ein Garten ist ein Ort des Wohlbefindens, der Gesundheit und Ästhetik. Das schließt einen Einsatz von Pestiziden aus.

Pflanzen-Schutz neu denken

Ein neues Denken ist angesagt, um Pflanzen im Garten intelligent und natürlich zu schützen. Denn eigentlich ist es kontraproduktiv, so lange zu warten, bis die Pflanze krank wird oder von Schädlingen befallen wird und dann erst zu handeln. Viel sinnvoller ist es, vorher schon dafür zu sorgen, solche Kalamitäten zu reduzieren, zu vermindern oder günstigstenfalls gänzlich zu verhindern und dadurch auf den Einsatz chemisch-synthetischer Präparate komplett zu verzichten.
In verschiedenen Schritten kann man sich diesem Idealzustand des Gartens annähern.

1. Gesunder Boden → gesunde Pflanze

Im Garten beginnt alles mit dem Boden, denn er ist der Lebensraum für die Pflanzenwurzeln. Er gibt ihnen nicht nur Halt, sondern versorgt sie auch mit allen lebenswichtigen Mineralien und Wasser. Und ein gut funktionierendes Boden-Wurzel-Netzwerk ist besonders wichtig für das Wohlergehen der Pflanzen. Deshalb soll der Boden biologisch aktiv sein, mit einer Vielzahl an Lebewesen. Und die brauchen vor allen Dingen eines: reichlich Futter auf organischer Basis, also Erntereste, Blätter, Rasenschnitt und vor allem garteneigenen Kompost. Und wenn man diesen oder andere organische Bestandteile im Garten verteilt, dann ist das zwar auch eine Düngung, aber in erster Linie eine „Fütterung der Bodenlebewesen"!

Gesunder Boden hilft gesunden Pflanzen gegen Schädlinge.

2. Vorbeugen ist besser ...

Das beginnt schon bei der Auswahl der Pflanzen. Denn in den Garten gehören nur robuste, wenig anfällige, widerstandsfähige oder resistente Sorten.

Rokula, eine robuste Stachelbeersorte

Und die gibt es heute bei allen Arten und Sorten. Es lohnt sich also, auf dem Etikett genauer hinzuschauen oder beim Kauf explizit danach zu fragen. Denn leider sind immer noch zu viele anfällige Sorten im Handel. Einmal gekauft und in den Garten gesetzt, ist der Ärger für die nächsten Jahre vorprogrammiert. Deshalb lohnt sich eine gute Beratung und Information in der Baumschule und vor allem ein Blick auf das Etikett. Denn dort werden diese Merkmale angegeben.

Zieräpfel bilden attraktive Blüten mit reichlich Pollen und Nektar und tragen regelmäßig.

Beispiele:

- ADR-Rosen
- Schorf-Mehltau-resistente Apfelsorten wie ‚Topaz'
- robuste Stachelbeersorten
- Scharka-resistente oder -tolerante Zwetschgensorten wie ‚Jojo', ‚Presenta', ‚Hanita', ‚Tophit'
- widerstandsfähige Pfirsichsorten wie die weißfleischige ‚Benedict' oder Weinbergpfirsiche

3. Weniger eingreifen!

Wir alle kennen den Spruch „weniger ist mehr"! Und der passt natürlich auch hier, denn man kann sehr viel für die Natur machen – indem man einfach nichts macht! Was für eine Vorstellung …

Aber was bedeutet das jetzt genau? Viele von uns kennen die Situation: Es wird Frühling, die ersten Blätter und Blüten entfalten sich, die Pflanzen entwickeln sich und es sieht nach einer guten Ernte aus.

Wenn da nicht schon direkt die ersten Blattläuse wären, die dem ganzen einen Strich durch die Rechnung machen wollen. Nicht selten greift man da lieber auf Nummer sicher zurück und bekämpft die bösen Feinde mit einer klassischen Pflanzenschutz-Maßnahme.

Heute wissen wir, dass das in vielen Fällen gar nicht notwendig ist. Und dass der durch diesen Eingriff verursachte Schaden im Ökosystem tiefgreifender und größer ist als das, was die Blattlaus anrichtet. Denn letzten Endes wird die gesamte Nahrungskette negativ beeinflusst und gestört und das hat Folgen.

Eine bemerkenswerte Geschichte dazu

Mao Zedong, der große Führer der Volksrepublik China, wollte mit der Kampagne „Großer Sprung nach vorn" das Land in den 1950er-Jahren nach vorne bringen. Zu den vielen Aktionen gehörte auch die „Ausrottung der 4 Plagen" Ratten, Fliegen, Stechmücken und Sperlinge. Letzterer stand ganz oben auf der Liste, weil er angeblich den Menschen das Getreide wegfraß. Deshalb wurde aufgerufen, alle Stare in der „Kampagne zur Erschlagung der Spatzen" vollends auszumerzen.
Ein Augenzeuge berichtet:
„Ich erinnerte mich an einen Tag, an dem die ganze Bevölkerung nichts anderes machte, als mit Gongs und Töpfen und allen möglichen anderen zum Krachmachen geeigneten Gegenständen auf den Straßen und in den Höfen herumzulaufen, um die Spatzen aufzuscheuchen. Den ganzen Tag war so laut gescheppert worden, dass die Vögel sich nirgends niederlassen konnten und schließlich tot vom Himmel fielen. An jenem Tag wurden Millionen von Vögeln getötet, und wir waren alle ganz stolz darauf gewesen. War es nicht fantastisch, wie es Mao Zedong gelang, die gesamte Bevölkerung für ein gemeinsames Ziel zu mobilisieren? Erst später erfuhren wir, dass die Vögel, die in der Stadt lebten, immer in der Stadt blieben und deshalb gar keinen Schaden auf den Feldern anrichten konnten. Im Gegenteil: Da nicht nur die körnerfressenden Spatzen von der Aktion betroffen waren, hatten wir anschließend eine Insektenplage erlebt."

Quelle: Wikipedia

Und der Insektenplage folgte eine Hungersnot. Durch den brutalen Eingriff in das bestehende Ökosystem und die Nahrungskette kam es zu dramatischen Verschiebungen in der Natur. Die sinnlosen und kontraproduktiven Eingriffe führten zur unkontrollierten Massenvermehrung von Schädlingen. Dieses und viele weitere Beispiele von Misswirtschaft führten Ende der 1950er-Jahre zur folgenschwersten und tödlichsten Hungersnot seit Menschengedenken mit bis zu 55 Millionen Toten!

Quelle: Wikipedia

4. Blühender Pflanzenschutz

Im Moment boomt die Einsaat von verschiedenen Blühmischungen, ob ein- oder mehrjährig, mit oder ohne Gras. In erster Linie werden solche Mischungen zur Förderung der Biodiversität empfohlen, denn sie bieten Nützlingen und Blütenbestäubern sowie vielen anderen Lebewesen Nahrung und Lebensraum. Und jeder Quadratmeter Blühmischung kommt der Artenvielfalt zugute, die alarmierende Verluste verzeichnet.
Neuerdings erscheinen solche begrüßenswerten und dringend notwendigen Erweiterungen des Blühflächenangebotes in einem ganz anderen Licht. Denn neben der Schönheit und Ästhetik der vielfach blühenden Blütenpracht wohnen in solch vielfältigen und ruhig auch mal etwas wilder gelassenen Biotopen viele Nützlinge.

Blühmischungen fördern die Biodiversität.

Spinnennetze sind filigrane Kunstwerke.

Am Beispiel Blattläuse lassen sich folgende Fressfeinde in blühenden Lebensräumen aufzählen:

Ohrwürmer, räuberische Wanzen und Gallmücken, die filigranen Schwebfliegen und Florfliegen, Weichkäfer, die gefräßigen Marienkäfer und Spinnen und viele weitere mehr. Nicht zu vergessen die heimischen Singvögel, die eine immer hungrige Brut zu versorgen haben.

Am Beispiel der Spinnen lässt sich das fein verwobene Netzwerk des Ineinandergreifens sehr anschaulich darstellen:
Spinnen sind heimische Nützlinge, die sich ausschließlich räuberisch von kleinen Lebewesen wie Insekten und Milben ernähren. Aufgrund ihrer hohen Dichte in Gärten und Feldern vermögen sie erheblich in die Prozesse der natürlichen Regulation in allen Ökosystemen einzugreifen. Spinnen kann man nur mit größter Mühe züchten, deshalb kann eine Ansiedlung nur auf natürlichem Wege erfolgen. Dafür ist es notwendig, den Spinnen Rückzugsräume, Verstecke und Überwinterungsquartiere anzubieten.

Quelle: PS-Info für den Hausgarten, Gartenakademie RLP

Schaut man einmal in Ruhe in einen vielfältigen Garten, dann erkennt man, dass da ganz schön was los ist! Denn neben den pflanzenschädigenden Insekten und anderen Tieren tummeln sich hier auch Räuber und Parasiten und die gehören zu den Nützlingen! Räuber haben ihre

Spinne beim Einspinnen ihrer Beute.

Marienkäfer sind fleißige Blattlaus-Räuber.

Feinde zum Fressen gerne und vertilgen diese in gewaltigen Mengen. Parasiten zeigen hingegen eine andere Überlebensstrategie: Sie legen ihre Eier in die Larven der Schädlinge und benutzen diese für ihren Reifungsfraß. Und diese Ernährungs- bzw. Lebensweise kann man sich im Garten zunutze machen. Die meisten Nützlinge kommen von Natur aus im Garten vor und stellen sich von selbst ein, wenn sie optimale Lebensbedingungen vorfinden.

Deshalb sollten wir diesen natürlichen Regulationsmechanismen wieder mehr Raum geben durch üppig bepflanzte, aber extensiv gepflegte Teilbereiche des Gartens. Und einfach mal nicht eingreifen und der Natur die Möglichkeit geben, Dinge selbst zu regeln. Mit diesem Ansatz sprechen wir auch nicht mehr von „Bekämpfung" von Schädlingen und Schaderregern, sondern von einer sanften Regulierung. Und einer leichten Reduktion, so weit, dass das ganze System weiter normal funktionieren kann, ohne viel zu starke Eingriffe von außen.

Und wenn man das verstanden hat, dann bleibt man beim Auftauchen der ersten Blattläuse plötzlich ganz ruhig. Denn man weiß, dass erst eine Massenvermehrung der Schädlinge erfolgen muss, um eine ausreichend große Population der Nützlinge in Gang zu setzen. Und die regeln das dann unter sich, nach dem Motto „Erst muss der Tisch gedeckt sein, dann beginnt das große Fressen!"

Nützliche Insekten und ihre Lieblingsspeise

Nützling	Räuber	Parasit	Schädlinge
Marienkäfer	x		Blattläuse, Spinnmilben
Schwebfliegenlarve	x		Blattläuse
Raubmilbe	x		Obstbaumspinnmilbe
Kohlmeise	x		Schmetterlingslarven u. a.
Igel	x		Schnecken u. a.
Florfliege	x		Blattläuse, Thripse, Spinnmilben, Raupen, Wollläuse, Schmierläuse
Schlupfwespe		x	Blattläuse, Schildläuse, Weiße Fliege, Apfelwickler
Blutlauszehrwespe		x	Blutlaus

Quelle: Gartenakademie RLP

Jungvögel haben immer Hunger.

Nützlinge haben immer Hunger!

Geradezu sprichwörtlich ist der Appetit der Nützlinge. So verputzt eine einzige Florfliegenlarve in drei Wochen bis zu 300 Blattläuse oder andere Schädlinge. Ein einziger Marienkäfer braucht im Laufe seiner Larvenzeit sogar bis zu 3.000 Blattläuse oder Spinnmilben, ein Meisenpaar mit Brut sage und schreibe 75 kg pro Jahr! Denn nur, wenn die Larven genügend Futter finden, können sie sich zum erwachsenen Tier weiterentwickeln. Und was passiert, wenn alle Schädlinge aufgefressen sind?

Keine Angst, im Zweifelsfall fressen sich die Nützlinge gegenseitig auf oder wandern ab.

Förderung von Nützlingen

Wenn Sie sich fragen, wie Sie Nützlinge in Ihren Garten locken können, dann geht das ganz einfach:

- kein Einsatz von chemisch-synthetischen Pflanzenschutzmitteln
- für eine vielfältige und blütenreiche Bepflanzung sorgen
- eine abwechslungsreiche (Blüten-) Hecke mit Heckensaum anlegen
- Nisthilfen für Singvögel
- Lebensräume für Nützlinge schaffen: „Wildes Eck" mit Steinen, Schnittholz und Laub und vielen wilden Kräutern
- die ersten Blattläuse im Frühjahr nicht bekämpfen, denn die Nützlinge brauchen diese für ihre schnelle Entwicklung
- Ruhe bewahren, den Garten genießen und – nichts tun! Denn erst, wenn die ersten Blattläuse da sind, beginnt der Entwicklungszyklus der Nützlinge mit rasanter Geschwindigkeit.

Manchmal ziehen auch andere nützliche Bewohner in Vogelhäuser ein, hier sind es Hornissen. Ein Hornissenvolk kann jeden Tag bis zu 500 Gramm Insekten, oft Schädlinge im Garten, erbeuten.

Expertin

Eva ist mit neuen und kreativen Ideen eine Zukunftsgestalterin der Gartenakademie RLP.

Doch es lohnt sich, innezuhalten und zu beobachten, wie schlimm der Befall wirklich ist, und vor allem gründlich zu überlegen, ob wir wirklich zur Spritzflasche greifen müssen, um die Blattläuse loszuwerden – das sollte immer nur das allerletzte Mittel sein! Nach einer Spritzung sind die Läuse erst einmal weg, doch das Problem ist damit nicht gelöst. Sie regenerieren sich danach sehr schnell und bauen ihre Populationen in Windeseile wieder auf, z. B. durch die Zuwanderung von geflügelten Tieren. Die Tiere, die sie fressen, bleiben aber nicht im Garten, wenn sie nichts zu fressen finden, und sind bei einem erneuten Befall nicht zur Stelle. So ist ihnen auch mit dem Einsatz von „nützlingsschonenden" Mitteln nicht geholfen.

Als Gärtner greifen wir durch unser Handeln in sehr komplexe biologische Prozesse ein und können die Folgen schwer oder gar nicht überblicken. Uns hilft es, „etwas zu tun", doch der Natur im Garten nicht unbedingt – üben wir uns in Geduld und in Beobachtung! Erste Hilfe für unsere Pflanzen können wir leisten, indem wir die Blattläuse mechanisch zurückdrängen. Das geht durch ein Abspritzen mit dem scharfen Wasserstrahl aus dem Schlauch, bei empfindlichen Pflanzen können wir sie auch vorsichtig mit viel Wasser abwaschen. Auch Abschneiden stark befallener Triebe und Zerdrücken und Abwischen kann sie erheblich reduzieren. Vorbeugend, vor allem wenn der Befall im Vorjahr sehr stark war, könnte man schon zum Winterende eine Austriebsspritzung vornehmen, um die überwinterten Läuse zu erwischen, doch mit ihnen reduzieren wir genauso die Nützlinge.

Natürlich können wir sie damit nicht komplett beseitigen, und das ist auch ganz in Ordnung! Warum? Blattläuse sind das erste frische Futter für viele andere Insekten und Vögel, die wir deshalb als „Nützlinge" bezeichnen. Wenn wir Marienkäfer, Florfliegen und Schwebfliegen im Garten haben möchten, müssen wir ihren Larven eine Nahrungsgrundlage bieten – dafür sorgen die ersten Blattlauskolonien! Diese Nützlinge können sich nur vermehren und später noch viele andere pflanzenfressende Insekten vertilgen, wenn mit diesen ersten Blattläusen ein Nahrungsangebot gesichert ist. Marienkäfer sind die bekanntesten „Läusefresser", doch auch ihre Larven vertilgen große Mengen der kleinen Tiere. Der heimische Siebenpunkt-Marienkäfer ist allseits bekannt.

Seine bunten asiatischen Verwandten haben sich stark verbreitet, weil sie als Nützling zur Blattlausbekämpfung importiert und verkauft wurden. Sie vertilgen zwar noch mehr Blattläuse, schrecken aber auch vor anderen Insekten und Larven, sogar denen ihrer Artgenossen, nicht zurück. Sie verdrängen mittlerweile die heimischen Marienkäfer nicht nur durch ihre Nahrungskonkurrenz, sondern auch durch die Verbreitung von Parasiten.

Weniger bekannt sind die Larven der Schwebfliegen. Die erwachsenen Tiere tarnen sich als kleine Wespen, sind jedoch vollkommen harmlos und neben Bienen und Hummeln wichtige Bestäuber von Blütenpflanzen. Mit blühenden Beeten können wir ihnen einen reich gedeckten Tisch bieten und ihren Kindern ein paar Blattläuse an den Rosen übrig lassen! Sie legen ihre Eier direkt in die Blattlauskolonien und die geschlüpften Larven saugen eine Blattlaus nach der anderen aus. Wenn Sie aufgeblähte Blattläuse finden, könnte das auf einen Befall mit Schlupfwespen hinweisen. Diese winzigen Wespen legen ihre Eier direkt in die Blattlaus hinein. In diesem geschützten Kinderbett wachsen die Larven heran und ernähren sich dabei von der Laus, bis sie schlüpfen und eine trockene Hülle zurücklassen.

Im Handel als Nützlinge erhältlich sind auch die Räuberischen Gallmücken, winzige nachtaktive Insekten, die ihre Eier in Blattlauskolonien ablegen. Dort futtern sich die Larven zwei Wochen lang durch das reiche Buffet, bis sie sich im Boden verpuppen. Die erwachsenen Mücken ernähren sich von Honigtau, Nektar und Pollen. Auch hier sind blühende Beete und schonende Bodenbearbeitung hilfreich, um sie dauerhaft im Garten zu halten.

Siebenpunkt-Marienkäfer

Blattläuse sind auch Futter für Wespen, Ohrwürmer, Spinnen und viele andere hilfreiche Tiere, die oft nur ein wenig Zeit brauchen, sie in Ihrem Garten zu finden. Kommen Sie ihnen nicht zuvor! Ein herrliches Bild ist es, wenn Meisen kopfüber in den Zweigen turnen und ganze Triebe durch ihre Schnäbel ziehen, um die Blattläuse regelrecht abzuschlürfen! Diese sind wichtiges Futter für die jungen Nestlinge, die dann später hauptsächlich mit Raupen gefüttert werden. Eine Kohlmeisen-

familie vertilgt unglaubliche Mengen an Insekten, zusammen benötigen sie mehrere Kilo im Jahr, und das sind abertausende Blattläuse und Raupen. Lassen wir ihnen diese, unterstützen sie uns später bei der Bekämpfung von Raupen wie dem Buchsbaumzünsler, Gespinstmotten oder sogar dem gefürchteten Eichenprozessionsspinner. Aus diesen Gründen wurden Meisen schon seit dem Mittelalter in Obst- und Gemüsegärten angesiedelt, mit Brutkästen unterstützt und im Winter gefüttert. Es war bei Strafe verboten, ihnen etwas zuleide zu tun, und nur wer „eine Meise hatte", kam auf eine solche Idee!

Eva Hofmann arbeitet in der Gartenakademie RLP im DLR Rheinpfalz, ihre Leidenschaft sind naturnahe Gärten mit einer hohen Biodiversität.

Jauchen und Brühen

Jauchen und Brühen haben eine lange Tradition im Garten und gehörten in früheren Zeiten zum Standard. Das hat sich geändert und für lange Zeit sind sie in der Versenkung verschwunden. Sicher haben die Begrifflichkeit und der Geruch hierzu mit beigetragen. Dabei haben sie unschlagbare Vorteile, gerade in der jetzigen Zeit:

- Der „Rohstoff" wächst im eigenen Garten.
- Viele Kräuter werden als „Unkraut" wahrgenommen, nur weil sie zur falschen Zeit am falschen Platz wachsen. Das ermöglicht einen Doppelnutzen: Aus den gejäteten Pflanzen stellt man kostenlos sein eigenes, individuelles Stärkungsmittel her!
- Jauchen und Brühen wirken stärkend, vitalisierend, schützend und düngend.
- In Zeiten exorbitant hoher Düngemittelpreise ist die Eigenproduktion ein echter Sparfaktor.
- Jauchen und Brühen passen in das Konzept der natürlichen Pflanzenstärkung.
- Um immer genug Kräuter zur Verfügung zu haben, lohnt es sich, einen kleinen Bereich gezielt anzulegen, in dem die benötigten Pflanzen einfach wachsen dürfen.
- Sehr gut lässt sich ein Beet mit einem Holunder gestalten, unter dem man einen Rhabarber, Farn und Beinwell pflanzt. Oft gesellen sich weitere nützliche Kräuter wie die Brennnessel von allein dazu.

Viele Abfälle, die im Garten und Haushalt anfallen, eignen sich als Pflanzenstärkungsmittel.

Herstellung

Die Herstellung ist ganz einfach, denn die Natur macht auf geniale Weise alles von alleine. Eigentlich ist die Jaucheherstellung nichts anderes als eine Gärung oder Fermentation. Und wie bei allen bekannten Gärungen (alkoholische, Milchsäure-, Essiggärung etc.) ist das Ausgangsprodukt immer energetisch höherwertiger als die reinen Grundstoffe.

Als Grundrezept gilt:

Für 10 l Wasser benötigt man ca. 1 kg frische Pflanzenteile oder 150 g getrocknete Kräuter.

Dabei weicht man die benötigte Pflanzenmenge einfach in großen Gefäßen ein und bedeckt sie ausreichend mit Wasser, gelegentlich wird das Ganze umgerührt. Den einsetzenden mikrobiologischen Prozess kann man unschwer am Geruch erkennen, der wahrscheinlich zu der unglücklichen Namensgebung „Jauche" geführt hat, ist er doch ausgesprochen dominant.

Sollte es zu stark „duften", kann man Steinmehl oder Eichenblätter hineinstreuen und den Behälter abdecken. Nach 2–3 Wochen ist der Prozess zu Ende, die Brühe schäumt nicht mehr und hat sich dunkel verfärbt. Das Ergebnis ist ein flüssiger Dünger, der zur Stärkung der Pflanzen „von innen" dient. Er wird meist verdünnt gespritzt.

Wer nicht so lange auf das fertige Produkt warten will, kann auf einen Kaltwasser-Auszug zurückgreifen. Dabei werden die frischen Pflanzenteile für 1 Tag in kaltes Wasser eingelegt und anschließend die Brühe abgeseiht und meist unverdünnt gespritzt.

Welche Pflanzenextrakte helfen gegen welche Erreger?

Beispiele	Wirkung auf ...		
Extrakt aus	**Schädlinge**	**Pilze**	**Allgemeine Pflanzenstärkung**
Brennnessel	Blattläuse		x
Farn	Blatt-, Schild-, Schmier-, Blutläuse		
Knoblauch	Milben	Pilze allgemein	
Wermut	Ameisen, Raupen, Läuse		x
Zwiebel	Abwehr Möhrenfliege	Pilze allgemein	x
Schachtelhalm	Spinnmilben, Blattläuse	Pilze allgemein	
Rainfarn	Spinnmilben, Insekten	Rost, Mehltau	
Baldrian			x
Löwenzahn			x
Meeresalgen			x
Ringelblume			x

Einsatzbeispiele			
Pflanze	**Extrakt**	**Konzentration**	**Einsatzbereich**
Brennnessel *Urtica diocia* *Urtica urens*	Kaltwasserauszug Jauche (rein)	- unverdünnt - 1:10 gießen - 1:20 auf Blätter spritzen	- gegen Blattläuse - pflanzenstärkend und Dünger - pflanzenstärkend, Insekten abwehrend
Rainfarn *Tanacetum vulgare*	Jauche aus 300 g frischen Kräutern oder 30 g getrocknetem Kraut/10 l Wasser	unverdünnt	gegen Milben und Insekten
Schachtelhalm *Equisetum arvense*	Jauche, vermischt mit Brennnesseln	1:5 an sonnigen Vormittagen	stärkt gegen Pilzkrankheiten wie Mehltau, Schorf und Rost
Schafgarbe *Achillea millefolium*	Kaltwasserauszug aus 200 g/10 l Wasser	1:10	stärkt gegen Pilzkrankheiten, Abwehr von Insekten
Tomate *Solanum lyco-persicum*	Kaltwasserauszug aus 1 Handvoll Geiztriebe auf 1 l Wasser, 2–3 Std. in der Sonne ziehen lassen	unverdünnt	gegen Kohlweißling
Wermut *Artemisia absinthium*	Jauche aus 300 g frischen Kräutern oder 30 g getrocknetem Kraut/ 10 l Wasser	Frühling 1:3 Herbst 1:2	Abwehr von Ameisen, Raupen, Läusen, auch gegen Apfelwickler und Brombeermilben, gegen Säulchenrost bei Johannisbeeren
Zwiebel *Allium cepa*	Jauche aus 500 g Pflanzenmaterial/10 l Wasser	1:10 auf Boden oder Pflanze gießen	stärkt gegen Pilzkrankheiten, Abwehr der Möhrenfliege

Quelle: Gartenakademie RLP

Material sammeln.

Material einweichen.

Jauche verdünnt ausbringen.

Nützlinge gezielt einsetzen

Das Prinzip ist, dass alle Schädlinge natürliche Feinde haben. Dazu gehören vor allem Spinnentieren und Insekten, aber auch andere Wirbellose und Mikroorganismen bis hin zu Vögeln und Säugetieren. Aus diesen Beobachtungen heraus werden einige Nützlingsarten heute bereits kommerziell in Massen gezüchtet und lassen sich gezielt von jedermann gegen Schädlinge einsetzen.

Das sind vor allem Schlupfwespen, Florfliegen, räuberische Gallmücken, Raubmilben, Australische Marienkäfer und parasitäre Nematoden.

Der Vorteil liegt auf der Hand, denn Nützlinge hinterlassen keine Rückstände an Pflanzen, im Wasser und in der Luft. Sie sind sehr gezielt und selektiv einsetzbar, das heißt, andere Fressfeinde werden nicht geschädigt und können so auch mithelfen, der Plagen Herr zu werden.

Dickmaulrüssler haben sich in den letzten Jahren zur großen Plage entwickelt. In der Bekämpfung vom Gefurchten Dickmaulrüssler haben sich die ca. 1 mm großen Fadenwürmer (Nematoden) der Gattung Heterorhabditis bestens bewährt.

Larven der Wiesenschnaken und Erdraupen können mit den Fadenwürmern *Steinernema carpocapsae* bekämpft werden. Zur biologischen Bekämpfung der spanischen Wegschnecke stehen Nematoden der Gattung *Phasmarhabditis hermaphrodita* zur Verfügung. Die Schnecken stellen bereits nach den ersten 3 Tagen ihre Fraßaktivität ein.

Die Nematoden sind sehr einfach und anwenderfreundlich durch gießen anwendbar, sie können über den Fachhandel immer termingerecht bestellt werden.

Nach dem Vorbild der Natur

Expertin

Mit Bärbel haben wir 2011 unser erstes Buch „Natur sucht Garten" veröffentlicht. Sie ist vielfach ausgezeichnete Buchautorin und vermittelt existenzielles Wissen an die nächste Generation.

Mehr Wildnis – auch im Garten

Die Prognosen für Mitteleuropa sind eindeutig: Die Sommer werden heißer und trockener, die Winter milder, extreme Wetterlagen wie heftige Niederschläge, Hagel, Stürme und Trockenperioden werden zehnmal häufiger auftreten. Dies bedeutet auch für den Garten, dass der nächste Starkregen offen daliegenden Boden wegspült, die nächste Hitzewelle das wertvolle Bodenleben abtötet, sodass der nächste Sturm noch leichteres Spiel hat, die Erde wegzupusten.

Wiesen nur auf den Flächen mähen, die man für Freizeitaktivitäten nutzt.

Bärbel in ihrem schönen Wildnisgarten.

Diesen Folgen der menschengemachten Klimakrise können Sie etwas entgegensetzen: Lassen Sie mehr Natur und Wildnis in Ihren Garten einziehen!

Dazu müssen Sie nur Ihre innere Haltung von Kontrolle und Überpflege aufgeben und ein neues Bild von einem „ordentlichen" Garten aufbauen – Vorbilder dafür liefert die Natur rund um Ihren Garten.

1. *Setzen Sie ab sofort keine Herbizide wie Glyphosat („Roundup") ein, denn diese töten die wertvolle Pflanzendecke ab, die den Boden schützt.*
2. *Pflanzen Sie – neben Ihren Lieblingspflanzen – vor allem heimische Wildstauden, die an die Standorte in Ihrem Garten angepasst sind (gute Anregungen erhalten Sie in „Peter Steiger: Heimische Wildstauden im Garten", Ulmer): Das Ziel ist, dass der Boden das ganze Jahr über mit Pflanzen oder im Winter mit deren Laub bedeckt ist. Darin bleibt Niederschlag hängen und in Trockenphasen kann der Boden nicht so viel Wasser durch Verdunstung verlieren.*
3. *Pflanzen Sie robuste, heimische Wildsträucher zwischen die bestehenden Büsche, sodass auch die Vögel und andere Wildtiere davon etwas haben. Dichte Sträucher und Laubbäume sind super, bleibt bei starkem Regen doch bis zu 50 % Niederschlag in den Kronen hängen.*
4. *Mähen Sie nur dort den Rasen, wo Sie auch gehen, liegen oder Kinder spielen. Auf der restlichen Fläche lassen Sie das Gras wachsen, es wird nur noch zweimal im Jahr gemäht – einmal im Sommer und einmal im Herbst. Freuen Sie sich über jede blühende Pflanze, die einzieht und Schmetterlinge, Hummeln und Bienen anlockt.*

Das wilde Eck

Geheim-Tipp

Himbeere, Johannisbeere, Felsenbirne, Schwarzer Holunder und andere essbare Wildsträucher spenden im Gemüsegarten Schatten und Schutz vor Starkregen.

Bärbel Oftring
In ihrem großen Naturgarten sowie in ihren zahlreichen Publikationen setzt sich die Diplom-Biologin für artgerechtes, nachhaltiges Gärtnern im Einklang mit der Natur ein.

Alles Unkraut, oder was?

Und alles nur, weil die falsche Pflanze zum falschen Zeitpunkt am falschen Ort steht: Deshalb wird sie als „Unkraut“ bezeichnet. Was für ein Unwort! Demzufolge müssen Unkräuter also unschöne, ja hässliche Pflanzen sein! Wer hat sich das nur ausgedacht?

Bestimmt niemand, der den Wilden in unseren Gärten einmal einen längeren liebevollen Blick geschenkt hat.

Glücklicherweise hat sich etwas verändert und man spricht nicht mehr von Unkraut, sondern von Beikraut, Begleitgrün oder Wildkraut. Das hört sich doch schon viel besser an, oder? Und das mit Recht, denn es gibt wunderschöne und wertvolle, ja sogar Heilpflanzen unter ihnen. Und was die alles können! Sagenhaft. Also ändern Sie die Strategie: Alles, was im Garten wächst, überprüfe man vor dem Aushacken auf seine Nützlichkeit, Sinnhaftigkeit und Heilkraft. Ab sofort heißt es: „Iss deine (scheinbaren) Feinde einfach auf – und gesunde an ihnen“, ganz frei nach Hippokrates. „Deine Nahrungsmittel seien deine Heilmittel, deine Heilmittel seien deine Nahrungsmittel“!

Manche Menschen finden das noch immer bedenklich und schütteln mit dem Kopf, denn sie haben es Zeit ihres Lebens nicht anders gelernt. Doch Bedenken soll man auflösen und wie kann man das besser als mit tollen Beispielen? Allgemein sind Vogelmiere, Löwenzahn, Giersch, Brennnessel, Gänseblümchen und Sauerampfer besonders reich an Vitaminen, Spurenelementen und sogenannten sekundären Pflanzenstoffen. Dazu gibt es mittlerweile eine Vielzahl an wissenschaftlichen Studien, die den Ernährungswert belegen. Wenn man erst einmal angefangen hat, den Speiseplan mit diesen Delikatessen zu bereichern, kann man gar nicht mehr davon lassen. Und darüber hinaus brauchen wir diese wunderbaren Pflanzen – UnKräuter – unbedingt zur Erhaltung und Erhöhung der Artenvielfalt im Garten. Denn sie haben eine immense

Bedeutung als Nahrungspflanzen, Habitat und Raupenfutterpflanzen.
An zwei kleinen Beispielen wird die Bedeutung dieser lange unterschätzten und teilweise geächteten Pflanzen mehr als deutlich:

Distel ↔ Distelfink, Distelfalter

Brennnessel ↔ Raupenfutterpflanze für mehr als 30 Schmetterlinge!

Und das bedeutet im Umkehrschluss: keine Disteln, kein Distelfalter, kein Distelfink. Keine Brennnessel, deutlich weniger oder keine Schmetterlinge im Garten.

Distelfink

Distelfalter

Mehr Wilde Kräuter im Garten belassen!

Eine ganz besondere Pflanze ist der Ackerschachtelhalm, auch Zinnkraut genannt. Vor vielen Millionen Jahren wuchs er baumartig in riesigen Wäldern, heute fühlt er sich auf schweren Böden im Garten pudelwohl und hat schon so manchen Gartenfreund ein bisschen geärgert, weil er sich dort gerne ausbreitet.

Doch gut genutzt ist er ein Tausendsassa. Seine Heilwirkung basiert hauptsächlich auf dem hohen Gehalt an Kieselsäure und ist ausgesprochen umfangreich. So wirkt er gegen Rheuma, ist blutreinigend und blutstillend, entzündungshemmend und harntreibend. Eingesetzt wird er in der Naturmedizin bei Blasen- und Nierenschwäche, Durchblutungsstörungen und Blutungen, Wunden und Hautentzündungen. Im Englischen heißt die Pflanze übrigens „horsetails“. Ist das nicht ein netter Name, welcher einen Hinweis auf den gefiederten Wuchs gibt? Daher auch der botanische Name *Equisetum arvense*, die Pferdeborste vom Acker! Nun habe Sie sicher gelächelt und auch das hält gesund! Und wussten Sie, dass Sie bei jedem Waldspaziergang außer frischer Luft auch Gesundheit ernten können? Vernaschen Sie einfach unterwegs frisch gepflückte Birkenblätter (nicht vom Straßenrand oder in der Nähe von Pflanzen, die gespritzt sein können). Birkenblätter reinigen das Blut, regen den Stoffwechsel an und entwässern. Sollten Sie Probleme mit dem Zahnfleisch haben, zerkauen Sie einfach langsam ein Eichenblatt. Die Naturapotheke hilft auch hier sicher!

Zu guter Letzt ... Vom eigenen Garten in die Welt

DAS ENKELVERSPRECHEN – Zukunft pflanzen

Visionen erschaffen kongruente Vorstellungen der Zukunft, die motivieren und orientieren. Nach den eigenen Visionen zu handeln, ist nicht trivial und ist oft eine Arbeit wider den Zeitgeist. Aber sie ermöglichen uns, die Zukunft als offen und motivierend wahrzunehmen – und mutig loszugehen, um unsere Zukunft zu gestalten!

Eine bessere Welt für unsere Kinder und Enkel ist pflanzbar – jetzt!

Unser Projekt „Hoffnung pflanzen" der „VOR-TOUR der Hoffnung"

Eigentlich war es eine spontane Idee, geboren in Tansania 2019. Dort waren wir mit der „VOR-TOUR der Hoffnung" und haben zusammen mit „Fly and help" von Rainer Meutsch eine Schule finanziert und eingeweiht.

Tansania war ein sehr eindrückliches, besonderes und einzigartiges Erlebnis. Neben Land, Tieren und Leuten sowie den üblichen Touristik-Sehenswürdigkeiten wurde uns aber die erbarmungslose Umwelt- und Klimaproblematik vor Augen geführt. Riesige Schaf-, Rinder- und Ziegenherden auf abgemagerten, vertrockneten Weiden, Erosion, Wassermangel und ein brutaler Kampf ums Überleben! Das kann so nicht mehr lange funktionieren, das geht schief, bald.

Und natürlich haben wir darüber gesprochen, abends, unter Afrikas beeindruckendem Sternenhimmel, und diskutiert, was man machen kann. Seit einigen Jahren unterstützen wir Frauen in Kenia in praktischen gärtnerischen Tätigkeiten, die Erfahrungen daraus wollen wir hier kurz schildern.

Spendengala mit Reiner Meutsch, „Fly and help“

Unterricht in der Gartenschule

Ein ökologisches Stoffstrommanagement für Gesundheit, Lebensqualität und globalen Klimaschutz

Kenia: Ein Land voller Leben und Schönheit, aber auch voller Ungerechtigkeit, Hunger, Armut, Kindesmissbrauch, Prostitution und Gewalt.

Die von Dr. Lea Ackermann gegründete internationale Menschenrechts- und Frauenhilfsorganisation Solwodi Deutschland e. V. hat in Kenia Schulen und Selbsthilfegruppen gegründet, um Frauen und Kindern Bildung und ein weitgehend selbstbestimmtes Leben zu ermöglichen. Wir haben dieses Angebot um eine neue Ebene erweitert: die Ausbildung zu Permakultur-Assistentinnen. Über 4 Jahre kamen jeweils 2 Multiplikatorinnen im Rahmen einer Multiplikatorenschulung für 4 Wochen zu uns nach Hause mit dem Ziel, „Changemaker“ zu werden.

Dabei haben wir alle gärtnerischen Themen rund um Selbstversorgung mit Obst und Gemüse, Stoffstrommanagement, Plastikvermeidung, Permakultur, Bienen- und Hühnerhaltung und vieles mehr an praktischen Beispielen „durchgegärtnert“. Wir haben ein funktionierendes Netzwerk aufgebaut von tollen Gärtnern, die all ihre Erfahrung und Kontakte zum Thema klimagerechtes Gärtnern bereitwillig zur Verfügung gestellt haben.

Birgitta mit Elizabeth und Rebecca beim Gespräch über Hühnerhaltung.

Besuch in der Gärtnerei Maria Laach

Fest beim Projekt Essbares Darmstadt

So können die oft hoffnungslosen Frauen mit ihren Familien eine neue Perspektive sowie ein selbstbestimmtes Leben für sich und ihre Kinder erlernen. Mithilfe von einfachen gärtnerischen Methoden lernen die Frauen, sich und ihre Kommunen ganzjährig autark zu versorgen. Dabei liegt der Fokus auf zyklischen Systemen, die auch mit geringster Technik funktionieren, dabei aber stabil und kostengünstig bleiben.

Zurück in ihrer Heimat konnten die Frauen ihr Wissen und ihre Fertigkeiten in Workshops an viele Frauen weitergeben.

Das nun erweiterte Projekt der Ausbildung von Jugendlichen und Kindern zu den wichtigsten lebensnahen Themen haben wir 2020 begonnen. Um eine positive Sozialisation zwischen den Menschen – insbesondere arbeiten auf Augenhöhe – zu erreichen, habe wir nun mit gemischten Kinder- und Jugendgruppen begonnen.

Schulgarten in Kenia, selbst anbauen für die Schulküche.

Unsere Ziele:

1. Ausgewählte Kulturen, wie der Brotbaum und Gemüse, werden eine beständige Nahrungsmittelversorgung gewährleisten.
2. Biotische Abwasseraufbereitungssysteme ermöglichen, Grauwasser auf den Feldern wiederzuverwenden und können die Trinkwasserqualität einer ganzen Region aufwerten.
3. Ein effektives Müllmanagement und die Kompostierung von Biomasse werden den oftmals kargen oder belasteten Boden renaturieren und wieder nutzbar machen.
4. Zertifizierungen werden an ausgebildete Frauen verliehen, damit sie das gesammelte Wissen in ihren Kommunen weitergeben und anwenden können.
5. Ausbildung von Kindern und Jugendlichen

Wissensvermittlung zwischen den ausgebildeten Frauen und Familien.

Aktion Hoffnung pflanzen, Heike und Werner vor dem Hoffnungspflanzen-Bus.

Die Jugendlichen erhalten durch die Teamleiterinnen eine fundierte Ausbildung zum Gärtnern, der Fokus liegt auf Ernährungssouveränität. Die Zusammenarbeit gemischter Gruppen soll für einen neuen sozialen Umgang miteinander sorgen.

Zurück nach Tansania, wo im Laufe der Diskussion irgendwann der Satz fiel: „Pflanzen sind unsere Hoffnung". Und daraus wurde dann ganz schnell das Motto der Aktion „Hoffnung pflanzen".

Zu Hause angekommen wurde ein großer Transporter mit entsprechender Beschriftung organisiert und dann ging es los, mit den Corona-bedingten Einschränkungen natürlich viel langsamer als geplant.

Aufgrund unserer guten Verbindungen zur Gartenbranche in Rheinland-Pfalz und Deutschland haben wir reichlich und kostenlos Pflanzen zur Verfügung gestellt bekommen, die dann gegen eine Spende an interessierte Gartenfreunde abgegeben wurden. In vielen Aktionen und Gartenmärkten kam so ein 5-stelliger Betrag für das Konto der „VOR-TOUR der Hoffnung" zusammen.

Der Krieg in der Ukraine hat uns ein neues Projekt beschert

Der Krieg in der Ukraine hat uns ganz drastisch gezeigt, wie schnell sich Dinge ändern können. Aus der aktuellen politischen Situation hat sich ein neues Projekt entwickelt. So wurde aus der Not auf beiden Seiten ein Akt grenzenloser Solidarität.

Und das ging so:

Wir haben ein Hilfsprojekt auf den Weg gebracht mit dem Ziel, Rosen aus der Ukraine in den von der Flut betroffenen Orten an der Ahr anzupflanzen. In beiden Regionen herrscht Not und es fehlen Zeichen der Hoffnung und Zuversicht. Das

Die Rosen werden ausgeladen.

Tina und Volker bei der Ausgabe der Pflanzen im Ahrtal.

schafft man natürlich nicht alleine, hier müssen alle Kräfte gebündelt werden und es braucht starke und zuverlässige Partner. Und zusammen mit der Firma Kordes Rosen, dem Landfrauenverband Rheinland-Nassau, der Firma Jan Stegmann und der Aktion „Hoffnung pflanzen" der „VOR-TOUR der Hoffnung e. V." wurde dies durchgeführt.

Dadurch konnten wir den vom Krieg betroffenen ukrainischen Betrieben einen alternativen Absatz für weggefallene Märkte schaffen und damit zu dringend benötigten Einnahmen verhelfen. Und gleichzeitig konnte die schwer vom Hochwasser getroffene Ahr-Region wieder mit diesen „Pflanzen der Hoffnung" bepflanzt werden, sowohl im öffentlichen als auch privaten Bereich.

Möglich wurde das Ganze über einen Spendenaufruf. Mit diesem Budget konnten sowohl die Rosen als auch der Transport finanziert werden.

Die Rosen haben die lange Reise von der Ukraine ins Ahrtal perfekt geschafft.

Die erste Aktion fand am Freitag, den 22. April 2022 in Hönningen-Liers statt. Dort legten wir eine Rosenfläche am Ortseingang an. An diesem Tag gaben wir

Hunderte von Stauden wurden für das Rosenprojekt gesponsert.

Gemeinsam mit Landfrauen pflanzen wir Rosen in den öffentlichen Raum.

hunderte von Rosenpflanzen kostenlos ab. Am 23. April 2022 haben wir einen wunderschönen Rosen- und Staudenmarkt in Sinzig veranstaltet. Die Rosenstöcke sowie Stauden wurden den Flutbetroffenen in haushaltsüblicher Menge kostenfrei zur Verfügung gestellt.

Wer nicht betroffen war, konnte die Pflanzen gegen eine kleine Spende mitnehmen. Mit den Spendengeldern werden weitere Projekte im Ahrtal finanziert. Weitere Pflanzaktionen haben wir im April/Mai 2022 durchgeführt, damit alle Rosen ein schönes neues Zuhause bekommen.

Da die meisten Rosen im öffentlichen Raum zusammen mit den Einwohnern und den Landfrauen gepflanzt wurden, ist die Pflege sichergestellt. Durch die fantastischen weiteren Spenden aus dem Gartenbau konnten wir die Rosenbeete mit tollen Stauden und Zwiebelblumen zu echten Hinguckern gestalten. Es ist unbeschreiblich, wie viel Freude entsteht, wenn aus einer Brache eine blühende Oase entsteht.

Rosensorten aus der Ukraine für das Ahrtal

Beetrosen: 'Aprikola', 'Bordeaux', 'Firebird', 'Gebrüder Grimm', 'Queen of Hearts', 'Rosenfaszination'

Werner schneidet die Rosen vor dem Pflanzen zurück.

Gemeinsam Zukunft pflanzen: Hochbeete für die Tinyhaus-Siedlungen

Edelrosen: 'Bellevue', 'Beverly', 'Cherry Lady', 'Grande Amore', 'Souvenir de Baden-Baden', 'Wedding Bells'

Unser Projekt ist auf Nachhaltigkeit ausgelegt und der Erfolg der Aktion spricht für sich. Zusammen sind wir stark und werden in den nächsten Jahren noch viele gemeinsame Pflanzaktionen machen, um nach Klimaschutz- und Biodiversitätsstrategien das Ahrtal wieder aufblühen zu lassen. So stehen als nächstes die Umsetzung mehrerer Hausgärten als Modellgärten an. Diese Gärten sind an die Lebensumstände der Gartenbesitzer angepasst, also junge Familien, Berufstätige, Senioren, Selbstversorger etc. und haben die Natur zum Vorbild. Denn das Ahrtal ist von einer Naturkatastrophe schwer getroffen worden und kann mit seinen neuen Gärten viel zum Klimaschutz und Erhalt der Biodiversität beitragen.

Die großen Aufgaben im Ahrtal sind nur durch eine grenzenlose SolidAHRität zu bewältigen und zusammen sind wir vom Gartenbau stark genug, um den Men-

Hochbeete für die Flutbetroffenen, auf dem verseuchten Boden sollte 2 Jahre nichts geerntet werden.

Unsere Pflanzenmärkte für die Betroffenen der Flutkatastrophe.

schen im Ahrtal wieder eine lebenswerte Umwelt zu gestalten. Vielfalt ist nicht nur reizvoll, sondern arbeitet mit der Natur und nicht gegen sie.

Naturgärten – Vielfalt bedeutet harmonisches Miteinander

Vielfalt ist kein chaotisches Durcheinander, sondern bringt Harmonie und Gleichgewicht, wo wir die natürlichen Gesetzmäßigkeiten berücksichtigen und zulassen, dass unsere Gärten zum mannigfaltigen Lebensraum werden.

Abwechslungsreiche Strukturen, eine Fülle an heimischen oder ökologisch wertvollen Pflanzen, aber auch „schöpferische Nachlässigkeit" locken willkommene Gäste in den Garten. Diese bestäuben unsere Nahrungspflanzen, halten Schädlinge im Zaum und wandeln in Komposthaufen und Mulch-Schicht Schnittgut und gejätete Pflanzen zu wertvollen organischen Nährstoffen um. Spezielle Strukturen wie Totholz, Ansammlungen von Geäst und Laub sind für Käfer, Igel und Co. die ideale Heimstätte.

Besonders wichtig für ungestörte Kreisläufe ist es, auf chemisch-synthetische Pestizide und Dünger sowie auf Torf zu verzichten. Wir nennen diese Lebensräume im Garten Naturgartenelemente. Sie reichen beispielsweise von Blühflächen über ökologisch wertvolle Hecken, Blumen und Stauden bis hin zu Obst, Kräutern und Gemüsebeeten. Die Bepflanzung beeinflusst das Vorkommen nützlicher Organismen im Garten maßgeblich. So sind z. B. Doldenblütler wie die Wilde Möhre oder der Kerbel attraktive Insektenpflanzen, die unter anderem Marienkäfer und Florfliegen anlocken, welche wiederum lästige Blattläuse in Schach halten. Strukturen und Lebewesen bilden ein Netzwerk und sichern so das Funktionieren der verschiedenen natürlichen Kreisläufe.

Ein wichtiger Aspekt unserer Schaugärten ist die richtige Wasserwirtschaft. Nach dem Konzept Wasser in der Region zu halten (Schwammgemeinden) sind unsere Konzepte ressourcenschonend, um Trinkwasser zu sparen und die Böden als Schwamm für Starkregen zu nutzen, um Überschwemmungen durch Kanalwasser zu vermeiden.

Aktion „jetzt Regenwasser sammeln“

Landfrauen aus dem Ahrtal und die „VORTOUR“ der Hoffnung mit ihrem Projekt „Hoffnung pflanzen“ helfen bei der flächigen Einsaat von regionalem Biosaatgut (Rieger und Hoffmann), um die drastischen Auswirkungen auf den Boden zu verhindern und somit das Ahrtal lebens- und liebenswert zu erhalten. Dieses Bodenschutzprojekt ist eingebettet in den Aufbau von Schaugärten, auch hier legen wir großen Wert auf eine regionale Wasserwirtschaft.

Da das Regenwasser, welches später als Gießwasser zur Anwendung kommt, nicht wie Trinkwasser aufwändig aufbereitet werden muss, schützt das Sammeln von Regenwasser auch die Umwelt.

Hier gibt es in Garten- und Baumärkten neben diversen Regentonnen auch ein ganz besonderes, weil ganz einfach funktionierendes System, dass viele Menschen bisher noch gar nicht im Fokus hatten, weil es noch recht unbekannt ist: den Regendieb!

„Genial einfach – einfach genial“, das trifft zu für den Regenwassersammler bzw. Regendieb. Hiermit kann man Regenwasser vom Dach direkt über einen Schlauch in den Garten leiten, anstatt es ungenutzt via Kanal in die Flüsse fließen zu lassen. So kann man die regenreiche Zeit im Herbst, Winter und Frühling sinnvoll ausnutzen, um den Gartenboden mit ausreichend Wasser zu versorgen und als kostenlosen Wasserspeicher zu nutzen. So lässt sich kostbares Wasser im Boden bevorraten und damit bleibt das Wasser in der Region und kann hier verdunsten.

Versickerungsmulden

Genauso gut ist es, Versickerungsmulden anzulegen. So können bei Starkregenereignissen auch größere Wassermengen langsam in den Unterboden einsickern und fließen nicht ungenutzt ab.

Die großräumige Versiegelung von Städten führt zu deutlichen Veränderungen des natürlichen Wasserhaushalts. Das Problem: In versiegelten Städten fließen Niederschläge vermehrt an der Oberfläche ab und immer geringere Mengen Wasser können versickern. Dadurch führen höhere Niederschlagsmengen immer wieder zu Überlastung des Abwassersystems. Wenn das passiert, staut sich das Regenwasser auf Straßen und Plätzen an. Dies kann schnell zu großflächigen Überflutungen im Stadtgebiet führen. Was weniger bekannt ist: Die Flächenver-

Bemerkenswert ist, dass die Gefühle, die Erwachsene mit ihren kindlichen Gartenerlebnissen verbinden, oft viel eindrücklicher sind als andere Erlebnisse – als gäbe es da eine geheimnisvolle „Gartenecke" im Gedächtnis, die genau dafür reserviert ist. Nun ja, ganz so geheimnisvoll ist das nicht. Wir wissen heute, dass gemeinschaftliche Naturerlebnisse Basalerfahrungen sind, die zu den Grundvoraussetzungen für eine körperlich und seelisch gesunde Entwicklung von Kindern gehören.

Andreas Raith und Armin Lude haben für ihr Buch „Startkapital Natur" über 14.000 Studien ausgewertet. Die meisten Untersuchungen konnten belegen, dass „Natur wirkt" – auf die mentale, soziale und physische Entwicklung, aber auch auf das Umweltbewusstsein. Interessant dabei: „Es sind gemeinsame Naturerfahrungen in der Familie oder mit Freunden, die einen Unterschied machen. Dies geschieht bereits in der frühen Kindheit." Der familiäre Hintergrund sei für das Umwelthandeln „bedeutsamer als die Naturerfahrung oder das Wissen über die Natur." (Raith & Lude (2014): Startkapital Natur – Wie Naturerfahrung die kindliche Entwicklung fördert) Evolutionsbiologisch ist das auch ganz simpel zu erklären: Von den Erwachsenen den Umgang mit Natur zu lernen, war in der längsten Zeit unserer Entwicklungsgeschichte überlebensnotwendig. Wir kennen diesen Lehr- und Lernprozess von zahlreichen anderen Tierarten.

Aus einer zugleich biologischen wie philosophischen Perspektive geht Andreas Weber in seinem Bestseller „Mehr Matsch" (in der Neuauflage mit dem Titel „Natur tut gut") noch einen Schritt weiter. Er stellt die These auf, dass Kinder Naturerfahrung nicht brauchen, um Natur zu verstehen, sondern weil sie selbst Natur SIND und Beziehungen zu „ihresgleichen" brauchen: „‚Natur' ist nämlich nichts anderes, Fremdes, nicht etwas, das wir nicht haben und das wir deshalb begehren, weil es uns fehlt. [...] Natur ist vielmehr wir selbst, das sich von allein herstellende, all unsere Erfahrung tragende Leben. [...] Natur ist die Freiheit unserer eigenen Seele." (Andreas Weber (2011): Natur tut gut – Warum Kinder draußen glücklicher sind)

Kinder zum Gärtnern begeistern.

Warum aber der Garten? Sind Naturerlebnisse im Wald oder dem verwilderten Grundstück nebenan für Kinder nicht viel wirksamer, weil „ihnen erst die Freiheit einer nicht von Eltern und Lehrern kontrollierten Welt erlaubt, sich lebendig zu fühlen, ohne bewertet zu werden" (Weber 2011)? Nun, der Garten ist ein Ort, an dem beides möglich ist: freies, unkontrolliertes, spielerisches Erleben ebenso wie das „Mentoring" zwischen Erwachsenen und Kindern. Warum sage ich „Mentoring" und rede nicht davon, dass Erwachsene Kindern etwas beibringen? Im Be-

griff „Mentoring" steckt die Überzeugung, dass Lernprozesse vom Lernenden gesteuert werden, nicht vom Lehrenden.

Damit komme ich zu einem ganz zentralen Punkt: Wir leben in einer Welt, die von Plänen und Zielen geprägt ist: Bildungsziele, Unternehmensziele, Therapieziele, Klimaziele etc. Als entscheidend für die Prozesse in Wirtschaft und Politik, in Bildung und Erziehung definieren wir den „Output"/das „Outcome". Die Fixierung auf die Ziele macht uns dabei häufig blind für die Bedürfnisse der Menschen, die in diese Prozesse involviert sind – und deren Wohlergehen diese Prozesse ja eigentlich dienen sollen.

Auch in Bezug auf Kinder und Garten haben wir Erwartungen und Ziele. Mal ganz ehrlich: Was haben Sie erwartet, hier zu lesen? Tipps, wie man den Garten für vielfältige Bildungsziele nutzen kann? Ja genau, wir sehen das Potenzial des Gartens darin, dass Kinder dort Naturerfahrungen machen können, Pflanzen und Tiere kennenlernen. Sie sollen in Kontakt mit Erde kommen, lernen, wie Lebensmittel erzeugt werden und wie anstrengend das sein kann sowie ein Verständnis für ökologische Zusammenhänge, Achtsamkeit für Lebendiges und Umweltbewusstsein entwickeln etc.

Aber vielleicht haben die Kinder zu alldem gar keine Lust?! Was, wenn die Kinder lieber im Pool planschen als die Libelle am Teich zu beobachten? Wenn sie rumnörgeln, weil sie mithelfen sollen bei der Johannisbeer-Ernte? Mein Plädoyer: Lassen Sie den ganzen pädagogischen Überbau einfach weg. Lassen Sie Ihren Kindern im Garten die maximale Freiheit, am besten mit Freundinnen und Freunden. Werkeln Sie in Ihrem Garten so, wie Sie es für richtig halten. Ihr Kind wird das aus dem Augenwinkel wahrnehmen! Ab und zu wird es vorbeikommen und fragen. Wenn Sie Johannisbeeren ernten, fordern Sie ruhig Hilfe ein – nicht, weil Ihr Kind lernen soll, wie man Johannisbeeren erntet, sondern weil Sie Hilfe brauchen. Wenn Ihr Kind etwas tut, was Ihrem ethischen Empfinden zuwiderläuft, z. B. Pflanzen willkürlich ausreißt oder Tiere quält, zögern Sie nicht einzugreifen, zu erklären und zu verbieten. Wenn Ihr Kind Fragen hat oder mitmachen möchte, nehmen Sie in Kauf, dass die Dinge länger dauern. Erklären Sie nur das, wonach das Kind fragt. Und erzählen Sie nur so lange, wie es zuhört. Stören Sie niemals den „Flow" Ihres Kindes, auch wenn es in ganz andere Sachen vertieft ist als Sie sich das wünschen. Gestalten Sie Ihren Garten so, dass sich Kinder dort sehr frei bewegen können. Geben Sie ihnen Räume, die sie selbst gestalten und verändern können. Räumliche Grenzen zu Bereichen, die für Kinder nicht oder nur mit klaren Regeln zugänglich sind, müssen für sie deutlich erkennbar sein.

Sie werden sehen: Auch ohne dass Sie Ihrem Kind etwas „beibringen" und auch wenn Sie das Gefühl haben, Ihr Kind interessiert sich überhaupt nicht für Natur und Garten – es wird etwas hängenbleiben, garantiert!

Zum Schluss noch einmal zurück zur Johannisbeer-Ernte: Bei uns gibt es die Regelung: Die Männer (mein Mann und die beiden Jungs) ernten die Johannisbeeren und ich mache daraus Gelee. In diesem Jahr brauchte es mal wieder eine strenge Aufforderung, damit die Kinder mitgeholfen haben. Aber am Nachmittag erzählten sie ihren Freunden – unaufgefordert und in sehr selbstbewusstem Ton: „Wir (!) haben heute Johannisbeergelee gemacht." – Und das ist bei Weitem nicht der einzige „Outcome" des Gartenlebens meiner Kinder. Die Jungs überraschen mich bei vielen Gelegenheiten damit, dass sie Dritten Dinge aus dem Garten erzählen, von denen ich fest überzeugt war, dass sie das überhaupt nicht mitbekommen haben. Und

meine erwachsene Tochter gärtnert jetzt selbst und pflegt einen äußerst achtsamen Umgang mit Lebensmitteln.
Also: Haben Sie Vertrauen in den Lern- und Nachahmungstrieb Ihrer Kinder! Versuchen Sie nichts zu erzwingen, sondern seien Sie lieber authentisch in dem, was Sie selbst tust, und geben Sie Ihren Kindern die Möglichkeit, das „aus dem Augenwinkel" mitzubekommen.

Dr. Birgitta Goldschmidt (*1966) aus Koblenz ist promovierte Geoökologin und beschäftigt sich seit vielen Jahren freiberuflich und ehrenamtlich mit dem Lernort Schulgarten.

Ein Gespräch mit Dr. Birgitta Goldschmidt

Interview mit Heike Boomgaarden

Heike Boomgaarden, geb. 1962 in Ostfriesland, ist Gartenbauingenieurin und seit vielen Jahren aus TV und Radio als Gartenexpertin bekannt. Sie ist Autorin mehrerer Bücher, ausgebildete Glückslehrerin und Initiatorin innovativer Projekte wie der Essbaren Stadt Andernach, Natürlich Klug, GesundLand und Permakulturanlagen. Heike Boomgaarden versteht sich als Sozialunternehmerin und engagiert sich beruflich und ehrenamtlich in vielen Projekten im In- und Ausland, z. B. für Flüchtlingsgärten oder Frauenprojekte in Afrika. Schon seit vielen Jahren liegen ihr Bildungsgärten besonders am Herzen.

Birgitta Goldschmidt (BG): Heike, vielen Dank, dass Du zum Ersten Bundesschulgartentag nach Berlin gekommen bist. Dein Vortrag stand unter dem Titel „Freiheit und Glück – Gärtnern erdet." Man hätte nun vielleicht erwartet, dass Du auf die Qualitäten des Gartens bzw. des Gärtnerns für menschliche Grundbedürfnisse eingehst. Stattdessen hast Du – sehr engagiert! – den Schulgarten aus dem Blickwinkel der Menschenrechte, insbesondere der Kinderrechte, betrachtet. Wie bist du darauf gekommen?

Heike Boomgaarden (HB): „Jedes Kind hat ein Recht auf Schulgarten", so lautet das Motto der Bundesarbeitsgemeinschaft Schulgarten. Das klingt doch schon nach Kinderrechten, finde ich. Natürlich steht das nicht so in der Kinderrechtskonvention. Dennoch geht es mir so, dass ich einen Garten vor Augen habe, wenn ich die Kinderrechte lese.

BG: Liegt das vielleicht daran, dass Du Dich tagein tagaus mit dem Garten beschäftigst und deshalb grundsätzlich immer einen Garten vor Augen siehst?

HB (*lacht*): Das kann natürlich sein. Aber im Ernst: Kinder und Garten passen einfach gut zusammen. Und das erkennt man nicht nur als Gartenliebhaber, sondern es lässt sich auch überzeugend erklären.

BG: Da bin ich gespannt.

HB: Kinderrechte, die in der UN-Kinderrechtskonvention von 1989 formuliert wurden, beziehen sich auf die Menschenrechtserklärung der UN von 1948. Kinder sind besondere Menschen und brauchen besondere Rechte – vor allem besonderen Schutz. Und sie brauchen besondere Lebens-Räume, die ihren allgemeinen Menschenrechten und speziellen Kinderrechten auch gerecht werden.
BG: Und einer dieser Lebens-Räume ist der Garten?
HB: Absolut! Besonders deutlich wird das im Artikel 29 über Bildungsziele und Bildungseinrichtungen. Dort heißt es gleich zu Beginn, „dass die Bildung des Kindes darauf gerichtet sein muss, die Persönlichkeit, die Begabung und die geistigen und körperlichen Fähigkeiten des Kindes voll zur Entfaltung zu bringen." An erster Stelle steht also kein Bildungskanon, sondern die individuelle Persönlichkeitsentfaltung. Das geht aber nur, wenn ich Kindern Gestaltungsfreiheit und Raum für Eigenkreativität gebe. Und genau das bietet der Garten, denn er ist ein Ort, an dem ich gestalten kann und dabei auch immer ein Ergebnis erziele. Wer keinen Raum für Gestaltung hat, wer nicht erleben kann, dass sein Tun ein Ergebnis hat, ist unglücklich, das ist eine fundamentale Aussage der Glückstheorie.
BG: Ist Glück denn auch ein Menschenrecht?
HB: Sollte man meinen! Explizit genannt wird „Glück" weder in der Menschenrechtskonvention noch z. B. im deutschen Grundgesetz. In der amerikanischen Unabhängigkeitserklärung steht das Recht auf das „Streben nach Glück" (the pursuit of happiness) als gleichberechtigt neben dem Recht auf Leben, Freiheit und Gleichheit. Wohlgemerkt nicht das Glück selbst, sondern das Streben nach Glück. Auf den Punkt bringt es ein Satz, der in unserer Nationalhymne auftaucht: „Einigkeit und Recht und Freiheit sind des Glückes Unterpfand!" Alle Menschenrechte dienen dazu, dass Menschen glücklich sein können – für sich und in der Gemeinschaft. Glück ist also kein Recht, sondern quasi das Ziel aller Rechte.
BG: Macht Gärtnern glücklich?
HB: Nicht automatisch. Wenn jemand unter schlechten Arbeitsbedingungen in einer Gärtnerei schuften muss, ist dieser Mensch sicher nicht glücklich. Das liegt aber nicht am Garten, sondern an den Menschen, die dieses System bestimmen. Das „Prinzip Garten" birgt aber ein unglaublich großes Glückspotenzial.
BG: Was meinst Du mit dem „Prinzip Garten"?
HB: Der Garten ist DER Ort, der unserer menschlichen „Doppelnatur" am ehesten entspricht: dem Naturwesen Mensch und dem Kulturwesen Mensch. Im Garten stehen Natur und Kultur im ständigen Dialog. Wir greifen gestaltend ein und die Natur antwortet. Wenn der Dialog gelingt, belohnt uns die Natur mit Schönheit und Ertrag. Das erfüllt uns mit Glück! Das ist damit gemeint, wenn man sagt: Gärtnern erdet. Die Arbeit mit dem Boden und mit Pflanzen ist Arbeit an unseren wesentlichen Wurzeln. Und wenn der Garten so sehr unserem Wesen entspricht, dann ist das Gärtnern quasi der zugehörige „Trieb".
BG: Deshalb beruhigt sich unser überdrehter Herzschlag, wenn unsere Hände in warme Erde greifen?!
HB: Ja, die therapeutische Wirkung des Gärtnerns ist sogar nachgewiesen. „Ruhe"

ist übrigens auch ein Kinderrecht. Das Recht auf „Ruhe und Freizeit, auf Spiel und altersgemäße aktive Erholung" ausgerechnet im Garten zu verorten, den man ja durchaus auch mit Arbeit verbindet, hat genau mit dieser Eigenschaft des Gartens zu tun, uns vom Ballast unserer Sorgen zu befreien, indem wir unsere Verbundenheit mit der Natur spüren und genießen. Das merken Kinder ganz instinktiv. Sie bewegen sich im Garten mit wachem Geist und begegnen der Natur – insbesondere Tieren – mit Begeisterung. Sie erleben die Natur als Akteur in ihrer Welt des spielerischen Lernens – oder vielmehr des lehrenden Spiels. Es gibt wohl kaum einen kindgerechteren Lernort als den Garten!

BG: Was sich im Garten so alles lernen lässt, dazu haben wir in Berlin einen eigenen Vortrag gehört.

HB: Dennoch führt uns die Betrachtung der Mannigfaltigkeit an Fähigkeiten und Kompetenzen, die im Garten gebraucht werden und erlernbar sind, wiederum zu den Menschenrechten.

BG: Fähigkeiten wie z. B. planen, vorausschauend denken, Zusammenhänge verstehen, Geschicklichkeit, Ausdauer, Körperkraft …

HB: … ästhetische Treffsicherheit, aber auch Wissen, Experimentierfreude und Resilienz. Da könnte man noch viel mehr nennen. Auf jeden Fall zeigt schon diese Aufzählung, dass all diese Eigenschaften niemals ein Mensch ganz alleine in sich vereinigen kann. Deshalb ist der Garten prädestiniert für Kooperation. Hier kann jeder seine individuellen Fähigkeiten einbringen. Das macht den Garten übrigens auch so erfolgreich als Therapieort für Menschen mit Behinderungen jeglicher Art. Irgendeine Fähigkeit, die im Garten gebraucht wird, hat jeder, und sei es auch nur, dass er durch seine Freude am Duft einer Blume einem anderen einen Zugang zum einfachen Glück offenbart.

BG: Der Garten ist also auch ein Ort der Interaktion, der zwischenmenschlichen Begegnung?

HB: Genau, und zwar einer Begegnung auf Augenhöhe. Der Garten bewertet Menschen nicht nach ihrer kulturellen Herkunft, ihrem Geschlecht oder ihrem Alter. Er spricht mit allen Menschen in der gleichen Sprache, der Sprache der Natur. Der Garten stößt uns also mit der Nase auf den Gleichheitsgrundsatz der Menschenrechte. Wo ein Garten von mehreren Menschen bewirtschaftet wird, lässt sich ganz praktisch erfahren, dass eine Gemeinschaft dort besonders stark ist, wo die individuellen Fähigkeiten für ein gemeinsames Ziel eingesetzt werden. Ich habe das selbst schon oft erfahren dürfen in Gartenprojekten mit Flüchtlingen. Generell ist das gemeinsame Schaffen ein äußerst beglückendes Erlebnis.

BG: Ja, das kenne ich von Bau- oder Pflegeaktionen im Schulgarten auch sehr gut. Vor allem lernt man da ja auch mal andere Eltern kennen, die man sonst nur mal auf einem Elternabend gesehen hat. Gemeinsam arbeiten schweißt richtig zusammen.

HB: Und es ist auch toll für die Kinder. Denn die haben ja – da sind wir wieder bei den Kinderrechten – ein Recht auf Familie. In der modernen westlichen Welt sind Gemeinschaftserlebnisse mit der Familie aber zur Seltenheit geworden, erst recht Familienerlebnisse innerhalb einer größeren Community. Sich mit anderen Familien zusammen als Gemeinschaft zu erleben – dazu bieten Schulgärten ein ideales Terrain.

BG: Vor allem, weil die Schulgemeinschaft ja keine Wahlverwandtschaft ist, sondern ein Sammelsurium an Menschen unterschiedlicher Lebensstile und Kulturen.

HB: Wenn wir in einer solchen Gemeinschaft die Natur und das Gärtnern als „Universalia" erleben, als etwas, das überall auf der Welt eine elementare Bedeutung hat, erweitert das unseren Horizont und trainiert unsere Toleranz. Letztlich ist also der Schulgarten auch ein Ort der Friedensbildung!

BG: Heike, ich danke Dir für dieses Gespräch!

HB: Gern geschehen! Wenn ich mir zum Schluss noch etwas wünschen darf?!

BG: Aber gerne!

HB: Ich wünsche mir für alle Kinder dieser Welt das ihnen ein Zugang zu Naturerfahrungen gegeben wird und Kinder Gestalter ihres Lebens werden dürfen.

Am Ende ein Zitat:

Nutze die Talente, die Du hast.
Die Wälder wären sehr still,
wenn nur die begabtesten Vögel sängen.

Experte

Am besten lernt man vor Ort

Exotische Gartenpracht in Zeiten des Klimawandels

Ein Sommer ohne Ende, ein Dezember und Februar viel zu warm – und unterm Strich gehen wir Jahr für Jahr neuen Temperaturrekorden und einem immer größer werdenden Regendefizit entgegen. Oder es kommt Regen in solchen Unmengen auf einmal, dass Überschwemmungen die Folge sind.

Was können die Gartenbesitzer tun? Am besten lernen von jenen Gegenden, die bereits jetzt mit dem extremen Wetter leben müssen und dennoch äußerst attraktive Gärten besitzen.

Blättert man in den Klimakarten von Spaniens Hauptstadt, weiß man, was Sache ist: Durchschnittlich drei Regentage im Juli mit nur zehn Litern Regen. Die Temperatur erreicht bis zu 40 Grad und mehr. Im Winter freilich zwischen Oktober und März viel Niederschlag und Temperaturen um die zehn Grad. Europas zweithöchst gelegene Hauptstadt hat ein typisch kontinental geprägtes Klima und dementsprechend ist auch die Vegetation. Robust und trockenheitsresistent.

Befragt man die Gartenbesitzer, dann ist es klar: Das Gärtnern beginnt früh, damit die Pflanzen gut einwurzeln und geht nach dem heißen Sommer mit kräftigem Wachstum bis lange in den Herbst hinein. So wie die letzten Jahre auch bei uns. Nur wer zu Beginn für kräftiges Wurzelwachstum sorgt, so der Ratschlag der Madrilenen, also gut eingießt, wird auch Pflanzen haben, die tief wurzeln und damit die trockenen Hitzemonate überstehen. Und natürlich nur das anpflanzen, was auch mit solchen Witterungsverhältnissen leben kann. Das sind zum Beispiel Lavendel, Salbei, Rosmarin, viele Zistrosen und generell alle Gehölze mit dicken, wachsartigen Blättern. Genau das, was mittlerweile auch bei uns überall dort gepflanzt wird, wo kaum Pflege im Sommer möglich ist. Gemulcht wird in solchen Gegenden fast ausschließlich mineralisch – also mit dicken Kiesauflagen. Allerdings nicht so, wie es oft bei uns fälschlicherweise gemacht wird: Erde – Folie – Kies. Sondern tiefgründig eingearbeiteter Splitt, der für gute Drainage in Zeiten der starken Regenfälle sorgt.

Interessant auch die Landwirtschaft: Im mittelalterlichen kastilischen Dorf Chinchón mit etwa 5.000 Einwohnern (50 km von Madrid entfernt) lebt man vom Anbau von Knoblauch und Wein. Ohne viel Bewässerung gedeiht hier alles.
In der spanischen Hauptstadt selbst legt man großen Wert auf Grün, um die sommerliche Hitze erträglich zu machen. So wurde mit „Madrid Rio" eine mehrere Kilometer lange Grünzone über einer Stadtautobahn angelegt. Mit 120 Hektar ist das der größte Park der spanischen Hauptstadt geworden. Freilich ist die Vielfalt besonders im Botanischen Garten von Madrid zu erleben: Botanische Schätze, wie eine mehrere hundert Jahre alte Kaukasus Zelkowie, italienische Zypressen, Palmen, Sukkulenten und ein Beispiel für Gemüsegärten, die nach der typisch spanischen Tradition bewässert werden, sind hier zu sehen. Bewässerungsgräben bringen das Wasser direkt zu den Wurzeln, denn Überkopfberegnung würde einen Großteil verdunsten lassen.

Karl Ploberger (* 20. Juni 1959 in Vöcklabruck, Oberösterreich) ist ein österreichischer Journalist, Moderator und Sachbuchautor. Bekannt wurde Ploberger als „Bio-Gärtner" des ORF.

Ein bisschen krumm ist gar nicht dumm – Wir werden Lebensmittelretter!

Ups, da liegt ja eine krumme Möhre oder gar ein Apfel mit ein paar Flecken! Gerne greifen wir dann alternativ lieber zu dem makellosen Obst & Gemüse, meist in größeren Einheiten als „Sixpack" oder in Kiloware verpackt. Wie schade, denn so manches Früchtchen vergammelt später dann im Kühlschrank und kommt anschließend auf den Müll. Das ist gar nicht schön, aber richtig problematisch ist das, was im Vorfeld – direkt auf dem Acker – passiert. Bis zu 38 Prozent der Obst- und Gemüseernte in Deutschland gelten als unverkäuflich, weil sie nicht der UNECE-Norm entsprechen, sie werden als Abfall an Tiere verfüttert, kompostiert oder erst gar nicht geerntet. Umsonst mit viel Aufwand produziert. Sagen Sie selbst, das ist ein unglaublich schlechter CO_2-Fußabdruck

Wir persönlich sind eher für Krummes und ich glaube auch Sie, wenn Sie sich bewusst machen, was es für Konsequenzen für die Umwelt und das Klima hat, wenn alles nur perfekt in der Auslage liegt.

Der Handel benutzt freiwillig die Standards der UNECE-Normen (UNECE 2021), um uns Verbrauchern die allerschönste Qualität zu bieten. Das bedeutet:

Gurken dürfen nicht gekrümmt sein, Blumenkohl darf keine Farbabweichungen aufweisen, Obst keine Flecken auf der Schale und Möhren keine Risse und Formfehler haben. Nun ja, Sie können sich ja vorstellen, was dieses für den Produzenten bedeutet, immerhin möchte er ja sein Obst und Gemüse verkaufen. Damit Obst und Gemüse die optischen Anforderungen des Handels er-

Makelloses Gemüse

füllen kann, muss es häufig zusätzlich mit Pflanzenschutzmitteln behandelt werden. Und natürlich wird auch mehr Wasser und Dünger gebraucht, was den Boden auslaugt und das Grundwasser mit Nitrat belastet.

Eigentlich wollen wir das nicht wirklich und natürlich wollen wir auch nicht nur Obst und Gemüsesorten essen, die nur angebaut werden, weil sie schnell perfekt zu produzieren sind, dafür aber an Geschmack und Inhaltstoffen verloren haben. Denken Sie kurz an schnittfeste Tomaten, alle gleich groß und wenig aromatisch. Wir nehmen diese jetzt einmal als Beispiel: Der Gehalt an Vitamin A in Tomaten hat in den letzten Jahrzehnten um sage und schreibe 92 % abgenommen und der Wert an Riboflavin ist um 90 %, an Magnesium um 88 % gesunken, so das Bayerische Staatsministerium für Umwelt und Verbraucherschutz.

Wir sind sicher, dass wir für eine gute Ernährung zukünftig mehr den Fokus auf die guten Inhaltstoffe als auf ein makelloses Äußeres legen müssen.

Was kann es Schöneres geben, als durch bewussten Einkauf und ein leckeres gesundes Essen sich zurückzulehnen mit dem Wissen, aktiven Klimaschutz zu machen. Darum gilt: Ein bisschen krumm ist gar nicht dumm.

Also, greifen wir alle doch ruhig mal zur etwas krummen Ware, die vielleicht schon die eine oder andere Druckstelle oder Flecken hat. So werden wir alle zum Obst- und Gemüse-Retter. Denn eigentlich wissen wir es alle: Was im Geschäft nicht makellos und schön ist, wird regelmäßig aussortiert und kommt auf den Müll!

Experte

Was gibt mir Anlass zur Freude?

Auch wir haben eine größere Fläche der grasartigen grünen Haut durch ökologisch wertvollere Wildkräuter und Spontanbotanik bereichert. Warum findet in diesem Zusammenhang ein extrinsisch gesteuertes Umdenken und Handeln immer häufiger statt? Nur weil Medien ständig darüber berichten, dass beispielsweise Schmetterlinge, aber grundsätzlich Fauna und Flora und letztendlich auch der Mensch, in einem „durchgepflegten" Garten keine Überlebenschance, oder genauer: Zufriedenheit, haben wird.

Es könnte sein, dass folgende Zahlen die Paradigmen zur Veränderung beschleunigt haben. In einem naturnahen Garten wurden hier bislang 2.500 Tierarten nachgewiesen, darunter allein 650 Schmetterlings- und 100 Vogelarten. Schätzungen gehen sogar von einer Anzahl von 10.000 Arten aus – das entspricht einem knappen Viertel aller in Deutschland beheimateten Tierarten. Dazu kommen noch rund 1.000 heimische Wildpflanzen, die in unseren Gärten gedeihen (könnten).

„Loki" hätte sich darüber sehr gefreut, dass ein natürlicher Erlebnisraum und Lebensqualität einhergehen. Basierend auf den Äußerung meiner damaligen Lehrerin Hannelore „Loki" Schmidt in den 1960er-Jahren: „Begreifen durch Anfassen", möchte ich gern hinzufügen: „Einsicht dann Übersicht". So gärtnert es sich auch zukünftig leichter und erfolgreicher.

Gartenbotschafter John Langley® #Appelbarg
www.gartenbotschafter.info

John Langley – Der klassische Strohhut und der hell gewordene Rauschebart sind die äußerlichen Markenzeichen.

Gärtner, Florist, Pädagoge, Autor, Fachredakteur, Dozent, TV- & Mediengärtner, Moderator, Deco-Team-Akteur, Öffentlichkeitsarbeiter, Gartenbotschafter der Internationalen Gartenschau (igs2013) und Botschafter der Loki Schmidt Stiftung in Hamburg.

Ein Menschheitstraum: die Erde in einen blühenden Garten zu verwandeln.
Wer Träume verwirklichen will, muss tiefer träumen und wacher sein als andere.
Karl Förster

Danke!

Mit diesem Zitat des großen Gärtners Karl Förster danken wir allen geschätzten Kolleginnen und Kollegen für Eure tollen und inspirierenden Beiträge und Botschaften, die diese Welt ein bisschen besser machen und die Erde in einen blühenden Garten verwandeln!

Gemeinsam gärtnern wir weiter aktiv an der Verwirklichung unserer Träume, hier und jetzt! Jeder für sich auf seine eigene, wunderbar individuelle Art und Weise!

Nach dem Motto „Viele kleine Leute, die an vielen kleinen Orten viele kleine Dinge tun, können das Gesicht der Welt verändern“ (afrikanisches Sprichwort).

Herzlichst

Heike + Werner

Bildnachweis

Vorwort: 3 Bilder von Tim Smit
Seite 14: links oben, Fotostudio Kerstin Schissler
Seite 15: unten, Karin Zwermann, „natur fotogen"
Seite 17: links oben, Karin Zwermann, „natur fotogen"
Seite 17: rechts oben, Fotostudio Kerstin Schissler
Seite 18: links unten, Fotostudio Kerstin Schissler
Seite 19: John Langley
Seite 21: John Langley
Seite 23: Frühling im Garten, Fotostudio Kerstin Schissler
Seite 24: links unten, Fotostudio Kerstin Schissler
Seite 27/28: Gabriela zu Sayn-Wittgenstein-Sayn
Seite 33: rechts, Fotostudio Kerstin Schissler
Seite 35: Karin Zwermann, „natur fotogen"
Seite 36: Karin Zwermann, „natur fotogen"
Seite 38: Bigi Möhrle, Fotografin
Seite 40: Bigi Möhrle, Fotografin
Seite 41: rechts, Karin Zwermann, „natur fotogen"
Seite 41, links, Bigi Möhrle, Fotografin
Seite 42: Karin Zwermann, „natur fotogen"
Seite 44: oben links, Fotostudio Kerstin Schissler
Seite 45: oben links, Fotostudio Kerstin Schissler
Seite 45: unten, Sabine Platz
Seite 46: unten, Karin Zwermann, „natur fotogen"
Seite 47: Fotostudio Kerstin Schissler
Seite 49–51: Maria und Falk-David Palusalu
Seite 53/54: Haiko Pieplow
Seite 56: oben, Karin Zwermann, „natur fotogen"
Seite 62: Karin Zwermann, „natur fotogen"
Seite 64: Martin Seidler
Seite 65: Karin Zwermann, „natur fotogen"
Seite 66: Natur im Garten
Seite 67,68: Jan Dieter Bruns
Seite 75/76: Johann Peham
Seite 80: Natur im Garten
Seite 84: Deutsche Gartenbau-Gesellschaft 1822 e. V.
Seite 87–95: Deutsche Gartenbau-Gesellschaft 1822 e. V.
Seite 96–99: Natur im Garten
Seite 100–102: Petra Pelz
Seite 110/111: Kientzler
Seite 112–114: Heiko Hübscher
Seite 115: Fotostudio Kerstin Schissler
Seite 117: Petra Pelz
Seite 118: Karin Zwermann, „natur fotogen"

Seite 120: Fotostudio Kerstin Schissler
Seite 124: Karin Zwermann, „natur fotogen“
Seite 125: Bigi Möhrle, Fotografin
Seite 126: Ritthaler
Seite 130: links oben und rechts unten, Fotostudio Kerstin Schissler
Seite 130: rechts oben, Fotostudio Kerstin Schissler
Seite 133–138: Dirk Krüger Peterson
Seite 139: Karin Zwermann, „natur fotogen“
Seite 140: oben, Bigi Möhrle, Fotografin
Seite 141: Fotostudio Kerstin Schissler
Seite 143: oben links, Fotostudio Kerstin Schissler
Seite 143: unten rechts, Karin Zwermann, „natur fotogen“
Seite 144–146: Batya-Barbara Simon
Seite 148: Karl Ploberger
Seite 149/150: Danny van Leuven
Seite 153: Kremer
Seite 155: Karin Zwermann, „natur fotogen“
Seite 157: unten, Fotostudio Kerstin Schissler
Seite 160: Fotostudio Kerstin Schissler
Seite 165/166: Bigi Möhrle, Fotografin
Seite 167: rechts unten, Fotostudio Kerstin Schissler
Seite 187: oben rechts, Fotostudio Kerstin Schissler
Seite 189-192: Naturgartencenter Kremer
Seite 193–197: Daniel Henry
Seite 202: Dirk Krüger Peterson
Seite 205–207: Viktoria von dem Bussche
Seite 209: rechts unten, Dirk Krüger Peterson
Seite 211: Karin Zwermann, „natur fotogen“
Seite 212: oben, Karin Zwermann, „natur fotogen“
Seite 2014: rechts unten, Karin Zwermann, „natur fotogen“
Seite 222: Karin Zwermann, „natur fotogen“
Seite 223: Viktoria von dem Bussche
Seite 224: unten, Fotostudio Kerstin Schissler
Seite 229: unten, Karl Ploberger
Seite 230/231: Michaela Krause, SWR Redaktion
Seite 232/233: Annette Rittgen
Seite 235: rechts oben, Karin Zwermann, „natur fotogen“
Seite 236: rechts unten, Karin Zwermann, „natur fotogen“
Seite 239: unten, Dr. Gunter Mann
Seite 240: Dr. Gunter Mann
Seite 240: unten, Fotostudio Kerstin Schissler
Seite 243: Jürgen Herrmannsdörfer
Seite 244: oben, Jürgen Herrmannsdörfer
Seite 244: unten, Dieter Krellmann
Seite 245: oben, Dieter Krellmann

Seite 246: unten, Karin Zwermann, „natur fotogen“
Seite 247: Birgit Schattling
Seite 249: Bigi Möhrle, Fotografin
Seite 252/253: Matthias Alter
Seite 254–256: Birgit Schattling
Seite 258/259: Natalie Lumpp
Seite 260: Fotostudio Kerstin Schissler
Seite 261: oben links, Bigi Möhrle, Fotografin
Seite 262: oben rechts, Fotostudio Kerstin Schissler
Seite 263: Bigi Möhrle, Fotografin
Seite 265: unten, Bigi Möhrle, Fotografin
Seite 266: links, Karin Zwermann, „natur fotogen“
Seite 266: Fotostudio Kerstin Schissler
Seite 269: Bruns
Seite 270: Fotostudio Kerstin Schissler
Seite 280: rechts unten, Karin Zwermann, „natur fotogen“
Seite 281: Fotostudio Kerstin Schissler
Seite 285: Karin Zwermann, „natur fotogen“
Seite 289: Karin Zwermann, „natur fotogen“
Seite 290: Fotostudio Kerstin Schissler
Seite 295: rechts oben, Karin Zwermann, „natur fotogen“
Seite 297: Karin Zwermann, „natur fotogen“
Seite 299: Karin Zwermann, „natur fotogen“
Seite 301: Fotostudio Kerstin Schissler
Seite 303: Bärbel Oftring
Seite 304: Fotostudio Kerstin Schissler
Seite 306: oben, Pixabay/Schwoaze
Seite 306: unten, Pixabay/kie-ker
Seite 313-318: VORTOUR der Hoffnung, Tina Petereit
Seite 315: Reiner Friedsam
Seite 320: Birgitta Goldschmidt
Seite 322: Birgitta Goldschmidt
Seite 326: Karl Ploberger
Seite 327: Karin Zwermann, „natur fotogen“
Seite 328: Gartenbotschafter John Langley

Für optimale Gestaltung und Pflege

Dieses Praxisbuch erklärt auch Laien anhand von detailgenauen Zeichnungen, wie ein fachgerechter Schnitt in den verschiedenen Entwicklungsstadien der Obstgehölze und Bäume durchgeführt wird. Fragen zur Pflanzen- und Standortwahl, dem richtigen Werkzeug oder dem besten Schnittzeitpunkt finden - neben vielen weiteren Praxistipps - verständliche und fundierte Antworten. Eine Arten- und Sortenliste mit praktischer Pflanz- und Pflegeübersicht gibt auf einen Blick konkrete Hinweise zur Wahl des geeigneten Standorts. Es sollte daher in keiner Arbeitsschürze fehlen!

Hans Heinrich Möller/Pirko Arp

Obstgehölz- und Baumschnitt in Bildern

Richtig planen, schneiden und pflegen

3., aktualisierte Aufl., 96 S., 110 Strichabb., 30 Tab., kart., 23 x 16,5 cm (B x H)

ISBN 978-3-494-01716-7

Best.-Nr.: 494-01716

€ 8,95

Es gibt wohl kaum robustere, anpassungsfähigere und in Wuchsform, Farbe, Blüte und Frucht vielfältigere Bäume als Wild- und Zierapfelbäume. Andreas Bärtels - einer der namhaftesten Dendrologen Deutschlands - stellt in diesem Buch zahlreiche Wild- und Zierapfelarten, Hybriden und Sorten vor. Jedes Porträt informiert über Habitus, Zweige, Blätter, Blüten und Früchte. Brillante Bilder und handkolorierte Zeichnungen von Äpfeln machen das Buch zu einem ästhetischen Blickfang. Ausgezeichnet mit dem 1. Platz beim „Deutschen Gartenbuchpreis 2021" von Schloß Dennenlohe in der Kategorie „Bestes Gartenportrait".

Andreas Bärtels

Wild- und Zieräpfel

Üppige Pracht für Gärten und Parks

528 S., 592 farb. Abb., 4 Tab., 2 Karten, geb., 16,5 x 24 cm

ISBN 978-3-494-01830-0

Best.-Nr.: 494-01830

€ 29,95

Preisstand 2023 – Änderungen vorbehalten

Unser Programm: So vielfältig wie die Natur!

Quelle & Meyer Verlag

www.quelle-meyer.de

Für ungetrübte Freude an gesunden Blütengehölzen

Blütensträucher sind in Gärten und Grünanlagen neben Rasen, Stauden und Sommerblumenbeeten unverzichtbare Gestaltungselemente. Um ihren Zweck zu erfüllen und zudem Insekten, Vögel & Co. mit Nahrung und Nistplätzen zu versorgen, müssen die Blütensträucher jedoch frei von Schäden sein. Dieses Buch von Diplom-Gärtner Klaus Margraf hilft dabei und konzentriert sich auf die Gehölzarten, die besonders oft von Schaderregern befallen werden bzw. deren Schadbilder auffällig sind. Diese ca. 120 Schadbilder beschreibt er ausführlich, unterstützt von zahlreichen Fotos. Vorschläge zur Abhilfe sowie weiterführende Diagnosehilfen machen dieses Buch zu einem wichtigen Praxisratgeber.

Klaus Margraf
Prächtige Blütensträucher
Schäden und Krankheiten erkennen und behandeln
140 S., 170 farb. Abb., kart., 16,5 x 23 cm
ISBN 978-3-494-01942-0
Best.-Nr.: 494-01942

€ 19,95

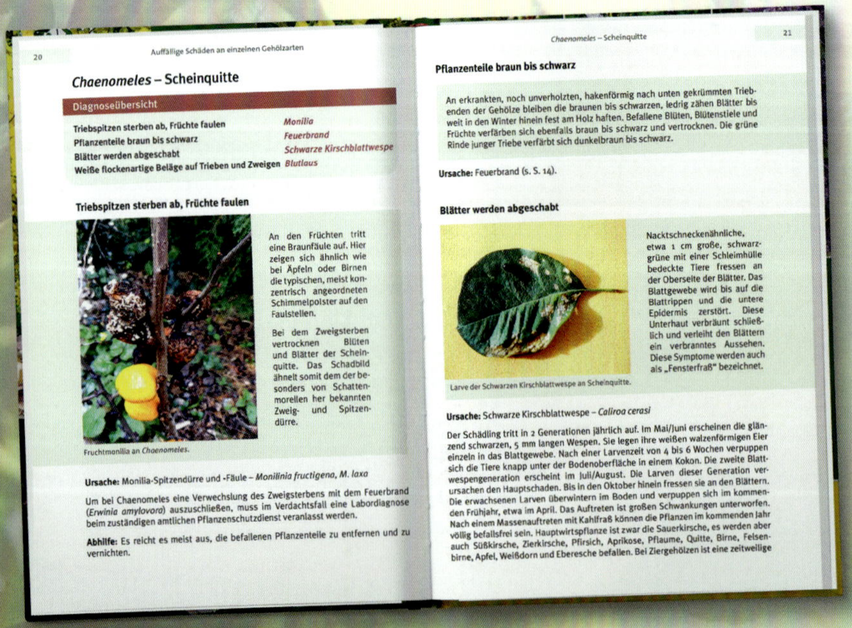

20 Auffällige Schäden an einzelnen Gehölzarten

Chaenomeles – Scheinquitte

Diagnoseübersicht

Triebspitzen sterben ab, Früchte faulen	*Monilia*
Pflanzenteile braun bis schwarz	*Feuerbrand*
Blätter werden abgeschabt	*Schwarze Kirschblattwespe*
Weiße flockenartige Beläge auf Trieben und Zweigen	*Blutlaus*

Triebspitzen sterben ab, Früchte faulen

An den Früchten tritt eine Braunfäule auf. Hier zeigen sich ähnlich wie bei Äpfeln oder Birnen die typischen, meist konzentrisch angeordneten Schimmelpolster auf den Faulstellen.

Bei dem Zweigsterben vertrocknen Blüten und Blätter der Scheinquitte. Das Schadbild ähnelt somit dem der besonders von Schattenmorellen her bekannten Zweig- und Spitzendürre.

Fruchtmonilia an *Chaenomeles*.

Ursache: Monilia-Spitzendürre und -Fäule – *Monilinia fructigena, M. laxa*

Um bei Chaenomeles eine Verwechslung des Zweigsterbens mit dem Feuerbrand (*Erwinia amylovora*) auszuschließen, muss im Verdachtsfall eine Labordiagnose beim zuständigen amtlichen Pflanzenschutzdienst veranlasst werden.

Abhilfe: Es reicht es meist aus, die befallenen Pflanzenteile zu entfernen und zu vernichten.

Chaenomeles – Scheinquitte 21

Pflanzenteile braun bis schwarz

An erkrankten, noch unverholzten, hakenförmig nach unten gekrümmten Triebenden der Gehölze bleiben die braunen bis schwarzen, ledrig zähen Blätter bis weit in den Winter hinein fest am Holz haften. Befallene Blüten, Blütenstiele und Früchte verfärben sich ebenfalls braun bis schwarz und vertrocknen. Die grüne Rinde junger Triebe verfärbt sich dunkelbraun bis schwarz.

Ursache: Feuerbrand (s. S. 14).

Blätter werden abgeschabt

Nacktschneckenähnliche, etwa 1 cm große, schwarzgrüne mit einer Schleimhülle bedeckte Tiere fressen an der Oberseite der Blätter. Das Blattgewebe wird bis auf die Blattrippen und die untere Epidermis zerstört. Diese Unterhaut verbräunt schließlich und verleiht den Blättern ein verbranntes Aussehen. Diese Symptome werden auch als „Fensterfraß" bezeichnet.

Larve der Schwarzen Kirschblattwespe an Scheinquitte.

Ursache: Schwarze Kirschblattwespe – *Caliroa cerasi*

Der Schädling tritt in 2 Generationen jährlich auf. Im Mai/Juni erscheinen die glänzend schwarzen, 5 mm langen Wespen. Sie legen ihre weißen walzenförmigen Eier einzeln in das Blattgewebe. Nach einer Larvenzeit von 4 bis 6 Wochen verpuppen sich die Tiere knapp unter der Bodenoberfläche in einem Kokon. Die zweite Blattwespengeneration erscheint im Juli/August. Die Larven dieser Generation verursachen den Hauptschaden. Bis in den Oktober hinein fressen sie an den Blättern. Die erwachsenen Larven überwintern im Boden und verpuppen sich im kommenden Frühjahr, etwa im April. Das Auftreten ist großen Schwankungen unterworfen. Nach einem Massenauftreten mit Kahlfraß können die Pflanzen im kommenden Jahr völlig befallsfrei sein. Hauptwirtspflanze ist zwar die Sauerkirsche, es werden aber auch Süßkirsche, Zierkirsche, Pfirsich, Aprikose, Pflaume, Quitte, Birne, Felsenbirne, Apfel, Weißdorn und Eberesche befallen. Bei Ziergehölzen ist eine zeitweilige